# 初识韩国

一位中国『银行人』眼中的韩国经济、社会与文化

余冠玮——著

中国发展出版社

**图书在版编目（CIP）数据**

初识韩国/余冠玮著．—北京：中国发展出版社，2022.5
ISBN 978－7－5177－1044－8

Ⅰ.①初…　Ⅱ.①余…　Ⅲ.①韩国—概况　Ⅳ.①K931.26

中国版本图书馆 CIP 数据核字（2022）第 043456 号

**书　　　名：** 初识韩国
**著作责任者：** 余冠玮
**责 任 编 辑：** 葛　伟　梁婧怡
**出 版 发 行：** 中国发展出版社
**联 系 地 址：** 北京经济技术开发区荣华中路 22 号亦城财富中心 1 号楼 8 层（100176）
**标 准 书 号：** ISBN 978－7－5177－1044－8
**经　销　者：** 各地新华书店
**印　刷　者：** 鸿博昊天科技有限公司
**开　　　本：** 880mm×1230mm　1/32
**印　　　张：** 8.75
**字　　　数：** 190 千字
**版　　　次：** 2022 年 5 月第 1 版
**印　　　次：** 2022 年 5 月第 1 次印刷
**定　　　价：** 39.80 元

**联 系 电 话：**（010）68990535　68990692
**购 书 热 线：**（010）68990682　68990686
**网 络 订 购：** http://zgfzcbs.tmall.com
**网 购 电 话：**（010）68990639　88333349
**本 社 网 址：** http://www.develpress.com
**电 子 邮 件：** 271799043@qq.com

---

# 序

# 由远而近的邻居韩国

陈彩虹*

年轻的同事余冠玮先生发来书稿《初识韩国》，盛情邀请我写个序，我毫无迟疑就答应了。

2022年8月，中国和韩国将迎来建交30周年的历史时刻。我先后在韩国工作和生活五年多，正想以某种形式，纪念两国交往中的这件大事。这份书稿天意使然，我可以借“序”之机，和作者一起表达对两国关系良好发展的祝福。更何况，持续和深入地了解我们这个近邻国家，友好往来，和睦相处，非常重要。冠玮的书稿，给我们认知当下的韩国提供了一份参考，我十分乐意写这个序。

我第一次到韩国，是1991年10月参加韩国产业银行（Korea Development Bank）主办的发展中国家开发银行“客座观察家研讨

---

* 中南财经政法大学特聘教授、博士生导师，中国建设银行原董事会秘书（高管）。曾在1993年任中国建设银行韩国汉城代表处副首席代表；2003～2007年出任中国建设银行韩国首尔（汉城）分行行长。

会”，为期 10 天。那时，中国和韩国还没有外交关系，我持有的“签证”，是由地处我国香港的韩国外交机构发出的，前往韩国首都汉城（现称首尔）的行程颇为折腾。

早上 8 点，我从北京首都机场乘坐国航班机，先飞到香港。之后，换乘国泰航空公司飞机，经停台北和东京，最后到达汉城（首尔）的金浦国际机场。因国航班机晚点，我到香港时，在机场工作人员匆忙的引领下，总算搭上了预定的国泰航班，托运行李则没有赶上。因经停台北和东京两地，又费了些时间，到达金浦国际机场时，已经是晚上 9 点多钟。

入境花了近两小时。中国护照和特殊的“签证”，加上韩国产业银行行长的英文邀请信，入境处的韩国官员一遍遍检查，又一次次叫来别的官员讨论，但就是不放行。糟糕的是，韩国官员中仅一人能讲几句英语，总是问我会不会韩语，我不知道摇了多少次头。最后，那官员左一通电话、右一通电话，终于在我的护照上盖了章。

因托运行李未到，我又在机场里寻找国泰航空公司的办事处，当确定行李能随次日下午航班运到金浦机场时，时间已经是半夜 12 点了。

我十分疲惫地走进了这个陌生的近邻国家。路途真远，我心理上的感受更远。

第二次到韩国，是 1992 年 9 月，中国和韩国建交半个月之后。我和两位同事一起前往申请筹建中国建设银行汉城（首尔）

代表处。这次行程就顺当多了。中国和韩国之间虽然还在就民航航线问题进行讨论，北京到汉城（首尔）没有直飞航班，但已经有了天津到汉城（首尔）的临时定期包机，飞行时间缩短为一个多小时。

经过大半年的准备，中国建设银行汉城（首尔）代表处于1993年5月正式获准开业。从筹备到出任代表处的副首席代表，我这次来到韩国，前前后后待了一年多。

这一年多的时间，让我完成了对这个近邻国家从完全陌生到熟悉的转变。但每每和国内的同事、友人谈及韩国，大家对其的了解几乎为零。这让我产生了一个想法。既然有这样得天独厚的机会在韩国工作和生活，我应当利用这个条件，将对韩国政治、经济、社会、文化和历史等的了解和理解，向国内作些有针对性的介绍，以增进中国和韩国之间，特别是两国国民之间的相互认知、相互信任，缩短彼此心与心的距离。尽管这一年多，因签证之事，我在中、韩两国之间来来回回，时间分割得厉害，我还是写了很多报告、论文和随笔文章，发表在国内各种报刊上，受到读者的欢迎。

或许是缘分所致，2003年6月，我受命再次来到韩国，组建中国建设银行汉城（首尔）分行，出任总经理。除了休假和出差之外，这次在韩国一待整整四年，直到2007年6月，因工作需要，调回国内。

这次到韩国，一方面，韩国经济和金融在经历过1997年的亚洲金融危机后，开始缓慢恢复，经济和社会尤其是各种市场的表现，充满了生机，尽管仍然保有相当大的不确定性；另一方面，中国和韩国之间的经济、贸易和投资往来迅速增长，带动了两国之间各个领域，包括文化、教育、科技以及民间等的全面交往和合作，“韩流”和“中国风”一时间成为两国交流中的代表性词汇。我们这时到韩国将原有代表处升格为分行，外部条件极为有利。

颇具意味的是，这次在赴任韩国之前，国内从事新闻媒体，学术期刊编辑和经济、金融研究的友人们，希望并“要求”我在韩国期间，多写些介绍韩国经济、社会和文化方面的文章，写写自己在那里工作和生活的经历。这可和上次前往韩国时大为不同。看得出，国内各方面都有很强的意愿，想要主动更多地了解和理解这个距离很近，但实际并不很熟悉的近邻。

就这样，从2003年6月开始后的四年，我在韩国的日常生活大体分为三大块。一块是繁忙的分行筹建和经营管理工作，另一块是广泛地与韩国社会各界的交往，还有一块就是将在韩国的见闻、经历和思考写成一篇篇的文字。这四年的生活，可以说，是我职业生涯中最为紧张、丰富和挑战性极大的时段。自然，由此而来的文字，也就相应地具有那个国度和那个时段的特点。直接、鲜活、充满异域色调，还有中韩文化碰撞中交织与融合的成分，最后拼成了一幅幅我们近邻的韩国的印象图。在交流和写作中，我觉得自己与这个国家的心理距离在缩小。我更希望，更多的国人能够较为深入地理解这个邻居。

从到任的第一天起，我就开始记日记。2005 年，山东人民出版社按照事先的约定，出版了我的部分日记集《职游汉城》。《中国发展观察》杂志，从我赴韩国时起，专门开设了“汉城来信”专栏，按照一月一期的节奏，让我畅谈在韩国工作和生活的见闻及感悟，记得一共写了 23 篇，近 20 万字。还有国内报纸的约稿发文，以及一些学术期刊的研究性文章，我也提供了不少作品。记得有位朋友，编辑过一本《映像中韩》，用文字加图片，综合介绍了中国和韩国的经济文化交流，他直接问我要了几篇文章和照片，作为此书一个篇章的内容。

回顾自己在韩国的这四年，我不只收获了人生职业时光里的特殊经历，对韩国有了更为全面和深入的了解，更是结识了异国他乡的许多友人。在某种意义上，我扮演了一个中韩之间“民间外交者”的角色，为中韩之间的经济和文化交流，作出了个人的一点绵薄贡献。

在中国和韩国建交 30 周年时点快要到来之际，可以想象，我看到冠玮书稿时的那份心情是何等的喜悦。这是一种叠加的喜悦，既有阅读书稿得到最新韩国经济和社会情况的满足，又有借书的出版表达对中韩关系发展祝福的愉快，更有看到年轻一代自觉“接班”做中韩之间“民间外交”的欣慰。不错，这或许不是一本特别厚重的书，却承载了多重的历史性责任和意义。

当今的世界更为纷繁复杂。一方面，随着科学技术的进步，不同民族国家的人们在“互联互通”中成为越来越紧密的整体，经济和社会的全球化有了很大的进阶；另一方面，国际地缘政治、意识形态、民粹主义等又将这个世界撕裂得更为破碎，加上这次新冠肺炎疫情在全球肆虐已经超过两年，逆全球化的势头显得格外强盛。从人类命运共同体的视角来看，人类目前只有一个共同生存的星球，各民族、国家之间加深了解和理解，优势互补，相互体谅，趋善抑恶，共同发展，才能有和谐、幸福和美好的未来。这需要我们人类命运共同体中的每一个成员都作出努力。

冠玮的作品，就是这个努力大海中的一滴闪亮的水珠。

是为序。

2022 年 1 月 28 日于长沙星电花园

# 前 言

六年前，当得知因工作需派驻韩国的时候，笔者曾试图在北京各大书店和网上书店寻找关于韩国近年来经济结构或社会文化的书籍，以期能快速了解这个即将要前往的陌生国度。然而遗憾的是，相比另一邻国日本，韩国的这方面书籍真是少之又少。除了找到一些介绍韩国汉江奇迹等经济转型的学术专著和西方人对韩国文化（很多是东方文化）的观察笔记外，笔者始终未能如愿。

辗转多年过去，笔者将因为派驻期限临近而要离开韩国。恰逢2020年3月世界各国遭遇新冠肺炎疫情暴发，包括韩国在内的全球金融市场波动加剧，笔者因为工作，需要就韩国宏观经济运行及政府所采取的货币、财政政策进行分析。正是那时，笔者突然意识到：何不借此机会将自己多年的工作积累和所见所感进行记录和总结，以供更多像曾经的笔者这样希望对韩国有所了解的读者参考？随后近一年的时间，在笔者经历了无数个周末和夜晚的努力之后，本文最终得以完成。

本文共分为上、下两篇。

上篇主要对韩国宏观经济结构、财政和货币政策等进行分析，以及介绍韩国的金融市场。因笔者主要从事银行业工作，上篇更加侧重于日常金融实务。其中，第一章主要以构建韩国宏观经济的基本框架为基础，从经济发展、产业结构、供需关系及人口要素等对韩国进行分析，并通过反映韩国景气程度和经济活动的特色指标等对韩国经济运行展开分析。在此章中，由于分析的是一个不同于中国的全新经济体，笔者特别介绍了韩国的产业和进出口结构背景、能源消耗以及特殊的房地产市场和人口老龄化等。这些内容的时效性相对较长，有助于读者对韩国经济、产业和人口形成基本的认识。第二章则主要记录了笔者撰文时韩国政府和中央银行在疫情暴发的特殊时期，为应对经济下滑所采取的各项财政和货币政策，以便读者在未来面对此类事件时进行总结和类比。由于各国的财政结构和货币政策框架都有其特殊性，笔者在此章中也对这些基础背景进行了介绍，以帮助读者更好地理解其特点。第三章着重介绍了韩国的金融市场体系，以及其货币市场、资本市场和汇率及衍生品市场等基本情况，包括韩国金融机构类别、支付结算体系和金融监管等内容。为帮助中国读者更好了解其金融市场的特点、投资和其他金融实务，笔者在此章中特别增加了其与中国金融市场的比较。在上篇的这三章内容中，笔者所引用的经济和贸易等各项数据都是在撰文时所能获取的市场最新信息。但由于经济运行和金融市场的日新月异，为了方便读者在阅读时能及时更新，笔者将所有数据的出处都进行了备注。总体而言，上篇内容适合有一定金融基础或者希望对韩国经济和金融有所了解的读者阅读。对经济、金融等相关专业的留学生和其他派驻韩国的工作人员亦可有所帮助。

下篇则主要介绍韩国的历史、政治以及笔者六年多时间里所观察到的韩国的社会、生活与文化。在本篇的最后一章关于后疫情时代的思考中，笔者起初拟定探讨韩国的芯片和半导体等产业机会，但鉴于新冠肺炎疫情在全球持续肆虐，生态环境、社会不平等和可持续发展等议题已被再次推上了风口浪尖。面对后疫情时代中的这些问题，不论中国、韩国还是世界上的其他国家都很难独善其身。为此，笔者最终决定将这部分内容扩展到了关于全球范围的讨论。

具体而言，下篇的第四章首先介绍了朝鲜半岛和韩国的极简历史。笔者相信，观察一个民族的文化，一定需要结合其特殊的历史背景。此外，此章还就韩国经济发展中最为外界关注的“汉江奇迹”进行了介绍，以及试图从历史角度解答很多外国企业家初来韩国时的疑惑——为何现在的韩国财阀和韩国工会如此强势？同时，此章的政治制度部分也对当前韩国的权力分配和主要政党等进行了介绍。在第五章，笔者主要从韩国人的日常衣食住行、商务职场、休闲娱乐以及教育、社保等其他方面进行介绍。如果读者只是“韩粉”或者只想了解韩国人的日常起居以及职场生活等方面的内容，不妨直接阅读这一章节。与《太极虎韩国》所叙述的西方人观察韩国的视角不同，笔者试图提供自己作为一个东方人的看法，并与中国文化进行了一些对比。在本篇的最后，因疫情持续影响着全球每一个人的生活，笔者对此进行了一些关于后疫情时代的思考，具体包括近年来因发展带来的生态环境问题、疫情可能造成社会不平等的加剧、未来的可持续发展以及当前各界都在关注的绿色经济和数字经济等内容，同时笔者试图给出自己的对策和建议。最后，笔者以自己对生命意义这一“形而上”问题的讨论作为本文的结尾。如前所述，这章内容已不仅仅局限在韩国这一个国家的范围了。笔者认为，不管是对中国还是韩国乃至世界各国人民，这些问题或许都值得我们在这一特殊时期静下心来进行“哪怕些许”的沉思。

在20世纪的全球国家发展史中，韩国无疑经历了一种不可思议的发展轨迹：作为“二战”后新成立的国家，韩国在朝鲜战争的废墟上创造了举世瞩目的“汉江奇迹”，并在多次面对金融危机的冲击后不断复苏和发展。中韩两国一衣带水，相信随着《区域全面经济伙伴关系协定》（RCEP）以及中韩自贸区等合作形式的不断丰富，两国今后交流也将更加频繁，希望本文能对有需要的读者有所帮助。这也是本文成稿的初衷。

本文的撰写耗时近一年，其间获得了诸多领导、同事和好友们的帮助。时任中国建设银行首尔分行的总经理全敏先生在本文各章节完成后，第一时间就对所有内容进行了认真的审阅和悉心的指导。全总掌握中、日、韩、英四国语言，有丰富的中、日、韩三国的工作经验和理论实践，对韩国乃至东北亚的历史、经济和文化有着深刻理解。他为本文提供了许多宝贵的意见，笔者在此不胜感谢。此外，本文的完成还要感谢贾盛汉、罗烯、洪杏儿、李圣圭等通晓中文和韩文的当地同事对部分内容的校阅，以及帮助笔者就一些韩文资料和当地习俗进行翻译、解释与说明。当然，还要特别感谢我的家人，正是因为他们的支持和鼓励，才能让我在工作之余无后顾之忧，顺利完成本文。

最后，本文中的所有图表内容除部分源于外部报告的引用，均由笔者自行收集、整理和编辑，由本人负责。这些数据主要来源包括韩国银行（央行）、韩国统计厅、韩国关税厅、韩国雇佣劳动部、世界银行、经合组织以及 Bloomberg 和 Wind 等。但鉴于笔者能力所限，勘误之处难以避免，欢迎读者提出宝贵的建议或意见，笔者的邮箱是 Meet. S. Korea@ hotmail. com。

疫情仍在肆虐，祝愿大家安康。

余冠玮

2021 年 4 月于韩国首尔

# 目　录

## 上　篇

# 下 篇

REPUBLIC OF KOREA

# 上 篇

한국을 01 만나다

# 【第一章】

# 韩国的宏观经济结构与运行

本章内容主要适合于宏观经济分析师、金融从业人员、经济学相关专业学生，以及其他希望对韩国宏观经济有所了解的读者。笔者试图提供一个关于分析韩国宏观经济的框架参考，包括经济结构与增长、价格水平、人口与就业、景气调查和经济活动五大部分。阅读本章内容也有助于读者理解韩国新闻和研究报告中所涉及的特色经济指标。

笔者编写本章的时间是 2020 年 4 ~ 7 月，所使用的数据是基于当时最新数据资料。但经济运行和金融市场日新月异，“授人以鱼，不如授人以渔”，笔者对所有数据的原始出处都进行了备注，以便读者随时更新（如图表中的 BOK 1. 1 指在韩国央行 ECOS 系统[①]中的第 1. 1 主题）。此外，本章还包括韩国的产业和外贸结构、能源结构，以及其特殊的房地产市场和人口老龄化等。这些经济特征的

① 参见：Economic Statistical System 官网，http：//ecos. bok. or. kr/flex/EasySearch_e. jsp。

时效性相对较长，可有助于读者与中国现状进行对比，进而更好地理解韩国经济。

## 一、经济结构与增长

韩国是二十国集团和经合组织（OECD）成员之一，也是亚太经合组织（APEC）、世界贸易组织（WTO）和东亚峰会的创始成员国之一。自20世纪60年代，韩国经济开始实现腾飞，人均国内生产总值（GDP）从1962年的87美元增至1996年的10548美元。作为曾经的“亚洲四小龙”之一，韩国创造了举世瞩目的“汉江奇迹”。2018年韩国人均名义GDP达3451.7万韩元，按当年汇率折合约3.14万美元，首次突破3万美元大关。2019年，韩国GDP为1.64万亿美元，全球排名第十二。

在经历了朝鲜战争后，朴正熙政府在1962年确定了出口导向型经济发展策略，自此韩国经济开始了快速发展（见图1.1.1）。

笔者大体将韩国经济发展划分为三个阶段：（1）高速增长期。从1962年朴正熙政府开始实施第一个经济开发五年计划至1997年第七个经济社会发展计划结束，韩国经济总量主要在5%～15%的区间高速增长①。其间，韩国经济结构更是完成了从农业至轻工业、

① 部分时间增速更高，如“二五”（第二个经济开发五年计划）期间，韩日邦交正常化，越南战争的爆发使军工需求不断增长；部分时间甚至出现负增长，如1979年朴正熙遇刺身亡，全斗焕上台，并在1980年镇压五一八光州民主化运动，经济开始了大幅下降。但全斗焕掌权后，经济发展迅速恢复，继续创造“汉江奇迹”。第五个经济社会发展计划（1982～1986年）期间，韩国经济增长率达到9.8%。

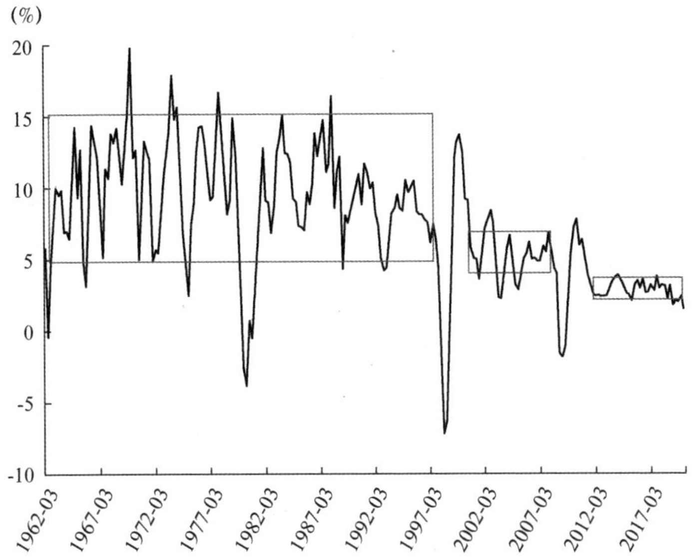


**图 1.1.1 韩国 GDP 同比增速**

资料来源：BOK（Bank of Korea，韩国银行。下同）、Wind。

重工业，再到以精密器械、半导体、电子和通信领域为代表的高科技产业转型；（2）快速发展期。自 1997 年亚洲金融危机、2000 年互联网泡沫破裂至 2007 年金融危机爆发以前，韩国经济在危机后得以逐步修复。虽然增速不再如第一阶段那么高，但仍基本保持在 4% ~6%；（3）相对平稳期。自 2008 年全球金融危机结束至 2020 年新冠肺炎疫情暴发之前，韩国经济增速进一步下滑并稳定在 2% ~3%，与世界主要发达经济体近 10 年的低增长态势趋同。然而从最近几年的观察来看，韩国经济的增长速度仍存在下滑趋势，其 2019 年 GDP 仅增长 2%，远低于政府预期，且为 2009 年以来最低。

## （一）产业结构

从近10年平稳期的行业结构看，根据韩国KSIC行业分类标准[①]，笔者统计了韩国部分主要行业[②]的GDP占比及其波动情况（见表1.1.1）。其中，服务业与制造业贡献了韩国约九成的经济增长，近10年的平均GDP占比分别达到了60.4%和29.2%。

**表1.1.1　　韩国近10年来部分主要行业的GDP占比**　　单位:%

| 分项 | 年度平均GDP占比 | 波动（1个标准差） |
| --- | --- | --- |
| 农业、林业、渔业 | 2.1 | 0.16 |
| 制造业 | 29.2 | 0.34 |
| 建筑业 | 5.4 | 0.27 |
| 服务业 | 60.4 | 0.51 |
| 电力、燃气和供水 | 2.8 | 0.15 |
| 采矿和采石 | 0.2 | 0.14 |

资料来源：BOK 10.2.1.2。

笔者在图1.1.2进一步统计了其中前四项行业（类）在这一期间的GDP占比变化情况。可以看出，农林渔产业在过去10年的占比逐渐下降，制造业占比则相对维持在28.5%~29.5%；建筑业因受货币政策以及房地产调控政策影响较大，呈现较强的趋势波动；服务业的产出占比则整体稳步上行。但同时应该看到，服务业在2020年第一季度受新冠肺炎疫情冲击程度也最大。另外，由于

① 参见：韩国统计厅，http://kssc.kostat.go.kr/ksscNew_web/ekssc/main/main.do。
② 其中的“服务类”为其他一级行业分类的总和。

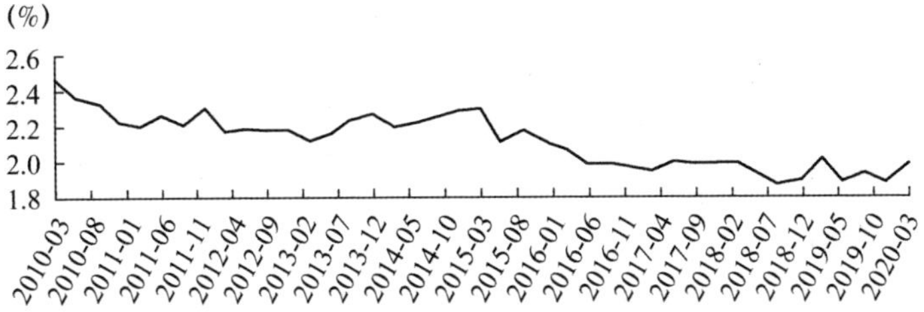


农林渔产业

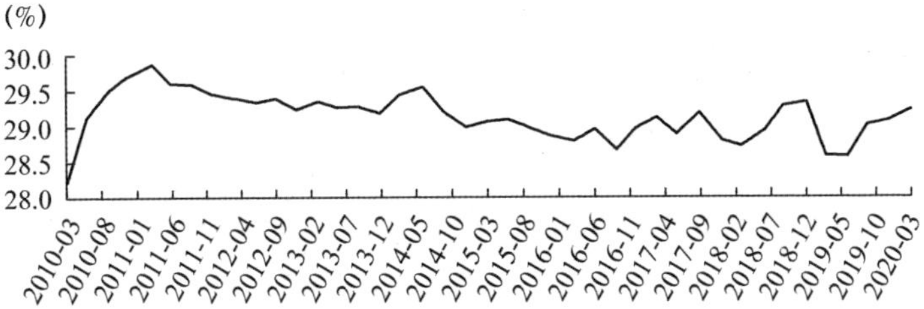


制造业

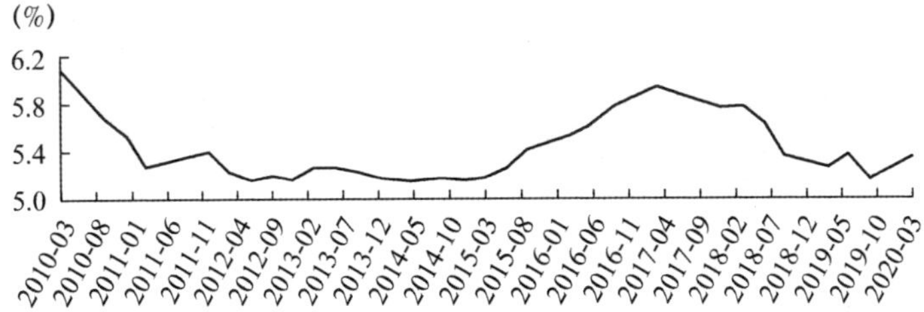


建筑业

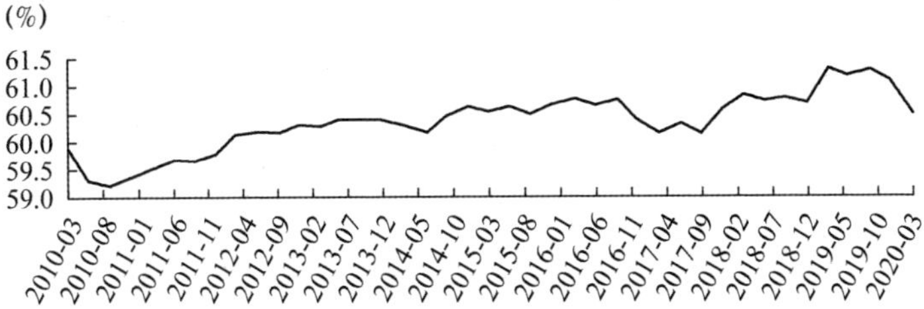


服务业

**图 1.1.2　韩国 10 年间部分主要行业的 GDP 占比变动**

资料来源：BOK 10.2.1.2。

韩国国土面积仅有约10万平方千米，可开采价值的矿物数量较少，因此采掘业在韩国GDP中的比重较小，其工业原料主要依赖进口。电力、燃气和水供应业在GDP中的占比则整体维持在2.5%～3%。

**1. 服务业**

从2019年各服务类大项中的各行业产出来看，房地产相关服务，批发和零售贸易，公共行政、国防和社会保障，金融和保险，专业、科学和技术服务，教育，人类健康和社会工作等行业仍占据主要地位。如前所述，自2020年初新冠肺炎疫情暴发以来，从对GDP的贡献上看，服务类行业受疫情冲击最为严重。根据2020年第一季度各服务类一级行业的同比变动情况来看，虽然整体上同比增长0.1%（低于上年同期的2.7%），但对文娱体育、住宿餐饮、运输仓储三个行业冲击最大，同比降幅分别为18.4%、13.4%和10.2%。金融保险、专业科技服务和公共行政与国防等则呈现同比增长，且增速高于2019年第一季度同期（见表1.1.2）。

**表1.1.2　韩国2019年至2020年第一季度服务类分项行业情况**　单位：%

| 服务类分项 | 2019年行业生产总值（十亿韩元） | 占比 | 2020年第一季度同比 | 2019年第一季度同比 |
|---|---|---|---|---|
| 房地产 | 136594 | 13 | 1.5 | 1.5 |
| 批发和零售贸易 | 134113 | 13 | -1.0 | 3.7 |
| 公共行政、国防和社会保障 | 108220 | 10 | 4.5 | 3.6 |
| 金融和保险 | 103386 | 10 | 6.1 | 2.9 |
| 专业、科学和技术服务 | 100337 | 10 | 3.1 | 1.1 |

续表

| 服务类分项 | 2019 年行业生产总值（十亿韩元） | 占比 | 2020 年第一季度同比 | 2019 年第一季度同比 |
|---|---|---|---|---|
| 教育 | 87494 | 8 | -2.0 | 1.4 |
| 人类健康和社会工作 | 85047 | 8 | 3.9 | 9.4 |
| 运输和仓储 | 62747 | 6 | -10.2 | 2.2 |
| 出版、广播、电影、影视节目制作、信息服务 | 61345 | 6 | 4.1 | 4.1 |
| 商业支援服务 | 57498 | 6 | -2.5 | -0.3 |
| 住宿和餐饮服务 | 40313 | 4 | -13.4 | 1.3 |
| 其他服务 | 21143 | 2 | -5.0 | -1.8 |
| 通信 | 21065 | 2 | 2.0 | 4.9 |
| 艺术、体育和娱乐 | 20604 | 2 | -18.4 | -2.1 |
| 总计 | 1039904 | 100.0 | 0.1 | 2.7 |

资料来源：BOK 10.2.1.2。

虽然韩国的疫情在 2020 年 2 月初暴发后，第二季度疫情控制效果较好，且放宽人际交往限制等措施有利于服务业的复苏，但由于疫情持续蔓延，全球经济放缓，预计 2020 年韩国第二季度的整体 GDP 仍将环比下滑。

**2. 制造业**

从制造业分项看，其 2019 年占比排名前五的主要行业有计算机/电子和光纤产品、化学品和化工产品、运输设备、机械设备以及金属制品，其总占比达制造业总体产出的 70.4%（见表 1.1.3）。

表 1.1.3 韩国 2019 年至 2020 年第一季度制造业分项情况 单位:%

| 制造业分项 | 2019 年<br>行业生产总值<br>（十亿韩元） | 占比 | 2020 年<br>第一季度<br>同比 | 2019 年<br>第一季度<br>同比 |
|---|---|---|---|---|
| 计算机、电子和光学产品 | 139247 | 28.6 | 13.9 | 3.2 |
| 化学品和化工产品 | 75407 | 15.5 | 0.6 | 2.0 |
| 运输设备 | 51599 | 10.6 | -3.0 | 7.8 |
| 机械和工具 | 42062 | 8.6 | 3.7 | -5.2 |
| 金属制品 | 34788 | 7.1 | -1.9 | 0.3 |
| 电子设备 | 29442 | 6.0 | 1.0 | -1.7 |
| 基础金属 | 26646 | 5.5 | -1.3 | 0.4 |
| 食品、饮料产品 | 22265 | 4.6 | 2.5 | 2.2 |
| 焦炭和精炼石油产品 | 14033 | 2.9 | -6.3 | -1.2 |
| 纺织和皮革制品 | 14021 | 2.9 | -2.3 | -1.0 |
| 非金属矿产品 | 13820 | 2.8 | -3.3 | -0.1 |
| 木材和纸制品、记录媒体的印刷和复制 | 13509 | 2.8 | 1.4 | -2.5 |
| 其他机械设备的制造、修理和安装 | 10724 | 2.2 | 1.5 | 1.2 |
| 总计 | 487562 | 100.0 | 3.6 | 1.4 |

资料来源：BOK 10.2.1.2。

尤其是以三星电子、SK 海力士等为代表的韩国大企业，更是在半导体芯片存储等领域占据绝对市场份额①。据韩国电子信息通信产业振兴院（KEA）2019 年发布的《全球电子产业主要国家生

① 仅以 DRAM 产品为例，2020 年第一季度三星电子在全球 DRAM 市场的份额为 44.1%，而排名第二的 SK 海力士则占 29.3% 的市场份额。

产动向分析报告》显示，2018 年韩国电子产业生产额排名全球第三，已超越了日本，位于中国和美国之后。

新冠肺炎疫情一方面打击了传统的服务行业，另一方面也促进了电子商务等“非接触经济”的发展，计算机和电子类产品的需求明显增加，这些共同导致了 2020 年第一季度韩国制造业在 GDP 中的贡献整体有所提升（见图 1. 1. 2）。从具体分项看，其中电子和计算机类的工业产出在第一季度同比增长 13. 9%，而焦炭和精炼石油产品以及纺织皮革制品等则同比下滑。

### （二）增长动力

从过去 10 年的增长动力看，韩国的最终消费、资本形成以及净出口的平均 GDP 占比分别约为 64%、30%、6%。而根据世界银行同时期数据，OECD 国家的最终消费、资本形成以及净出口的平均 GDP 占比分别约为 78. 3%、21. 7%、0. 0%。可见，一方面，韩国与其他多数 OECD 成员国一样，在其经济增长中消费占有绝对影响力。另一方面，韩国的资本形成与净出口占比则高于 OECD 全体成员的平均水平。这与韩国的产业结构和多年以来实施的“出口导向型经济”策略关系密切（见图 1. 1. 3）。

#### 1. 消费

在韩国经济增长贡献最大的“消费”部分中，私人居民的占比最大。过去 10 年私人居民消费平均占比 74%，为私人居民服务的非营利机构消费占比 2%，而政府类消费则占了 24%。但从趋势变化上看，居民消费的占比呈现逐年下降趋势，而政府类消费则从

2010 年第一季度的 22% 上升至 2019 年第四季度的 25.8%。受新冠

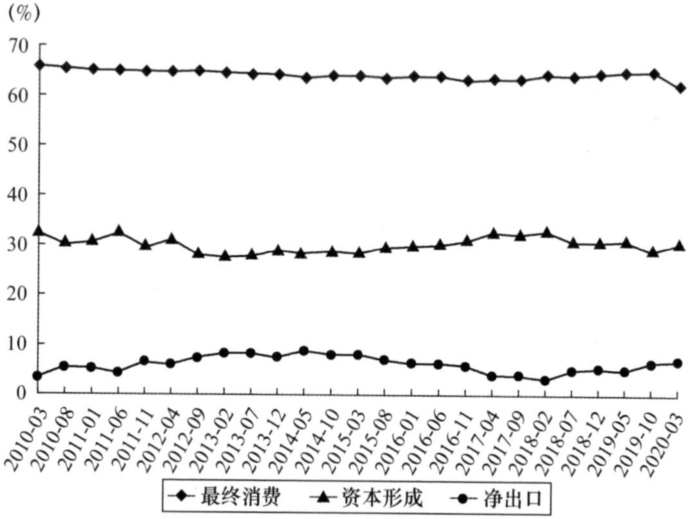


韩国“三驾马车”构成

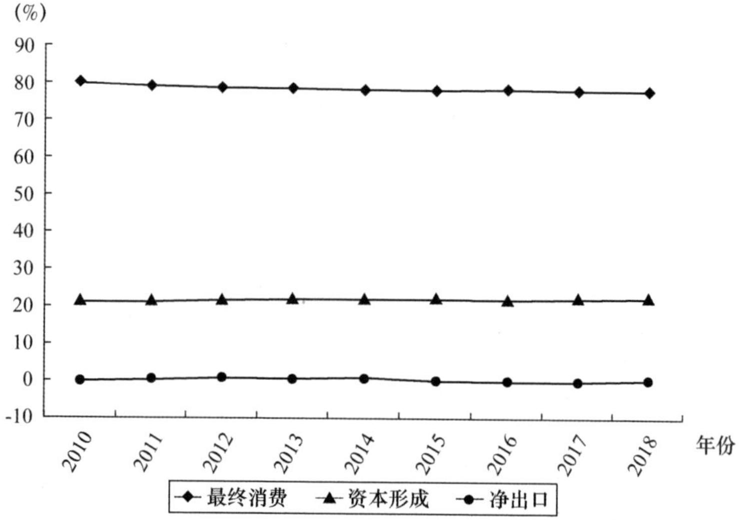


OECD“三驾马车”构成

**图 1.1.3　10 年间韩国和 OECD“三驾马车”的构成**

资料来源：BOK、WB（World Bank，世界银行组织。下同）、Wind。

肺炎疫情影响，政府类消费在今年的第一季度末更是达到了最近 10 年的峰值 27.4%，也是自 20 世纪 70 年代有该项统计以来的最高值（见图 1.1.4）。同时，自文在寅总统所在左派政党（共同民主党）上台以来，政府类消费占比的增速有所加快。这也与该政党“重公平、重福祉”的经济主张密切相关。

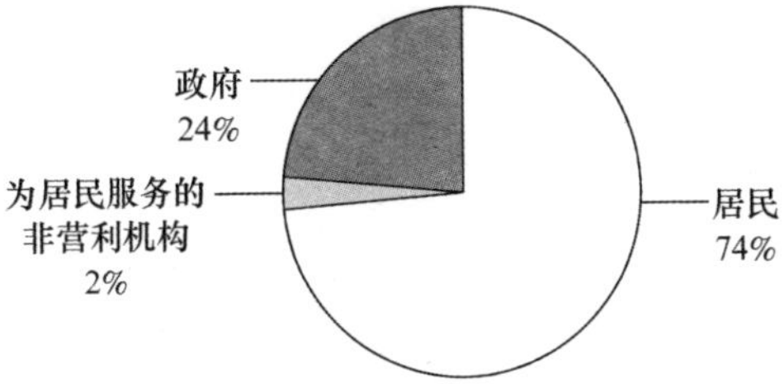


2010～2020 年平均最终消费构成（比例）

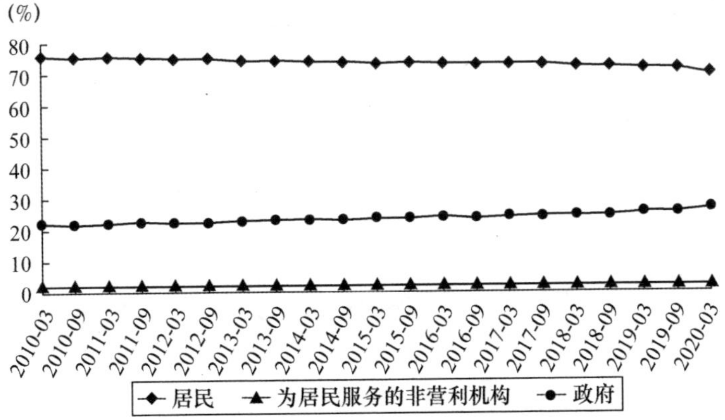


2010～2020 年最终消费构成（趋势）

**图 1.1.4　韩国 10 年间“三驾马车”之最终消费**

资料来源：BOK、Wind。

**2. 资本形成**

韩国的资本形成主要包括固定资本形成和存货变动两大部分，

其中固定资本形成又可分为建筑、设施投资和知识产权产品三大类别。在2019年，建筑、设施投资、知识产权产品以及存货变动的总量分别为263万亿、154万亿、118万亿和21万亿韩元，其相应占比为47%、28%、21%和4%。其中，建筑占据了韩国近一半的资本形成。从过去10年各类资本形成的同比变动看，建筑、设施投资在周期和政策影响下波动较大，而知识产权产品的资本形成则始终保持正增长（见图1.1.5）。

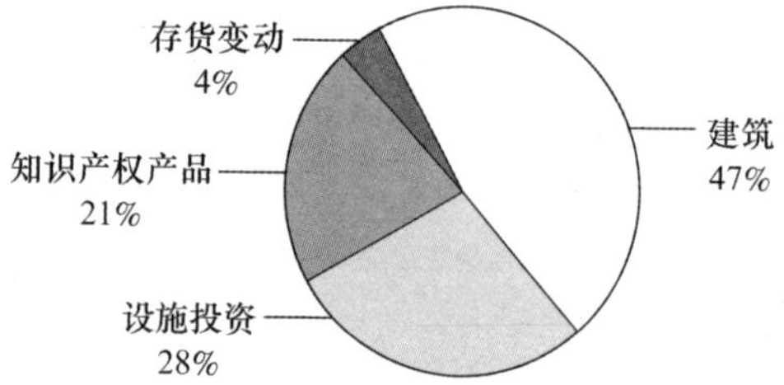


2019 年资本形成构成

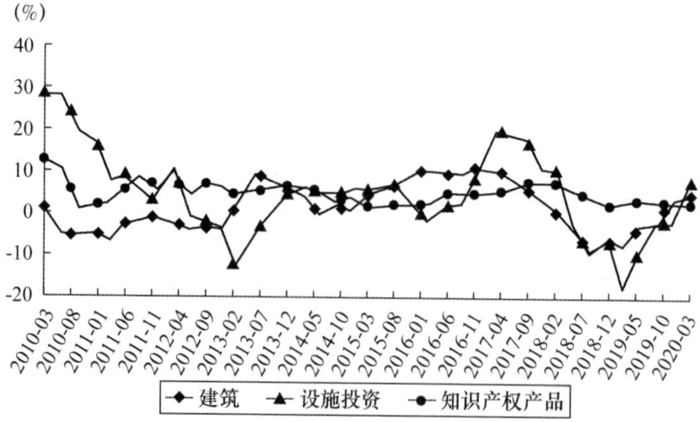


2010～2020 年各主要资本形成项的同比变动

**图 1.1.5　韩国 10 年间“三驾马车”之资本形成**

资料来源：BOK、Wind。

从具体增速方面来看，建筑、设施投资和知识产权产品在过去10年的年平均复合增长率分别为1.70%、2.72%和4.26%，可见，知识产权产品的资本形成增速远高于其他资本类型，这对韩国经济迈向高质量增长提供了支撑（见表1.1.4）。

**表1.1.4　　　　韩国主要资本形成近10年的增速**

| | 建筑 | 设施投资 | 知识产权产品 |
|---|---|---|---|
| 2010年第一季度（10亿韩元） | 57546.8 | 30479.1 | 19680.0 |
| 2020年第一季度（10亿韩元） | 68125.1 | 39860.4 | 29877.8 |
| 年均复合增长率（%） | 1.70 | 2.72 | 4.26 |

资料来源：BOK 10.2.2.2。

**3. 进出口**

虽然过去10年韩国净出口在GDP中的平均占比约为6%，2019年为7%，但这并不影响商品和服务进/出口贸易在韩国经济中举足轻重的地位。韩国的国际贸易活跃，近10年其商品和服务出口与进口的发生额占GDP的比重平均数分别为43%和37%，其中又以商品贸易为主（见图1.1.6）。据世界银行统计[①]，2019年韩国商品贸易占GDP的比重为63.5%，中国为32.1%，日本为28.1%，世界和高收入国家平均值则分别为44%和46.5%。

从海关编码（2位HS Code）分项上看，韩国主要的贸易顺差集中在电气设备及其零件、车辆及其零部件、塑料及其制品、核反

① 参见：世界银行数据库，https://data.worldbank.org.cn/indicator/TG.VAL.TOTL.GD.ZS?end=2019&start=1960&type=shaded&view=chart。

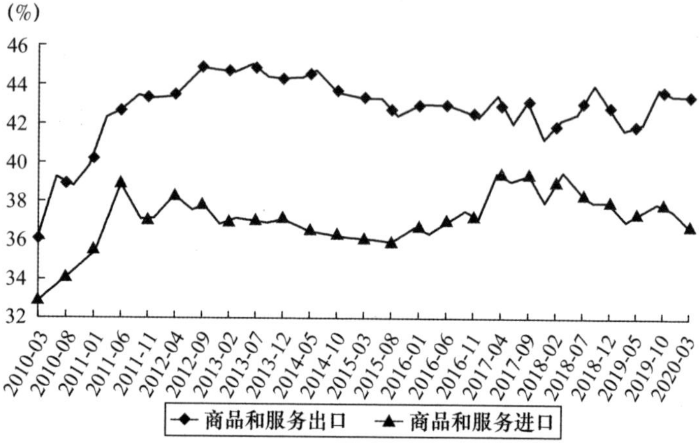


**图 1.1.6　韩国 10 年间“三驾马车”之进出口**

资料来源：BOK、Wind。

应堆机械及其零件、船舶及浮动结构体、有机化学品和钢铁，共占 2019 年韩国出口总额的 70.7%。而在逆差方面，受资源及产业能源结构分布等限制，韩国主要进口产品为原油等矿物燃料、矿砂、服饰、肉及食用杂碎等。韩国 2019 年前十大顺差、逆差产品项如表 1.1.5、表 1.1.6 所示。

**表 1.1.5　　韩国 2019 年前十大顺差产品**　　单位：千美元

| 分项（HS 章） | 出口金额 | 占总出口额 | 进口金额 | 贸易差额 |
|---|---|---|---|---|
| 电机、电气设备及其零件；录音机及放声机、电视图像、声音的录制和重放设备及其零件、附件 | 153629451 | 28.3% | 89700245 | 63929207 |
| 车辆、航空器、船舶及有关运输设备 | 62862613 | 11.6% | 16692517 | 46170096 |
| 塑料及其制品 | 32594242 | 6.0% | 11516982 | 21077260 |

续表

| 分项（HS 章） | 出口金额 | 占总出口额 | 进口金额 | 贸易差额 |
|---|---|---|---|---|
| 核反应堆、锅炉、机器、机械器具及其零件 | 70903774 | 13.1% | 51630527 | 19273247 |
| 船舶及浮动结构体 | 18887689 | 3.5% | 1234769 | 17652920 |
| 有机化学品 | 20985748 | 3.9% | 12694249 | 8291499 |
| 钢铁 | 23097607 | 4.3% | 15677924 | 7419683 |
| 橡胶及其制品 | 7285272 | 1.3% | 2745244 | 4540027 |
| 精油及香膏；芳香料制品及化妆盥洗品 | 6499708 | 1.2% | 1994213 | 4505495 |
| 针织物及钩编织物 | 2713721 | 0.5% | 131040 | 2582682 |

资料来源：Korea Customs Service，简称 KCS。下同。

**表 1.1.6　　韩国 2019 年前十大逆差产品**　　单位：千美元

| 分项（HS 章） | 出口金额 | 进口金额 | 占总进口额 | 贸易差额 |
|---|---|---|---|---|
| 矿物燃料、矿物油及其蒸馏产品；沥青物质；矿物蜡 | 42179135 | 127341414 | 25.3% | -85162279 |
| 矿砂、矿渣及矿灰 | 370851 | 15094232 | 3.0% | -14723382 |
| 非针织或非钩编的服装及衣着附件 | 946541 | 6490686 | 1.3% | -5544144 |
| 肉及食用杂碎 | 55336 | 5231074 | 1.0% | -5175738 |
| 杂项化学产品 | 4335265 | 8164153 | 1.6% | -3828888 |
| 谷物 | 27027 | 3662089 | 0.7% | -3635062 |
| 鱼、甲壳动物、软体动物及其他水生无脊椎动物 | 1515640 | 4705258 | 0.9% | -3189618 |
| 药品 | 3922551 | 7093611 | 1.4% | -3171061 |
| 针织或钩编的服装及衣着附件 | 795362 | 3909309 | 0.8% | -3113947 |
| 木及木制品；木炭 | 87397 | 3114119 | 0.6% | -3026723 |

资料来源：KCS。

此外，2018 年韩国的高科技产品①出口占制成品出口的 36.35%，远高于其他主要经济体（见图 1.1.7）。这也是韩国被称为全球经济变化的“金丝雀”的部分原因。

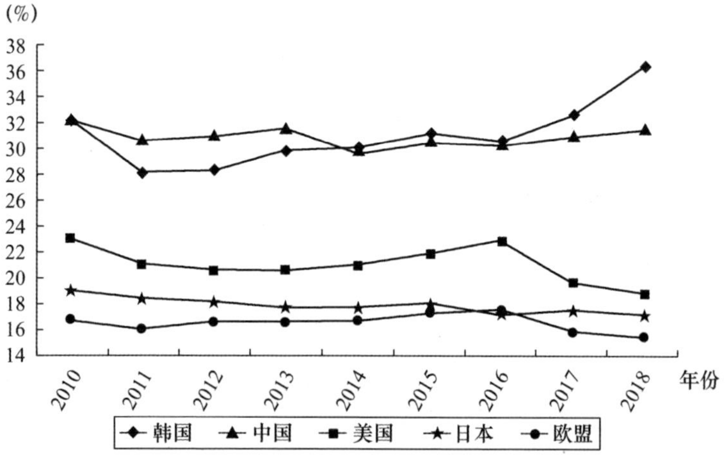


**图 1.1.7　韩国与世界主要经济体高科技产品出口（占制成品出口的百分比）**

资料来源：世界银行。

2020 年受新冠肺炎疫情的影响，全球供给和需求均受到不同程度的冲击，甚至出现了部分供应链中断的情况。韩国的进出口也出现了不同程度的持续下滑。根据 2020 年 5 月的统计数据，韩国对外贸易出口总额同比下滑至 -23.6%，进口总额下滑至 -21%（见图 1.1.8）。

表 1.1.7 展示了韩国 2019 年贸易顺差排名前十的分项在 2020 年 5 月进口、出口的同比变化情况。由于受新冠肺炎疫情冲击，车

---

① 根据世界银行网站定义：高科技出口产品是指具有高研发强度的产品，例如航空航天、计算机、医药、科学仪器、电气机械。

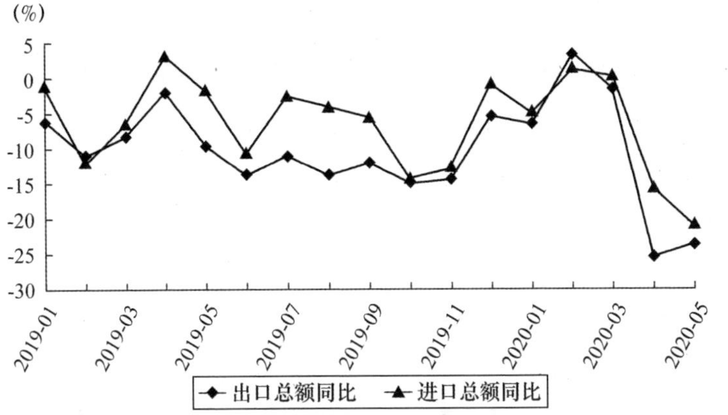


**图 1.1.8 韩国对外贸易进出口总额**

资料来源：Wind。

**表 1.1.7 韩国前十大逆差项 2020 年 5 月同比变动** 单位:%

| 分项（HS 章） | 出口变化 | 进口变化 |
|---|---|---|
| 电机、电气设备及其零件；录音机及放声机、电视图像、声音的录制和重放设备及其零件、附件 | -3 | -6 |
| 车辆、航空器、船舶及有关运输设备 | -57 | 7 |
| 塑料及其制品 | -25 | -10 |
| 核反应堆、锅炉、机器、机械器具及其零件 | -18 | 2 |
| 船舶及浮动结构体 | 40 | 132 |
| 有机化学品 | -40 | -23 |
| 钢铁 | -36 | -39 |
| 橡胶及其制品 | -47 | -12 |
| 精油及香膏；芳香料制品及化妆盥洗品 | -2 | -17 |
| 针织物及钩编织物 | -54 | -34 |

注：未纳入价格变动影响。

资料来源：KCS。

辆及其零部件、针织物及钩编织物、橡胶及其制品、有机化学品以及钢铁等分项的国际外需下降明显，这也反映了全球工业放缓，而以集成电路等为主的电气设备及其零件等分项则受冲击较小。此外，船舶制造因合同期限较长，随着 5 月的复工复产，交货量有所提升（见图 1.1.9）。

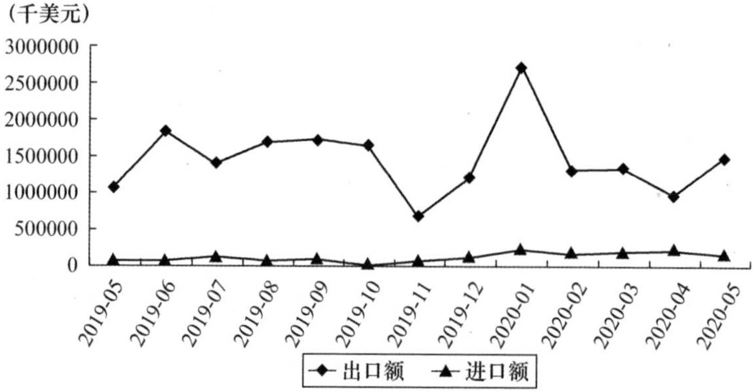


船舶和水上设施（HS89）

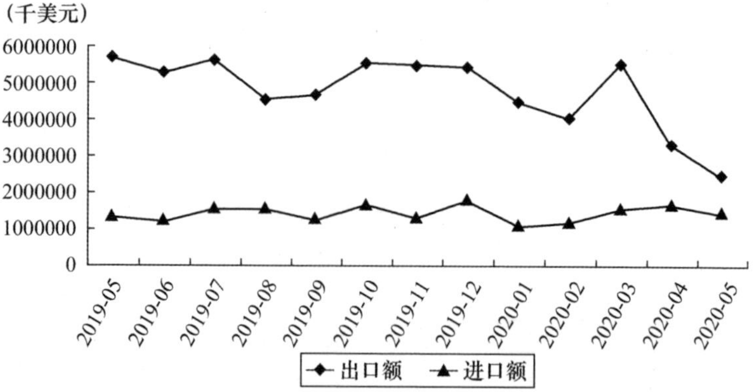


车辆及其零部件（HS87）

**图 1.1.9　韩国船舶和车辆等近一年的进/出口情况**

资料来源：KCS。

### （三）能源消耗

韩国在朝鲜战争后逐步开始工业化发展，能源消费相应增长。韩国 GDP 从 1964 年的 39 万亿韩元增长到 2019 年的 1849 万亿韩元[①]，年均复合增长 7.3%；与此同时，韩国的总能源消耗也从 1964 年的 11.5 百万吨油当量增长到 2019 年的 303.4 百万吨油当量，年均复合增长 6.1%，仅在 1997 年和 2019 年出现下滑（见图 1.1.10）。而根据国际能源机构 IEA 与世界银行的数据显示（见图 1.1.11），韩国 GDP 单位能源消耗相比其他主要发达经济体仍有进一步提升的空间，其节能经济的发展空间和潜力较大。

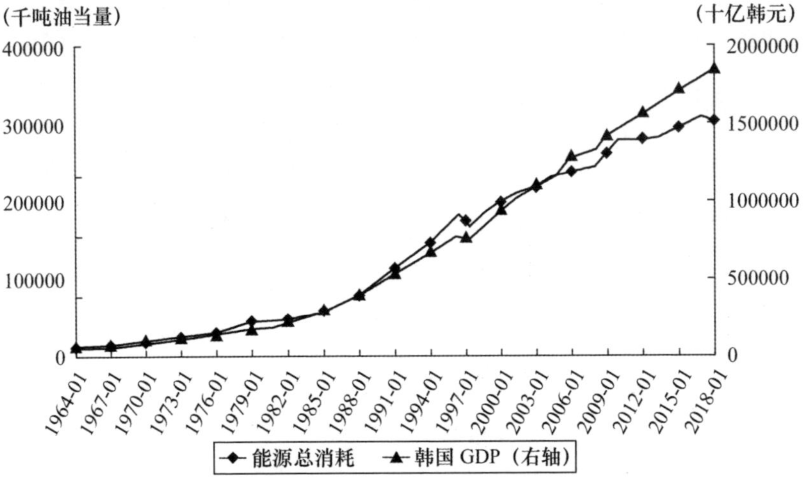


**图 1.1.10　韩国 GDP 与能源总消耗**

资料来源：BOK、Wind。

① 基于"季调不变价"进行四个季度求和，与前文名义 GDP 存在差异。

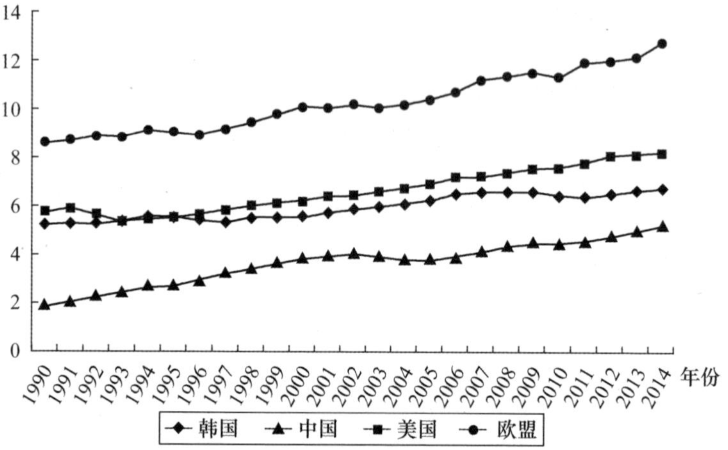


**图 1.1.11 国际 GDP 单位能源消耗**

注：单位为 2011 年不变价购买力平价美元/千克石油当量；参见世界银行数据库，https：//data. worldbank. org. cn/indicator/EG. GDP. PUSE. KO. PP. KD? locations = CN-US-KR-EU。

资料来源：IEA、世界银行。

整体而言，韩国是一个能源相对匮乏的国家。由于所处的地理区位缺乏中生代以后的海相沉积，韩国至今还没有发现原油资源，仅有少量无烟煤，其能源产品的供给主要依赖进口。从自身能源消耗结构看（见图 1.1.12），韩国最大的能源消耗是石油，占其能源总消耗的四成左右，其次为煤炭、液化天然气以及核电等。这也与韩国本身的产业结构高度相关。

从近 10 年能源消耗的结构变化看，由于对核电安全的担忧以及绿色理念的发展，韩国的核电能源消耗占比总体下降了 2 个百分点，而液化天然气能源和其他可替代的清洁能源的消耗占比则有所提升。

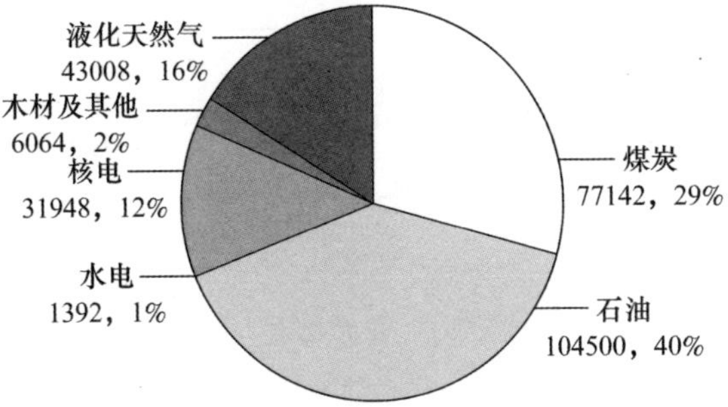


2010 年韩国能源消耗结构（单位：千吨油当量）

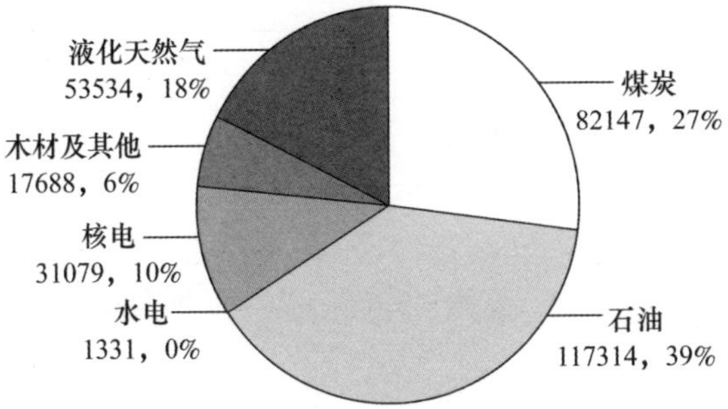


2019 年韩国能源消耗结构（单位：千吨油当量）

**图 1.1.12　韩国 2010 年与 2019 年能源消耗结构比较**

资料来源：BOK、Wind。

从发电所需的能源来看，韩国目前最大的发电来源仍是火力发电，其次为核电（虽然比例有所下降），而其他可替代能源的发电量则在过去 8 年中提升了 3 倍以上，占比则提升约 3 个百分点。与中国不同，韩国水力发电的占比非常低，仅占发电能源的 1%（见图 1.1.13）。据韩籍同事介绍，这主要是出于成本考虑，韩国的水利资源并不丰富，但笔者认为这或许也与其特殊的半岛安全局势有一定关系，朝鲜半岛很多主要河流同时流经朝鲜和韩国。

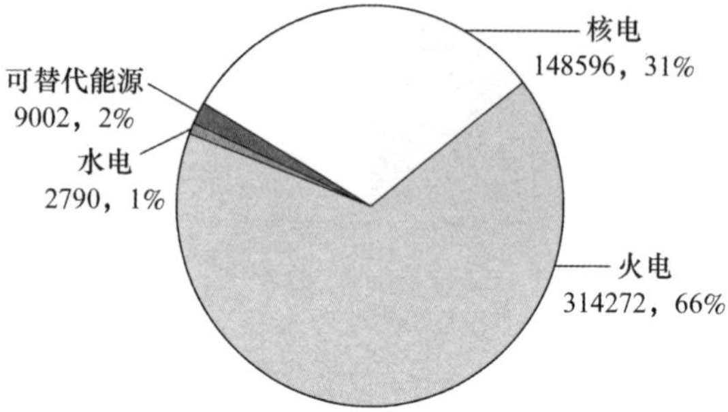


2010 年韩国发电所需能源结构（单位：吉瓦时）

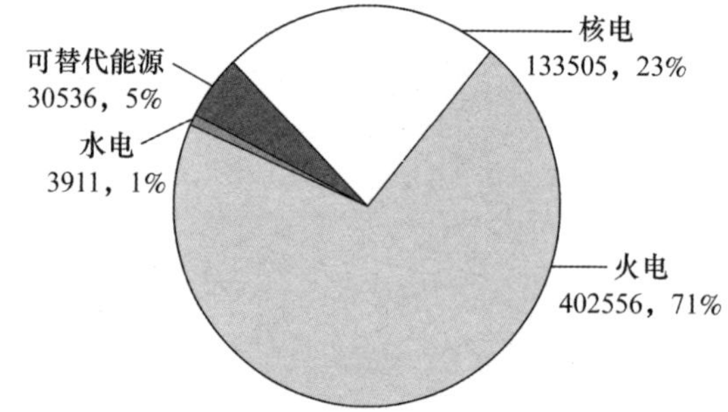


2018 年韩国发电所需能源结构图（单位：吉瓦时）

**图 1.1.13　韩国 2010 年与 2018 年发电能源结构比较**

资料来源：BOK。

## 二、价格水平

### （一）居民消费价格

从韩国近 3 年的居民消费价格指数（CPI）走势看，不管是 CPI 还是核心 CPI 均呈现下滑趋势，其中 CPI 比核心 CPI 的波动更大，这是因为韩国的食品和能源（尤其是石化能源）是主要的贸易逆差项，受进口价格影响更大（见图 1. 2. 1）。

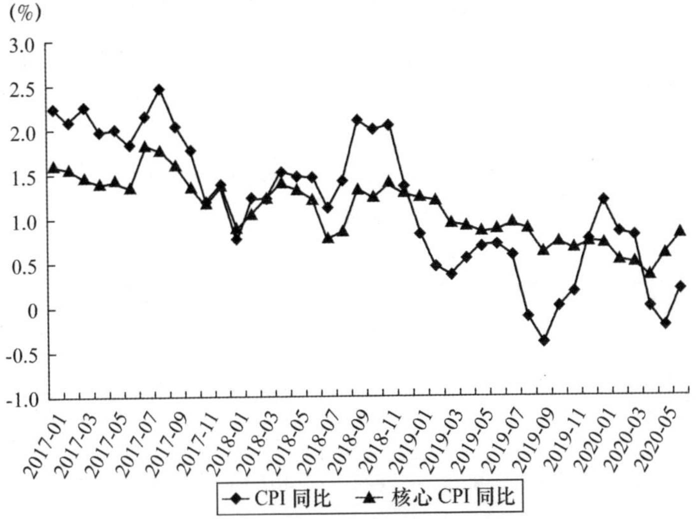


**图 1. 2. 1　韩国 2017 ~ 2020 年 CPI 与核心 CPI 走势**

资料来源：Wind。

韩国 2020 年 6 月 CPI 同比为 – 0. 01%，核心 CPI 同比为 0. 63%。基于具体分项对 CPI 的影响分析，笔者在表 1. 2. 1 中基于 2020 年 5 月韩国 CPI 各分项权重进行了从高到低的排序。其中，食品类（除酒类）物价同比上涨 2. 4%，对 CPI 呈正向拉动。而近期拉低 CPI 的主要是交通类分项，其中汽油、柴油以及液化石油气（LPG）同比下滑明显，分别为 – 17. 2%、 – 23. 0% 和 – 14. 4%（见表 1. 2. 2）。这主要受新冠肺炎疫情以及此前石油输出国组织（OPEC）与俄罗斯等关于原油产量摩擦的影响，2020 年以来国际原油价格持续低迷（见图 1. 2. 2）。预计韩国短期的 CPI 走势也将继续受国际原油价格，以及货币和财政政策共同作用的影响。

表 1.2.1　　韩国 2020 年 5 月 CPI 同比变动

| 分　项 | 权　重 | 2020 年 5 月 | 2019 年 5 月 | 同比 |
|---|---|---|---|---|
| 住房、水、电和其他燃料 | 165.9 | 103.57 | 102.84 | 0.7% |
| 食品和非酒精饮料 | 137.6 | 111.48 | 108.83 | 2.4% |
| 餐厅和酒店 | 131.8 | 110.86 | 110.01 | 0.8% |
| 交通 | 112.6 | 96.00 | 103.06 | -6.9% |
| 教育 | 89.6 | 102.44 | 105.34 | -2.8% |
| 健康 | 69.8 | 103.81 | 102.20 | 1.6% |
| 娱乐和文化 | 61.2 | 100.65 | 102.32 | -1.6% |
| 服装和鞋类 | 61.1 | 104.79 | 103.92 | 0.8% |
| 杂项商品和服务 | 56.9 | 110.51 | 109.00 | 1.4% |
| 通信 | 53.5 | 96.62 | 97.32 | -0.7% |
| 家具、家用设备和日常家庭维护 | 44.2 | 107.58 | 106.95 | 0.6% |
| 酒精饮料和烟草 | 15.8 | 103.44 | 103.12 | 0.3% |

资料来源：BOK。

表 1.2.2　　韩国 2020 年 5 月交通类同比变动

| 交通类子项 | 权重 | 5 月同比 |
|---|---|---|
| 1. 购车 | 31.9 | -0.8% |
| 2. 个人运输设备的操作 | 53.8 | -14.5% |
| 2.1 个人运输设备的燃料和润滑油 | 40.5 | -19.1% |
| 2.1.1 汽油 | 23.4 | -17.2% |
| 2.1.2 柴油 | 13.8 | -23.0% |
| 2.1.3 LPG（车用） | 3.3 | -14.4% |
| 2.2 个人运输设备的备件和配件以及维护和修理 | 8.4 | 1.0% |
| 2.3 有关个人运输设备的其他服务 | 4.9 | -2.6% |
| 3. 交通服务 | 26.9 | 1.4% |

资料来源：BOK。

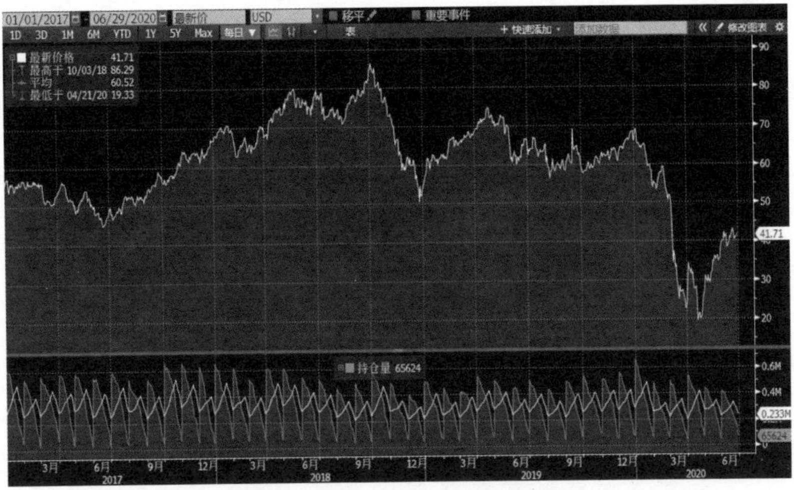


**图 1.2.2　国际 Brent 原油价格走势**

资料来源：Bloomberg。

需要说明的是，从表 1.2.1 的数据来看，韩国的教育消费价格也出现了同比下滑，这主要是因为从 2019 年韩国开始逐步实施“高中无偿教育实现方案”。根据该方案，韩国教育部从 2019 年第二学期开始，为 44 万名高中三年级学生提供学费和学校运营费支持。另外，从 2020 年第一学期开始，无偿教育范围扩大至高中二年级学生。

## （二）工业价格

从近 3 年的工业价格走势看，PPI 和核心 PPI 的同比增速也呈现逐步下滑趋势，尤其是自新冠肺炎疫情以来，更是出现了加速下滑的态势。但随着 2020 年 5 月 6 日韩国结束了长达 45 天的社交距离严守期，并逐步转入生活防疫期，企业的复工复产使工业价格指数跌势出现了缓和（见图 1. 2. 3）。

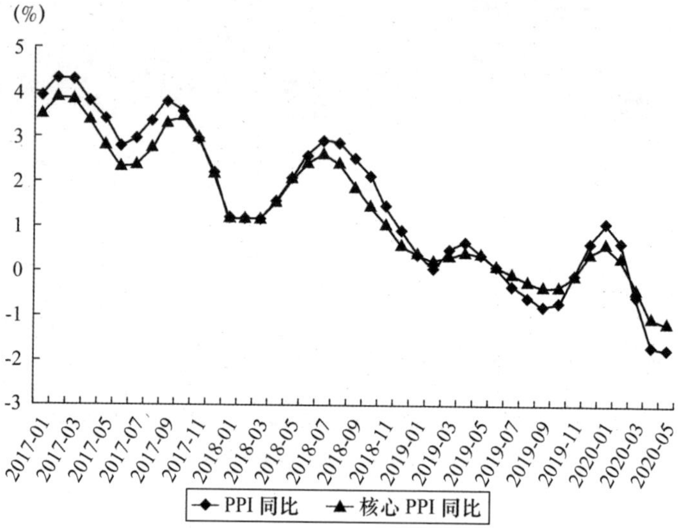


**图 1. 2. 3　韩国 2017 ~ 2020 年 PPI 与核心 PPI 走势**

资料来源：Wind。

从商品和服务两大类来看，由于受新冠肺炎疫情影响，韩国的商品类 PPI 下降更为明显。据韩国央行 5 月数据显示（见图 1. 2. 4），商品类 PPI（权重 601. 9/1000）同比下降至 – 3. 42%，为 3 年来最低；而服务业 PPI（权重 398. 1/1000）在疫情期间虽有下降，但相对稳定。

在商品类中，虽然农、林、海产品价格上涨明显（2020 年 5 月同比上涨 9. 5%），但其权重最大的制造业产品价格受疫情和油价影响出现了显著下滑，在 5 月同比下滑 5%。其中，煤炭与石油产品、化工产品降幅最大，5 月同比降幅分别为 45. 5% 和 8. 6%（见表 1. 2. 3）。

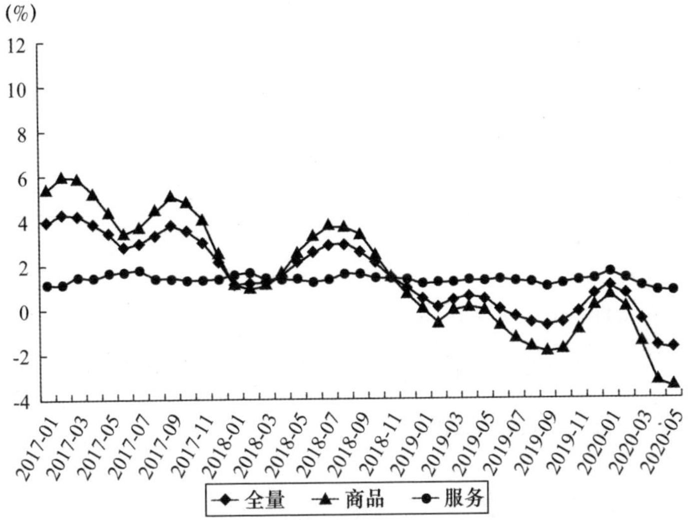


**图 1.2.4 韩国 2017 ~ 2020 年商品类 PPI 与服务类 PPI 走势**

资料来源：BOK 7.1.1。

**表 1.2.3 韩国制造业产品 2019 年 5 月和 2020 年 5 月同比变动**

| 制造业产品 | 权重 | 2019 年 5 月 | 2020 年 5 月 |
|---|---|---|---|
| 化工产品 | 85.9 | -1.8% | -8.6% |
| 运输设备 | 57.5 | 0.1% | 0.9% |
| 计算机、电子和光学设备 | 51.8 | -2.1% | -0.4% |
| 基础金属制品 | 51.5 | 0.2% | -2.8% |
| 机械设备 | 46.8 | 0.7% | 0.0% |
| 食品和饮料 | 42.1 | 1.1% | 0.7% |
| 电子设备 | 34.7 | 0.3% | -1.0% |
| 金属制品 | 33.7 | 0.1% | -0.9% |
| 煤炭产品和石油产品 | 32.9 | 0.7% | -45.5% |
| 非金属矿产品 | 20.5 | 1.2% | -1.4% |

续表

| 制造业产品 | 权重 | 2019 年 5 月 | 2020 年 5 月 |
|---|---|---|---|
| 纤维制品和皮革制品 | 20.1 | 1.3% | -0.3% |
| 木制品和纸制品 | 15.9 | -1.1% | -3.8% |
| 其他制造产品 | 10 | 2.2% | 0.9% |

资料来源：BOK 7.1.1。

若原油价格持续维持低位，考虑到 2019 年全年原油价格区间为 55.09～68.56 美元/桶（平均 61.25 美元/桶），韩国 2020 年的 PPI 仍可能保持在相对低位。

## （三）进出口价格

如前文所述，韩国的商品贸易进出口额占韩国 GDP 约七成，且其“高科技产品出口占制成品出口的百分比”远高于其他主要经济体。由于商品价格不仅体现了供需关系，也受一国汇率的影响较大，研究韩国进出口产品价格的变动不仅对于理解韩国经济，而且对于理解世界经济运行也有较大意义。

从整体趋势看，从 2019 年第二季度开始，韩国进出口价格就已经开始出现下滑，这与图 1.1.8 所示的韩国对外贸易进出口总额的走势相一致。然而在 2020 年第一季度，由于新冠肺炎疫情和国际原油价格下跌的影响，韩国出口和进口价格都出现了滑坡式下跌。但从 5 月的数据看，出口价格已开始止跌反弹，韩币和美元出口价格分别环比增长 0.6% 和 0.4%，部分说明 5 月虽然疫情并未好转，但随着全球复工复产，国际需求开始回暖。虽然韩币对美元的贬值对出口起了部分缓解作用，但整体趋势并未有明显改变。此外，由于原油价格仍维持在低位，且综合考虑韩国的经济结构，笔者认为在短期内进口价格对韩国引发输入性通胀的压力仍然较低（见图1.2.5）。另外，由于新冠肺炎疫情蔓延导致部分资源出口国停工停产（如南美洲秘鲁和智利的铜矿产区等），国际商品价格的走势仍值得警惕。

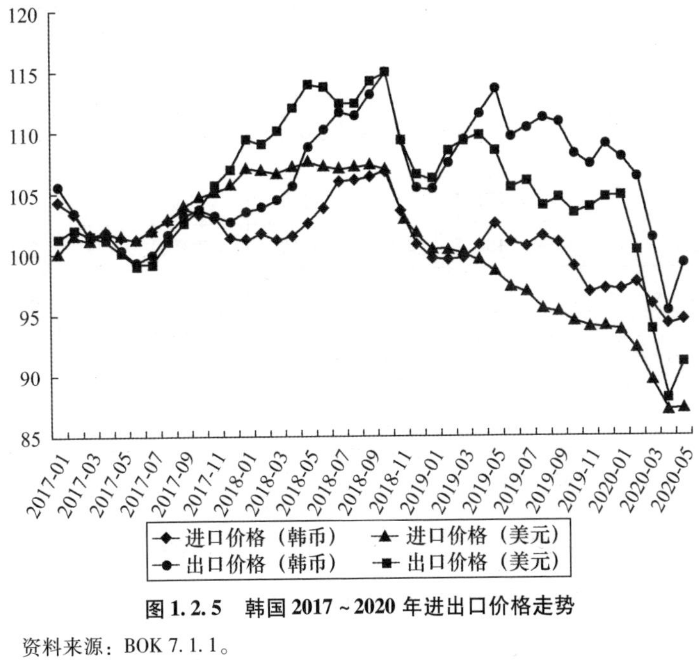


**图1.2.5　韩国2017~2020年进出口价格走势**

资料来源：BOK 7.1.1。

从2020年前5个月出口端的具体分项看，笔者根据表1.1.5的主要顺差商品，筛选了在出口价格指数权重排名前八的分项（合计占比九成）进行观察。从表1.2.4可以看出，造成出口价格下跌的主要是煤炭与石油产品、化工产品，2020年5月这两项的韩币价格分别同比下跌了 54.1% 和 13.7%，这和上述工业价格分析得出的结论相匹配，均受国际原油价格影响较大。而交通设备、机械设备以及电气设备等则在 2020 年前 5 个月出现了同比上涨，这或许侧面反映了全球部分经济体通过增加基础设施建设以带动经济增长的需求①。

**表 1.2.4　　2020 年前 5 个月出口韩币价格同比变动**

| 分　项 | 权重 | 2020 年 1 月 | 2020 年 2 月 | 2020 年 3 月 | 2020 年 4 月 | 2020 年 5 月 |
|---|---|---|---|---|---|---|
| 计算机、电子和光学设备 | 286.1 | −14.2% | −9.4% | −3.7% | 0.0% | −3.2% |
| 化学产品 | 171.2 | −1.2% | −1.9% | −6.1% | −12.0% | −13.7% |
| 运输设备 | 138.5 | 2.3% | 4.1% | 5.7% | 5.0% | 2.1% |
| 机械设备 | 103 | 3.4% | 5.1% | 6.5% | 5.4% | 2.5% |
| 煤炭产品和石油产品 | 96 | 10.1% | −7.9% | −39.1% | −60.9% | −54.1% |
| 基础金属制品 | 81.6 | −5.7% | −5.7% | −7.5% | −8.7% | −9.8% |
| 电子设备 | 55.9 | 4.3% | 6.1% | 6.4% | 5.1% | 2.7% |

资料来源：BOK 7.5.1。

此外，在出口产品中，计算机、电子等产品的价格则出现了下滑，2020 年 5 月韩币价格同比变动 −3.2%。从其明细项看，主要引起价格下跌的是电子显示器设备，其韩币价格同比下降 15.1%，其他品类如半导体、计算机及外围设备等价格均出现了企稳或者增

① 例如，此前据韩联社 2020 年 6 月 25 日电，韩国斗山工程机械（Doosan Infracore）25 日表示，公司 2020 年 5 月在华共售出挖掘机 2166 台，同比增长 99%，以 7.3% 的市场份额跃升为在华外企销量冠军。

长（见表1.2.5）。从趋势看，随着疫情促使数字经济的发展，预计全球半导体及计算机需求将继续稳步回升。

**表1.2.5　2020年前5个月计算机类出口韩币价格同比变动**

| 具体分项 | 权重 | 2020年1月 | 2020年2月 | 2020年3月 | 2020年4月 | 2020年5月 |
| --- | --- | --- | --- | --- | --- | --- |
| 半导体 | 135.3 | -22.1% | -15.1% | -9.2% | 0.4% | -0.1% |
| 电子显示装置 | 65.8 | -15.8% | -10.5% | -6.1% | -7.8% | -15.1% |
| 其他电子元件 | 15.7 | -1.5% | 0.5% | 4.1% | 2.9% | 0.1% |
| 电脑及周边设备 | 6 | -3.5% | 3.2% | 5.4% | 10.6% | 9.2% |
| 通信和广播设备、视频和音频设备 | 42 | -8.6% | -7.2% | 2.2% | 3.6% | 0.2% |
| 精密设备 | 20.7 | 0.7% | 0.0% | 0.9% | 0.6% | -1.8% |

资料来源：BOK 7.5.1。

在进口方面，如前文所述，韩国主要贸易逆差项以矿物燃料和矿砂等资源为主，为此国际原油价格的下降将对其产生较大影响。从分项看，自新冠肺炎疫情暴发以来，农林海产品、能源、矿产以及制造业产品等各种生活和生产要素，整体上均有不同程度的价格下滑，这或许再次反映了疫情下整体需求的疲软。但从2020年5月的数据观察，这个趋势似乎有所放缓（见图1.2.6）。

图1.2.7是路透商品研究局CRB商品指数自2020年新冠肺炎疫情暴发以来的走势，进一步反映了2020年以来主要商品类物价的变化情况。但从六月底的数据看，因部分前期已经得到相对控制地区的疫情出现反复，引发了人们对第二轮疫情暴发的担忧，全球商品类价格再次有所下行。

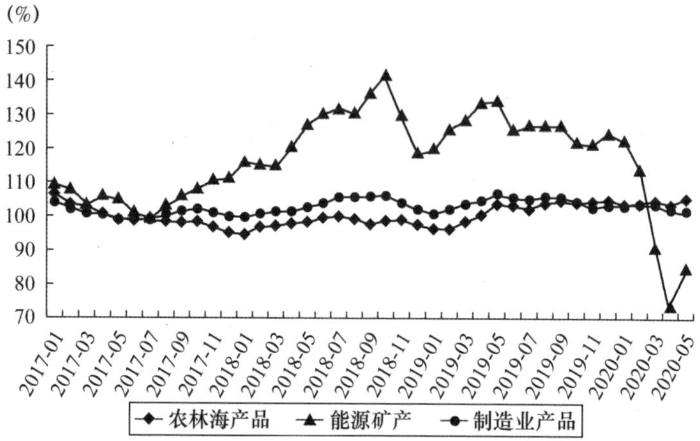


**图 1.2.6　韩国进口项韩币价格同比变动情况**

资料来源：BOK 7.6.1。

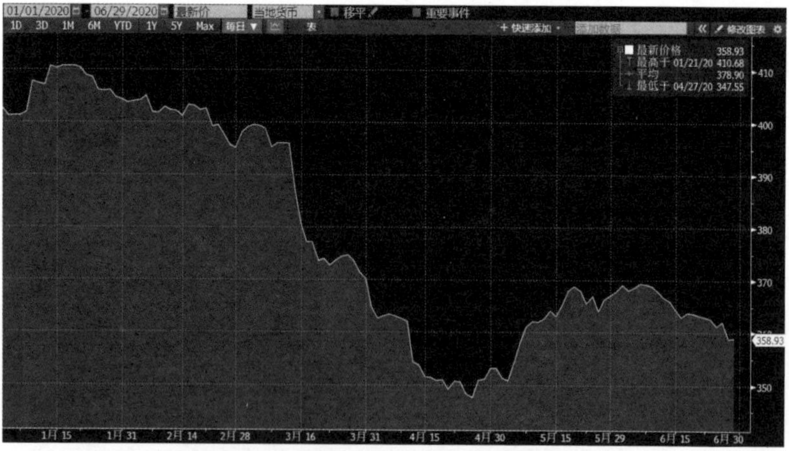


**图 1.2.7　2020 年以来 CRB 指数变动情况**

资料来源：Bloomberg。

## （四）房地产价格

前文介绍了，韩国房地产相关产业在 2019 年 GDP 中占比约

8%，在服务类大项中贡献最高。与普通中国家庭一样，韩国家庭也非常重视住房投资。很多韩国年轻情侣在结婚的时候，同样希望能拥有一套属于自己的房子。

但与中国不同，韩国目前的房地产格局是房地产商往往规模较小（甚至只需要成立 SPV 公司），在产业链中占据核心的地位的则是建筑商。笔者认为，一方面是由于韩国实行土地私有制，客观上造成了土地所有权较为分散，房地产商往往很难获取批量的大面积土地；另一方面，土地所有权人通常只需要找合适的建筑商就可以进行合作开发。这种方式的好处是使不同土地的所有权人可自行将土地资源整合一起后共同开发，或单独和建筑商进行开发合作，从而实现灵活和高效地开发土地。同理，市场上住房投资人对公寓、住宅等的认可也主要基于建筑商的实力，这也是韩国小区通常以建筑商品牌命名的原因，例如三星建设的“来美安”等。从 2020 年第一季度表现看，韩国房地产生产总值约为 136 万亿韩元，同比增速 1.5%，与上年持平（见表 1.1.2）。

**1. 房屋市场**

从房屋销售市场看，自韩国央行 2019 年 7 月启动降息以来，韩国的房屋价格从同年 10 月开始了持续上涨，全国 2020 年 5 月最新房屋销售指数已达到同比增幅 2%。其中，首尔都市圈的同比增幅更大，在 5 月达到了 4%（见图 1.2.8）。但从环比数据看，从 2020 年 4 月开始增速趋于缓和，从 3 月的 0.5% 降至 5 月的 0.1%。此外，据韩国国际广播电台 2020 年 6 月 24 日报道，根据“经济正义实践市民联合”调查结果显示，文在寅政府执政以来的 3 年，首尔地区公寓价格已上涨52%，相较前任朴槿惠政府时期上涨近1倍①。过高的房价一方面引发了民众的普遍不满，另一方面又促使投资者在市场上不断“恐慌性买入”。很多年轻人担心当时是拥有自己住房的最后机会了。

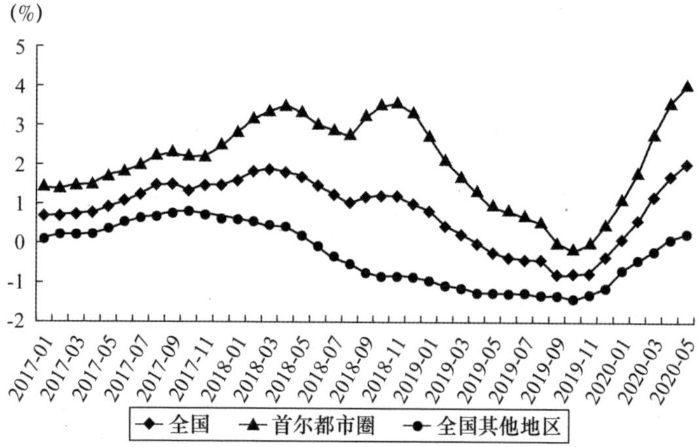


**图1.2.8　韩国房屋销售价格指数同比变动情况**

资料来源：BOK 7.7.4。

另一个无奈而又有趣的现象是，由于韩国政府为了控制房价而加强限制，韩国特殊的“住宅认购制度”② 反而使得认购变成能够获取数亿韩元市场差价的“大抽奖”。据韩国《朝鲜日报》2020年6月15日援引韩国房地产114网站消息称，截至6月11日，2020

---

① “文在寅政府执政后首尔公寓价上涨52%为朴槿惠政府时期2倍”，KBS World 2020年6月24日，https：//world. kbs. co. kr/service/news_ view. htm? lang = c&Seq_ Code =68213。

② Korea Appraisal Board，类似于积分制度的购房政策：根据个人无住宅时间、抚养家人数、入住者相关存款开户持有期间等进行计分，并按积分高低排序购房。

年首尔公寓平均认购竞争率为 99.3:1，系该平台 2000 年开始统计以来的最高水平。

在房屋租赁市场方面，韩国有其特殊性，通常可分为“月税（Wolse）”租赁和“全税（Jonse）”租赁[①]。其中，“月税”就是每月支付一定房租的制度。在签订月税合同时，一般也须支付押金，但与中国“押一付三”的租赁不同的是，租客初期缴纳的押金越多，月租就有可能越少。而“全税”更是韩国所特有的租房方式，主要指租客向房东交付一笔大额押金，从而获得一定时间房屋免租金的使用权，在期满退房时，房东将全额退还押金的租房模式。房东的收益主要来自合同期间对押金的使用。根据区域不同，押金比例通常为房价的六成至八成。通常首尔都市圈较全国其他地区的全税价与房屋销售价比例更高，不过这一情况在 2020 年 3 月出现了逆转（见图 1.2.9）。这主要是因为首尔都市圈房价自 2019 年 10 月开始快速上涨（见图 1.2.8），而由于全税租赁合约通常为 2 年，在计算上短期拉低了该比例。此外，由于疫情影响，韩国政府和央行都在推出各种宽松的财政和货币政策，全税租赁给房东带来的预期收益率则在下降，进一步导致了更多的房东愿意采取月税租赁。值得注意的是，虽然全税租赁相对月税租赁对于租客来说风险更大[②]，但

① 月税、全税仅是音译，与税收没有联系。

② 根据笔者此前的研究分析，全税房主要风险包括房价变动的市场风险，以及法律风险（担保物权顺位：韩国也是大陆法系国家，也有自己的《民法典》——参考德国传统民法典的五编制，设置总则编、债编、物权编、亲属编和继承编，有别于中国《民法典》首创的七编）等。

在当前房价上涨周期，以及韩国已有的系列保险体系下，风险相对可控。

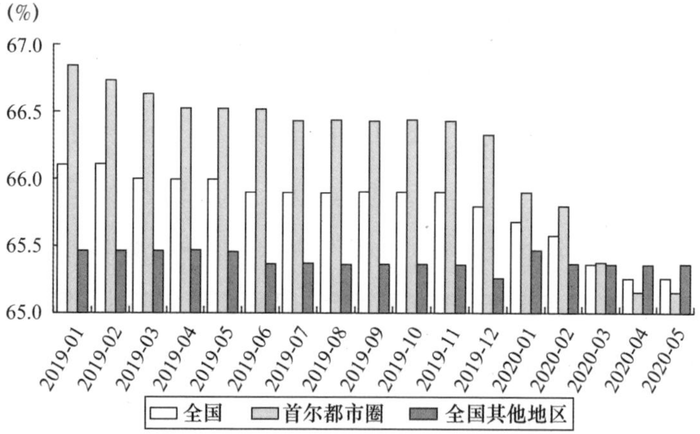


**图 1.2.9　韩国 2019 年以来全税价与房屋销售价的比例**

资料来源：Korean Statistical Information Service，下同。

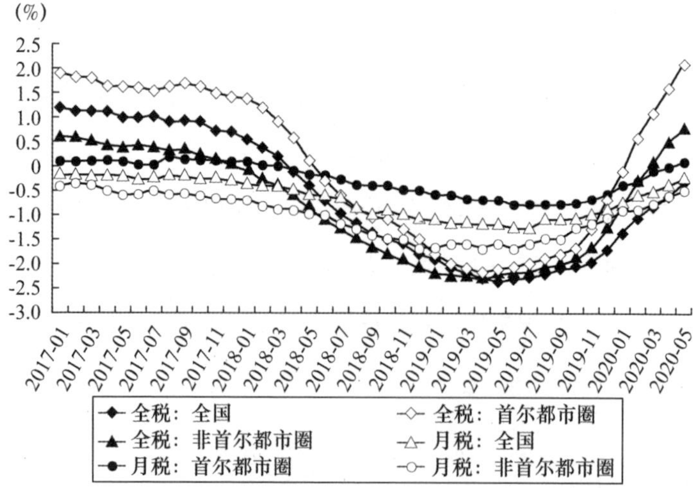


**图 1.2.10　韩国 2017 年以来全税和月税价格指数变动**

资料来源：BOK 7.7.5 –6。

从全税和月税 2017 年以来的价格走势看，均与房价存在较大的正相关性，但全税房由于按住房价格的一定比例缴纳，受房价影响更大，价格波动较月税也更大。从地理位置看，首尔都市圈的全税房租赁价格指数随着 2019 年第三季度的房价一并上涨的浮动更大。月税租赁的价格整体受房价波动影响较小（见图 1. 2. 10）。

**2. 土地市场**

韩国实行资本主义土地政策，即允许土地所有权的私有制。经过半个多世纪的发展，土地市场已较为成熟和稳定，韩国的新房建设很多来自“旧楼改造”项目（无土地流转）。图 1. 2. 11 展示了自 2017 年土地市场的住宅用地的价格变动情况，整体上看其在房屋销售价格指数（见图 1. 2. 8）的相关性不是很高，尤其是 2019 年之后。

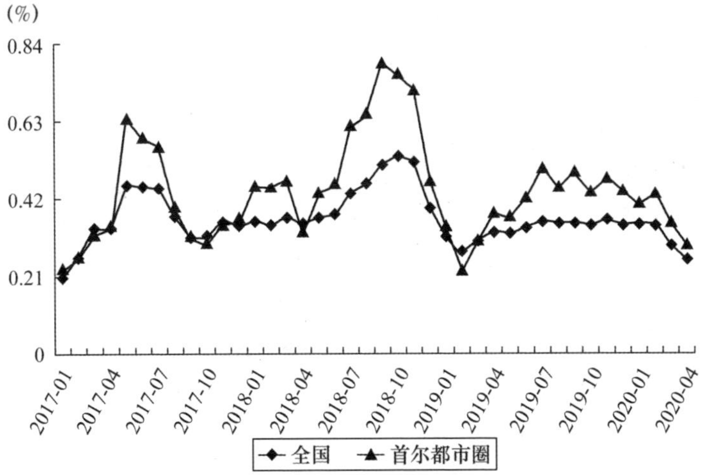


**图 1. 2. 11　韩国 2017 年以来住宅性质土地价格指数变动**

资料来源：KOSIS。

# 三、人口与就业

韩国是单一民族国家，其主要民族为朝鲜族（韩民族）。根据韩国统计厅最新人口普查数据，截至 2018 年年末，韩国总人口约为 5163 万，图 1.3.1 为韩国各行政区域①的人口分布情况。其中，首尔市汇集了韩国近 1/5 的总人口数。根据 KOSIS 2015 年数据显示，首尔市每平方千米人口达到了 16364 人，是世界上人口密度最高的城市之一。韩国首都圈（包括首尔、仁川和京畿道的全部城市）更是集中了全国近一半的人口。

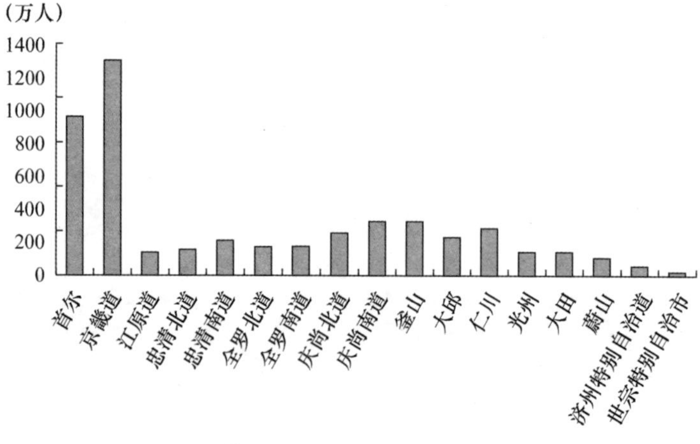


**图 1.3.1 韩国 2018 年人口普查各行政区域总人口**

资料来源：KOSIS。

---

① 韩国全国划分为 1 个特别市：首尔特别市；2 个特别自治市（道）：世宗特别自治市（2012 年 7 月 2 日成立）、济州特别自治道；8 个道：京畿道、江原道、忠清北道、忠清南道、全罗北道、全罗南道、庆尚北道、庆尚南道；6 个广域市：釜山、大邱、仁川、光州、大田、蔚山。

## （一）人口结构

从人口增长上看，自韩国统计厅 1970 年有数据以来，韩国人口的自然增长率呈现持续下降趋势，从 1971 年最高的 23.9‰跌至 2019 年年末最低的 0.1‰。粗出生率（Crude Birth Rate）也从 1970 年的 31.2‰跌至 2019 年年末的 5.9‰。韩国传统的人口红利早已消失殆尽（见图 1.3.2）。

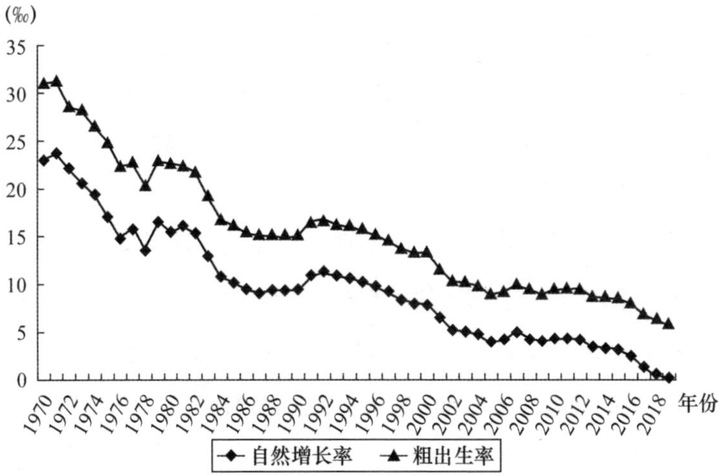


**图 1.3.2　韩国人口自然增长率**

资料来源：KOSIS、世界银行、Wind。

随着年轻人追求独立生活方式和对传统婚姻观念的改变，尤其是韩国女性的受教育程度逐步提高以及自身经济独立，其择偶要求也越来越高，韩国结婚率自 20 世纪 80 年代以来也开始逐步下行。从图 1.3.3 可以看出，韩国结婚率近 10 年下滑速度更加明显，到 2019 年年末已跌至历史最低 4.7‰。

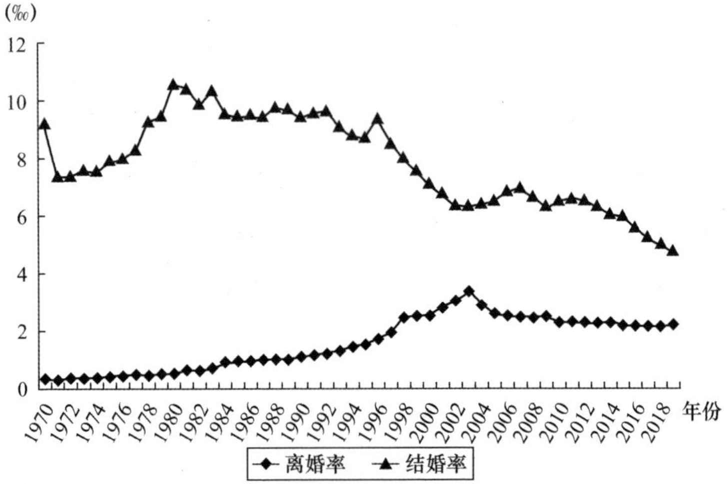


**图 1.3.3　韩国结婚率与离婚率的变动情况**

资料来源：KOSIS、Wind。

此外，选择结婚的人群，不管男性还是女性，相比过去 10 年，其结婚年龄均延后了约 2 年。根据韩国统计厅 *Marriage and Divorce Statistics in* 2019 报告①，韩国男性和女性的结婚年龄平均为 33.4 岁和 30.6 岁。而选择生育的婚后女性，根据韩国统计厅 *Preliminary Results of Birth and Death Statistics in* 2019 报告②，其一胎、二胎、三胎的生育年龄在 2019 年预计分别达到了 32.2 岁、33 岁以及 35 岁，较一二十年前均有所延后。而根据人口保健福祉协会与联合国人口

① 参见：韩国统计厅，http：//kostat. go. kr/portal/eng/pressReleases/8/1/index. board？bmode = read&bSeq = &aSeq = 382800&pageNo = 1&rowNum = 10&navCount = 10& cur-rPg = &searchInfo = &sTarget = title&sTxt = 。

② 参见：韩国统计厅，http：//kostat. go. kr/portal/eng/pressReleases/8/1/index. board？bmode = read&bSeq = &aSeq = 382775&pageNo = 1&rowNum = 10&navCount = 10& cur-rPg = &searchInfo = &sTarget = title&sTxt = 。

基金会 2020 年 6 月 30 日发布的《世界人口白皮书》（韩语版），2020 年韩国女性人均生育数量仅为 1.1 名，不到世界女性平均生育数量（2.4 名）的一半，在全球排名中倒数第一（第 198 位）①。

低结婚率和低出生率，结婚和生育年龄的延后以及人均预期寿命的增长（从 1960 年的 54.4 年增长到 2018 年的 82.63 年），综合导致了韩国人口老龄化的不断加剧。这也是全球主要经济体面临的不同程度的问题。据联合国《世界人口展望（2019 年修订版）》的数据显示，到 2050 年，全世界每 6 人中，就有 1 人年龄在 65 岁（16%）以上，而这一数字在 2019 年为 11 人（9%）；到 2050 年，在欧洲和北美洲，每 4 人中就有 1 人年龄在 65 岁或以上。截至 2019 年，韩国 65 岁以上人口约占总人口的 15.06%，已达到“老龄社会”14% 以上的标准。而邻国日本作为全球老龄化最为严重的国家之一，2019 年其 65 岁以上人口约占总人口的百分比已达到 28%。图 1.3.4 比较了韩国和日本自 20 世纪 60 年代以来不同年龄的人口占比情况，可以发现日本在 20 世纪 90 年代首次出现 65 岁以上人口占比超过 0 ~ 14 岁人口占比后，15 ~ 64 岁人口就出现较大幅度的下滑。这个情况韩国在 2017 年也已经出现，综合考虑其结婚率及人口粗出生率仍在下滑，预计未来几年其老龄化程度还将继续加剧。更为严重的是，2019 年韩国 0 ~ 14 岁人口在总人口中所占比率为 12.75%，仅仅高于日本 0.18%。

---

① “韩国出生率全球垫底 老龄化等社会问题严峻”，人民网 2020 年 7 月 1 日，http://korea.people.com.cn/GB/n1/2020/0701/c407864-31767027.html。

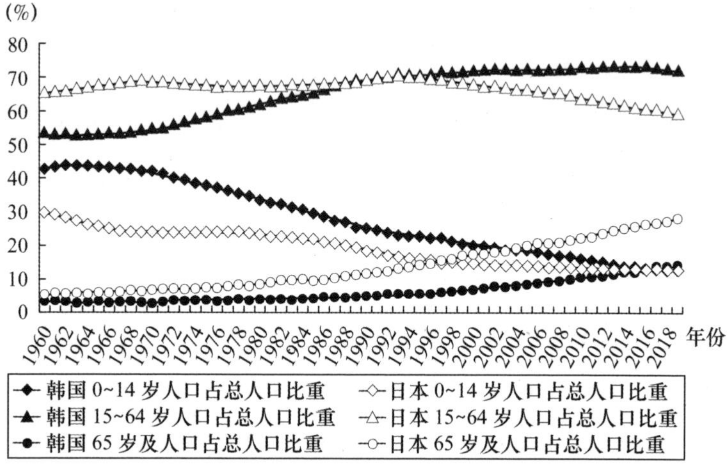


**图 1.3.4　韩国与日本不同年龄段人口占比统计**

资料来源：世界银行、Wind。

## （二）就业情况

韩国人勤劳苦干，在 20 世纪后半叶创造了世界瞩目的“汉江奇迹”。短短的几十年，韩国就将人均 GDP 从 1960 年的不足 100 美元提升到 2018 年的首次超过 3 万美元。首尔也从朝鲜战争后的一片废墟发展成为一个世界大都会。从图 1.3.5 看出，自有数据统计的 1980 年以来，在全球的劳动参与率逐步下滑的同时，韩国的劳动参与率保持了整体上升的趋势，且其均值在 20 世纪 90 年代后始终高于高收入国家和 OECD 国家的平均值。截至 2019 年年末，韩国总就业人口约为 2700 万，在各主要行业分布情况如图 1.3.6 所示。其中，制造业、批发与零售业以及住宿餐饮业是贡献就业人口最多的 3 个行业，2019 年年末的就业人口占比分别为 16.2%、13.2% 和 8.5%。

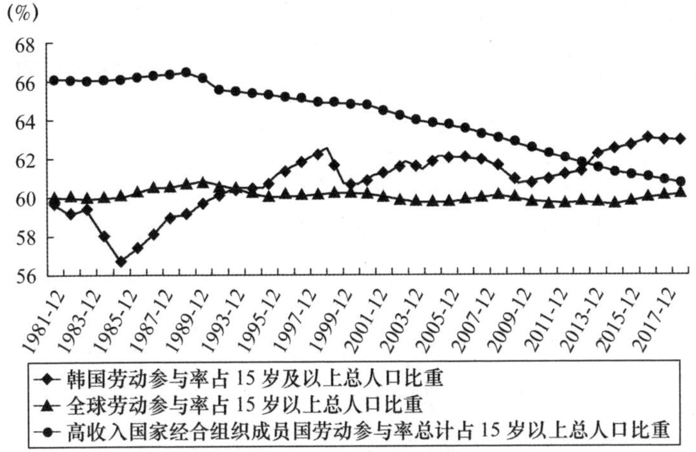


**图 1.3.5　首尔、全球以及 OECD 国家的劳动参与率**

资料来源：世界银行、Wind。

**图 1.3.6　2019 年末韩国主要行业就业人口情况（千人）**

资料来源：世界银行、Wind。

从2017年以来韩国制造业的劳动生产率（Labor Productivity）和单位劳动成本（Unit Labor Costs）指数看，韩国在2019年的国际竞争力有所提高，尤其是在下半年实现劳动生产率持续环比增速上升的同时，单位劳动成本环比增速则在下降（见图1.3.7）。此外，韩国的最低工资水平自2014年以来持续提高（见表1.3.1），平均工资也从2014年的290万韩元/月涨至2019年的338万韩元/月。

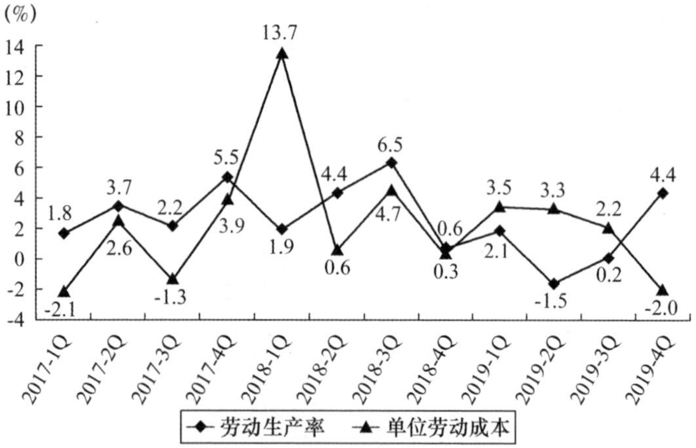


**图1.3.7 韩国近年来劳动生产率和单位劳动成本指数环比变化**

资料来源：BOK。

**表1.3.1 韩国近年来最低工资水平**

| | 2014年 | 2015年 | 2016年 | 2017年 | 2018年 | 2019年 |
|---|---|---|---|---|---|---|
| 最低工资（韩元/小时） | 5210 | 5580 | 6030 | 6470 | 7530 | 8350 |
| 增长率（同比%） | 7.2 | 7.1 | 8.1 | 7.3 | 16.4 | 10.9 |
| 申请人数（千人） | 17734 | 18240 | 18776 | 19312 | 19627 | 20006 |

资料来源：Ministry of Employment and Labor，下同。

如前文所述，受此次新冠肺炎疫情影响，住宿餐饮业是遭受打击最大的3个行业之一。从表1.3.2看，该行业的失业人口自2020年3月开始大幅增加，而5月随着疫情防控转入以“生活防疫”为主，新增失业人口较4月有所下降。

批发与零售业占GDP的百分比虽然在2020年第一季度只有0.1%的同比下滑，但其对就业的冲击是最大的——5月新增失业人口19万（表1.3.2），远高于其他行业。预计这种差异部分是因为线上购物的替代作用。据韩国统计厅 *Online Shopping in May 2020*[①] 显示，2020年5月韩国网购交易额为11万亿韩元，同比增加13.1%，其中农副产品消费同比增长54.3%，食品与饮料消费同比增长33.1%，日常生活用品同比增长38%。

**表1.3.2　2020年韩国各行业就业人口变动**　单位：千人

| 行业 | 2020年1月 | 2020年2月 | 2020年3月 | 2020年4月 | 2020年5月 |
|---|---|---|---|---|---|
| 制造业 | 8 | 35 | -24 | -44 | -57 |
| 批发零售业 | -92 | -104 | -170 | -123 | -190 |
| 住宿和餐饮服务活动 | 87 | 15 | -111 | -213 | -184 |
| 人类健康与社会工作活动 | 202 | 211 | 82 | 76 | 130 |
| 建筑 | 5 | -12 | -20 | -58 | -59 |
| 教育 | 8 | -10 | -101 | -129 | -69 |
| 运输与仓储 | 90 | 99 | 70 | 33 | 51 |
| 农林渔业 | 100 | 96 | 148 | 73 | 50 |

① 参见：韩国统计厅，http://kostat.go.kr/portal/eng/pressReleases/1/index.board?bmode=read&aSeq=383658。

续表

| 行业 | 2020 年 1 月 | 2020 年 2 月 | 2020 年 3 月 | 2020 年 4 月 | 2020 年 5 月 |
|---|---|---|---|---|---|
| 商务设施管理和商务支持服务；租赁活动 | 66 | 36 | 20 | 16 | -17 |
| 会员组织、维修等个人服务 | -20 | -23 | -32 | -98 | -85 |
| 职业、科学与技术活动 | 50 | 36 | -26 | 19 | 12 |
| 公共行政和国防；强制性社会保障 | -11 | 26 | -60 | -39 | -27 |
| 信息与通信 | -34 | -25 | -20 | -7 | 10 |
| 金融和保险活动 | -32 | -15 | -20 | -11 | -11 |
| 房地产活动 | 33 | 25 | -1 | -37 | -32 |
| 艺术、体育和娱乐相关服务 | 71 | 57 | 9 | 11 | 28 |
| 供水；污水、废物管理、材料回收 | 10 | 17 | 21 | 21 | 14 |
| 家庭作为雇主的活动；家庭自用无差别的商品和服务生产活动 | 55 | 47 | 38 | 30 | 32 |
| 电力、燃气、蒸汽和空调供应 | 10 | 7 | 6 | -2 | 6 |
| 采矿和采石 | -3 | -1 | 2 | 0 | -1 |
| 域外组织和机构的活动 | 7 | 9 | 5 | 6 | 8 |
| 总计 | 610 | 526 | -184 | -476 | -391 |

资料来源：BOK 16.6.1。

制造业虽然在 2020 年第一季度同比增速高于上年同期，但从第二季度前两个月的就业情况看，其受疫情的影响也开始逐步显现，失业人员数量从 3 月开始持续增长。

在失业补贴领取方面，韩国 2020 年以来申请补贴领取的人数和金额均持续突破历史新高（见图 1.3.8）。根据韩国央行最新数据，韩国失业补贴领取总人数达 68.6 万，总金额超过 1 万亿韩元，仅 5 月就环比新增 2.56 万失业补贴领取人数，支出金额则环比增长 183.7 亿韩元。

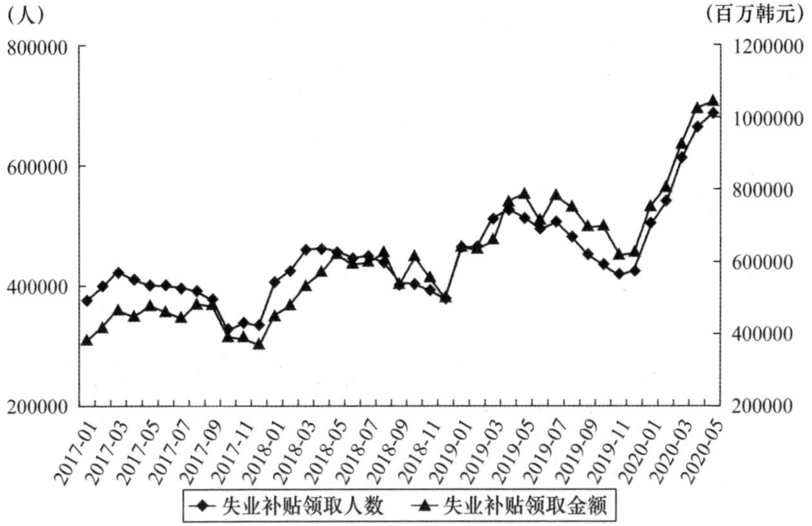


**图 1.3.8　韩国近年来失业补贴的领取人数与金额**

资料来源：BOK 16.6.5、Wind。

# 四、景气调查

## （一）企业景气

根据 HIS Markit 数据库，韩国 2020 年 6 月最新制造业采购经理指数（PMI）为 43.3，高于 5 月的 41.3，虽仍处于 50 的荣枯线以下，但较前几个月有回暖的迹象。综观韩国近 10 多年 HIS Markit

统计的制造业 PMI① 和韩国 GDP 的环比变动情况（见图 1.4.1），两者整体拟合度较好，且 PMI 对 GDP 有一定领先作用。HIS Markit 制造业 PMI 构成的权重较为全面，其中新订单指数占 30%，生产指数占 25%，从业人员指数占 20%，供应商配送时间指数占 15%，原材料库存指数占 10%。但在韩国，政府和市场分析师更常用企业景气实查指数（Business Survey Index，BSI）来评估最新的经济活动以及制定相应的政策。

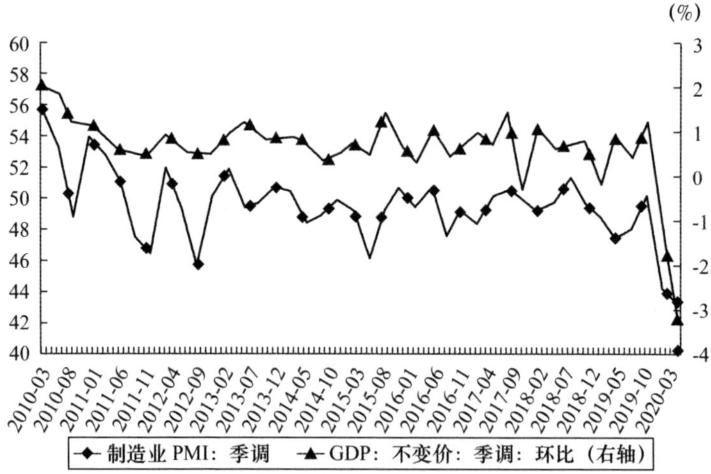


**图 1.4.1 韩国 10 年来 PMI 与 GDP 变动情况**

资料来源：HIS Markit、Wind。

企业景气实查指数是韩国统计厅通过邮件或电话，对全国 3696 家工商业参与者进行调研所形成的指数。图 1.4.2 显示了自 2019 年以来的 BSI 环比变动情况，从 2020 年 6 月的数据来看，

① 参见：HIS Markit 数据库，https：//www. markiteconomics. com/public。

韩国全产业 BSI 为 56，环比增长 5.7%。通常，企业景气实查指数反映了企业对经济景气的展望，指数高于 100 表示看好经济景气的企业居多，低于 100 则相反。其中，韩国 2020 年 6 月制造业 BSI 为 51，环比增长 4.1%，是自疫情暴发以来首次出现环比正增长；非制造业 BSI 为 60，环比增长 7.1%，但增速较上个月有所下滑。

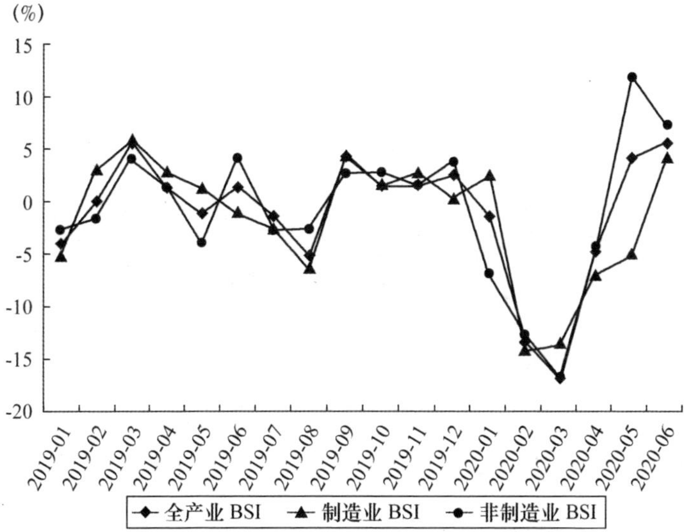


**图 1.4.2 韩国 2019～2020 年 BSI 环比变动情况**

资料来源：BOK 9.1.3.1。

从制造业 BSI 具体构成项看，2020 年 6 月韩国 BSI 得以快速回升主要依靠其分构成项销售及订单的改善，其中国内销售增长分项环比上涨 11.8%，新订单增长 9.3%，从而带动其他分项增长。而出口增长分项的 BSI 也在疫情暴发后首次实现了环比正增长 3.9%，侧面反映了国际需求也开始部分回暖（见表 1.4.1）。

**表 1.4.1　　2020 年以来韩国制造业 BSI 环比变动情况**　　单位:%

| 分项 | 2020 年 1 月 | 2020 年 2 月 | 2020 年 3 月 | 2020 年 4 月 | 2020 年 5 月 | 2020 年 6 月 |
|---|---|---|---|---|---|---|
| 国内销售增长 BSI | 1.3 | -10.0 | -16.7 | -5.0 | -10.5 | 11.8 |
| 产量增长 BSI | 0.0 | -5.8 | -13.6 | -8.6 | -12.5 | 10.7 |
| 新订单增长 BSI | -1.2 | -6.1 | -14.3 | -10.6 | -8.5 | 9.3 |
| 营业比率 BSI | 2.4 | -7.1 | -13.9 | -7.4 | -14.3 | 7.4 |
| 财务状况 BSI | 0.0 | -6.0 | -9.0 | -7.0 | -3.0 | 6.3 |
| 原材料和零部件采购价格 BSI | 1.8 | -1.8 | -0.9 | -3.7 | -1.9 | 5.9 |
| 销售价格 BSI | 0.0 | 0.0 | -4.3 | 0.0 | -3.4 | 5.9 |
| 出口增长 BSI | 1.2 | -10.6 | -10.5 | -11.8 | -15.0 | 3.9 |
| 设施投资 BSI | 0.0 | -1.1 | -5.4 | -8.0 | 0.0 | 2.5 |
| 库存 BSI | 0.0 | -4.6 | 2.9 | 3.8 | 0.9 | -0.9 |
| 人力资源 BSI | 1.0 | -2.0 | 2.1 | 5.1 | 4.8 | -0.9 |
| 生产能力 BSI | 1.0 | -2.8 | 1.0 | 4.8 | 1.8 | -1.8 |
| 总体制造业 BSI | 2.7 | -14.5 | -13.8 | -7.1 | -5.8 | 4.1 |

资料来源：BOK 9.1.3.1。

## （二）消费者景气

韩国虽然长期采取出口导向型经济，但也是人均 GDP 超 3 万美元的消费大国。如前文所述，其最终消费在 GDP 占比中超过六成。韩国的市场分析师常采用韩国的消费者动向指数（Composite Consumer Sentiment Index，CCSI①）进行分析。根据 BOK 官网介绍，

① 有时也简写成 CSI。

CCSI 是由六大主要 CCSI 构成，综合考虑了经济个体当前的经济状况、对经济状况的期望、消费者开支计划、家庭存贷款情况、对工资物价等期望以及对各类资产的期望。

从图 1. 4. 3 可以看出，韩国 2020 年 6 月 CCSI 为 81. 8，环比增长 5. 4%，虽然环比已实现两个月的正增长，但由于新冠肺炎疫情的持续存在，预期的报复性增长似乎并未发生，其数值也远未达到上年的同期水平。此外，由于 6 月韩国每日新增病例有所增长，CCSI 的环比增速也出现了下滑，后续若疫情难以好转，预计会维持在较疫情前更低的水平。若疫情在 2020 年下半年秋冬季节出现严重反弹，则可能进一步下滑。

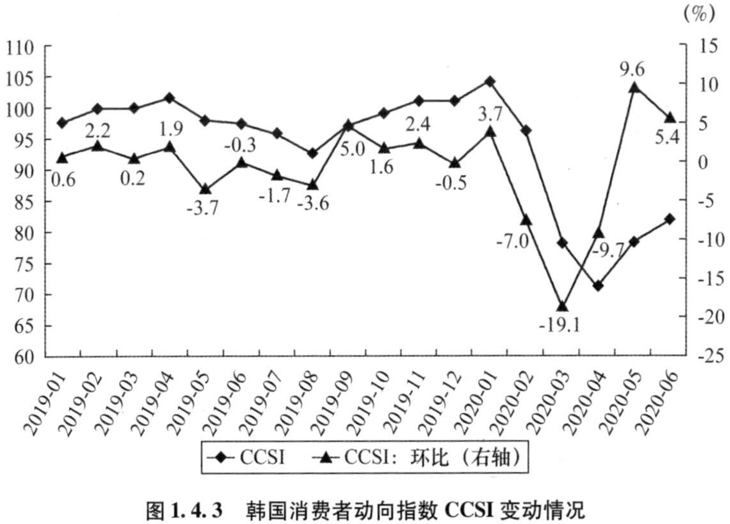


**图 1. 4. 3　韩国消费者动向指数 CCSI 变动情况**

资料来源：BOK 9. 2. 1。

需额外说明的是，根据 OECD 官方网站提供的数据，韩国 2020 年 5 月消费者信心指数（CCI）仍呈现下降态势（见图 1. 4. 4），但根据笔者近几个月在韩国部分热点商圈，如明洞、Mapo 商业区等地的日常观察来看，韩国的 CCSI 数据似乎更为可信。自韩国政府在 5 月初由“加强保持社交距离”转为“生活防疫阶段”后，相关片区的商业活动明显有所回暖，尤其是住宿餐饮业的人流量得到了显著提升。

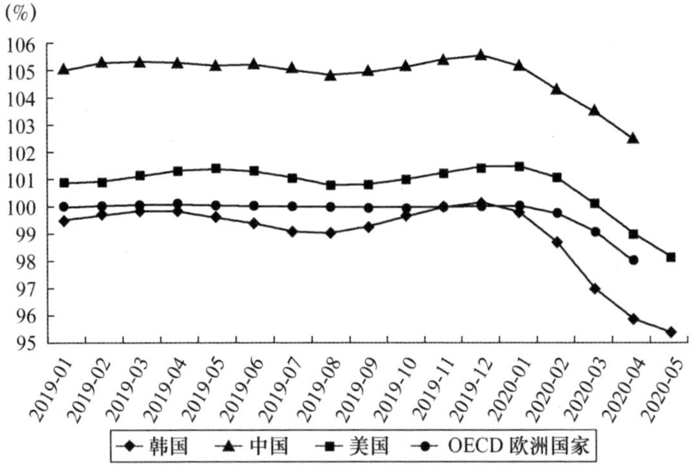


**图 1.4.4　中国、美国、韩国和 OECD 欧洲国家的 CCI 变动**

资料来源：OECD 数据库，https：//data. oecd. org/leadind/consumer-confidence-index-cci. htm。

## （三）综合景气

为了全面了解上述所有私营部门（包括企业和消费者）对经济状况的看法，韩国统计厅通过选取企业景气实查指数（BSI）和消费者动向指数（CCSI）中与经济波动高度相关的 7 个成分项，重新计算并合成经济信心指数（Economic Sentiment Index，ESI），将其作为一个重要的领先指数。

韩国2020年6月最新ESI环比增长9.2%，增速为3年来最高，但实际值只有63.1，较上年101的高位下降了37.5%。可见，虽然韩国私营部门的景气程度在5月、6月随着社交距离逐步放松以及全球需求的回暖得以快速恢复，但离此前的景气程度仍有较大差距（见图1.4.5）。

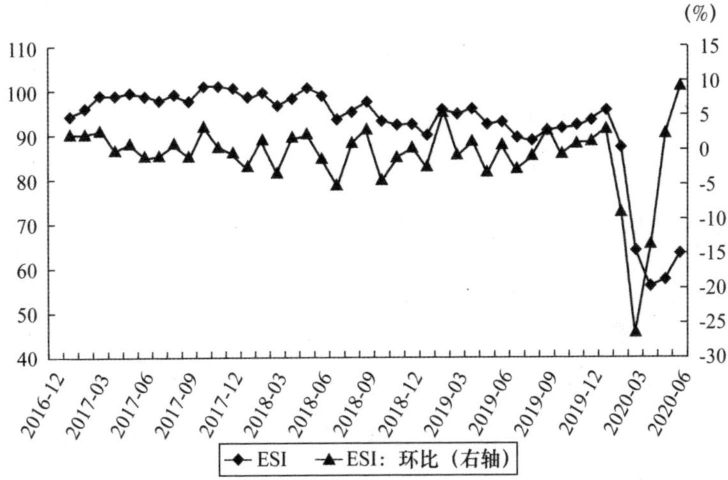


**图1.4.5　韩国经济信心指数ESI变动情况**

资料来源：BOK 9.3。

## 五、经济活动

### （一）产业增长

通常，国内生产总值（GDP）被公认为衡量国家经济状况的最佳指标，但是由于其按季发布，滞后性明显，决策当局及市场参与者往往很难利用其及时快速地掌握整体经济活动和趋势。而一些特定行业虽然提供了月度综合指标可快速识别行业趋势，但在综合性和全局性方面又有所欠缺，难以通过其了解韩国所有行业的生产情况。为此，韩国统计厅根据农林渔、工业、服务、建筑、公共管理这 5 个行业的生产指数，通过加权平均每个增加值（以 2015 年为基数）开发出了全产业生产指数（Index of All Industry Production，IAIP）①。但由于农业、林业和渔业部门受基本数据的限制，目前韩国统计厅仅编制其年度指数。

图 1.5.1 是韩国全产业生产指数（IAIP）自 2019 年以来的变动情况，根据数据显示，2020 年 5 月 IAIP 为 102.7，环比下降 1.2%，同比下降 4.6%。其中，工业生产指数为 96.4，环比下降 6.7%；服务业生产指数为 104.6，环比上涨 2.3%；建筑业生产指数为 110.825，环比下降 4.3%；公共管理业生产指数为 110.4，环比上涨 0.8%。可见，虽然从前文的景气调查来看，韩国的工商业活动从 2020 年 5 月开始出现了复苏的迹象，但从实际的产业增长来看，仅服务业和公关管理行业实现了环比正增长。不过通常而言，景气调查较 IAIP 是一个更领先的指标，预计若疫情不再恶化或者二次暴发，韩国经济有望在 2020 年第三季度开始缓慢企稳。但如前文所述，在疫情结束前其仍可能是在低位保持均衡。

---

① 参见：韩国统计厅，http：//kostat. go. kr/portal/eng/surveyOutline/2/2/index. static。

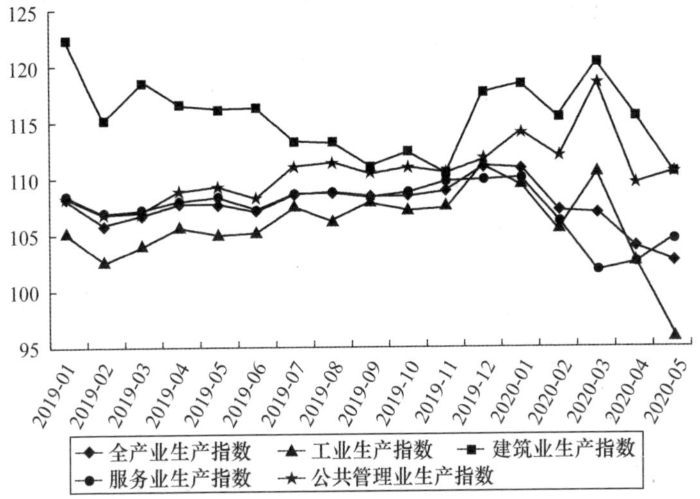


**图 1.5.1　韩国全产业生产指数 2019 年以来的变动**

资料来源：BOK 16.1.2。

### 1. 服务业活动

如前文所述，韩国服务类产业占 GDP 超过六成，是韩国经济的核心增长动力。从图 1.5.1 可以看出，服务业也是 2020 年 5 月的全产业生产指数中复苏最快的行业，直接减缓了整体经济下滑的趋势。这一方面是因为 5 月本身是韩国假期较为集中的一个月（有劳动节、儿童节、父母节等）；另一方面，也是因为该月的防疫政策有所放宽，转为“生活防疫”，市民的消费行为有所恢复。

从表 1.5.1 具体分项来看，所有服务类分项在 2020 年 5 月均不同程度地实现了环比增长。其中，住宿餐饮业复苏最为明显，其次是文娱体育等，这两个行业也是前期受疫情影响最为严重的两个服务业。

**表 1.5.1　　韩国服务类产业经济活动指数**　　单位：%

| 分　项 | 2019 年 5 月 | 2020 年 1 月 | 2020 年 2 月 | 2020 年 3 月 | 2020 年 4 月 | 2020 年 5 月 |
|---|---|---|---|---|---|---|
| 住宿和餐饮服务活动 | 0.3 | -0.1 | -18.8 | -18.2 | 12.4 | 14.4 |
| 艺术、体育和娱乐相关服务 | 0.1 | 4.6 | -26.1 | -33 | -0.5 | 10 |
| 会员组织、维修和其他个人服务 | -0.8 | -0.8 | -6.6 | -15.5 | 9.7 | 9.5 |
| 批发和零售贸易 | 0.9 | -1 | -3.6 | -3.3 | 0.1 | 3.7 |
| 供水；污水、废物管理、材料回收 | 1.7 | -3 | 13.4 | -7.7 | -4 | 1.6 |
| 运输和仓储 | -0.8 | -0.7 | -8.8 | -9.6 | -2.8 | 1.5 |
| 教育 | -0.4 | -0.3 | -2.9 | -7.1 | 3.1 | 1.5 |
| 商业设施管理和商业支持服务；出租和租赁活动 | 0.1 | -6.3 | -6.3 | -3.3 | -2.4 | 0.9 |
| 信息和通讯 | 1.1 | 7 | -1 | -3.7 | 2.5 | 0.8 |
| 职业、科学和技术活动 | 0.5 | 0.3 | -0.6 | -0.4 | -3.6 | 0.7 |
| 金融和保险活动 | 1.2 | 3.2 | 2.6 | 2.1 | -0.4 | 0.5 |
| 人类健康和社会工作活动 | 0.8 | -0.7 | -1.9 | -1 | 0.8 | 0.5 |
| 房地产活动和租赁 | -1.2 | -0.1 | 4.4 | -5.1 | -4.4 | 0.4 |
| 总计 | 0.4 | 0.5 | -3.5 | -4.4 | 0.5 | 2.3 |

资料来源：BOK 16.5.1。

### 2. 制造业活动

如前文所述，韩国制造业占 GDP 约 30%。其中，韩国的高科技产品出口占制成品出口的百分比远高于其他主要经济体，且其造船业和汽车产业等领先全球。鉴于韩国出口产品在全球供应链中的地位，研究韩国制造业活动对于分析韩国经济以及预判全球经济意义重大。

韩国统计厅通过设计生产指数（Production Index）、交货指数（Shipping Index）、存货指数（Inventory Index）以及产能利用率（Capacity Utilization Rate）等指数进行制造业活动评价。从表1.5.2可以看出，韩国2020年5月工业主要受生产和交货所拖累，环比均出现了负增长，而存货则相对保持稳定，进而综合导致平均产能利用率环比下降4.6个百分点。这也从侧面说明全球经济仍然疲软，供应链也未能完全恢复。

**表1.5.2　　韩国制造业经济活动指数**

| 指数项 | | 2019年5月 | 2020年1月 | 2020年2月 | 2020年3月 | 2020年4月 | 2020年5月 |
|---|---|---|---|---|---|---|---|
| 生产指数 | 2015=100 | 104.7 | 109.8 | 105.4 | 110.9 | 103.1 | 96 |
| | 环比（%） | -0.8 | -1.5 | -4 | 5.2 | -7 | -6.9 |
| 交货指数 | 2015=100 | 100.6 | 100.8 | 97.8 | 104.5 | 96.4 | 90 |
| | 环比（%） | -0.2 | -4 | -3 | 6.9 | -7.8 | -6.6 |
| 存货指数 | 2015=100 | 112.7 | 115.4 | 116.6 | 115.8 | 115.7 | 115.7 |
| | 环比（%） | 0.3 | 4.2 | 1 | -0.7 | -0.1 | 0 |
| 平均产能利用率（%） | | 72.4 | 75.3 | 70.7 | 74.4 | 68.2 | 63.6 |

资料来源：BOK 16.3.1、16.3.4。

### （二）综合指标

类似中国经济可通过克强指数进行经济活动综合分析，韩国统计厅也开发了更为复杂的景气综合指数（Composite Economic Indexes）来及时评价产业生产、消费、进出口以及金融市场变动等多个方面的经济运行。

韩国统计厅通常每个月都会收集 19 个成分综合指数，对其进行加工后合成景气综合指数。这 19 个指标涵盖了最新的产业、消费、进出口、就业以及金融市场信息，其主要包括 7 个先行综合指数（Composite Leading Index），7 个同行综合指数（Composite Coincident Index）和 5 个后行综合指数（Composite Lagging Index）。

**表 1.5.3　　　　韩国景气综合指数的构成**

| 成分综合指数 | 成　分 |
|---|---|
| 先行综合指数 | 库存流通指数<br>经济景气指数<br>建筑订单（实际）<br>机械出口（不包括船舶）<br>出口价格比<br>韩国综合股价指数（KOSPI）<br>长期和短期利率差异（5 年期国债与 Call Rate 价差） |
| 同行综合指数 | 全产业生产指数<br>服务业生产指数（不包括批发和零售）<br>零售销售指数<br>国内出口指数<br>建设完成量（实际）<br>进口量（实际）<br>非农业，林业和渔业就业变化 |
| 后行综合指数 | 生产者产品库存指数变化<br>12 个月消费价格指数变化率（服务）<br>消费品进口（实际）<br>就业人数<br>短期融资券（CP）收益率 |

资料来源：韩国统计厅，http：//kostat. go. kr/understand/info/info_ lge/1/detail_ lang. action？ bmode = detail_ lang&pageNo = 1&keyWord = 0&cd = SL3956&sTt = % EA% B2% BD% EA% B8% B0% EC% A2% 85% ED% 95% A9% EC% A7% 80% EC% 88% 98。

为检验先行综合指数对于经济活动预测的有效性，笔者基于过去 10 年的 GDP 变动与该指标的走势进行了 OLS（Ordinary Least Squares，最小二乘法）线性回归分析。其中，选取的自变量为景气综合指数，应变量为 GDP 的季调不变值。由于景气综合指数通常按月公布，而 GDP 则为季度数据，为此笔者在模拟时将景气综合指数取季度内各月的平均值。最终回归统计如表 1.5.4 所示，相关线性拟合如图 1.5.2 所示。从初步检验结果看，该指标与 GDP 的变动相关性明显，而相对 GDP 的时效性更佳，可作为预测韩国经济增长的一个参考。

**表 1.5.4　韩国 2010 年以来季度 GDP 与景气综合指数的回归统计分析**

| | 系数 | 标准误 | P 值 | 显著值 F | $R^2$ |
|---|---|---|---|---|---|
| 截距项 | 112730.5 | 5133.32 | 1.45E－23 | 1.3342E－39 | 0.9887 |
| X 变量 | 3009.671 | 51.4736 | 1.33E－39 | | |

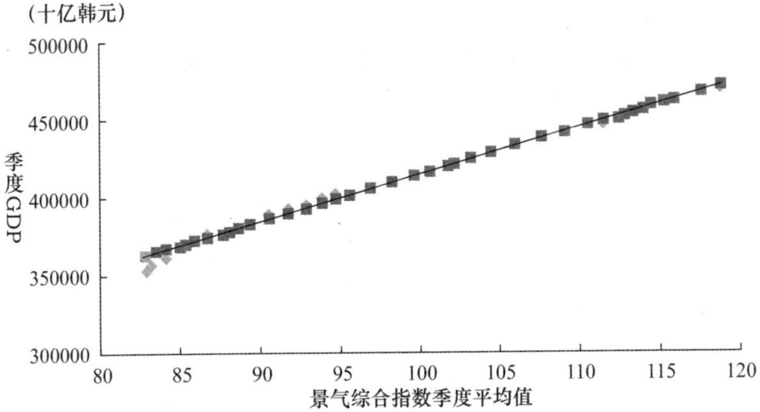


**图 1.5.2　韩国 2010 年以来季度 GDP 与景气综合指数的线性拟合**

图 1. 5. 3 显示了韩国景气综合指数自 2019 年以来的环比变动情况。从最新几个月的走势来看，韩国经济在 2020 年 3 月受疫情冲击最为严重，4 月惯性环比下滑，但从 5 月开始逐步企稳。这与此前消费活动及工业生产相关指标反映一致。韩国经济有望在 6 月延续温和复苏。

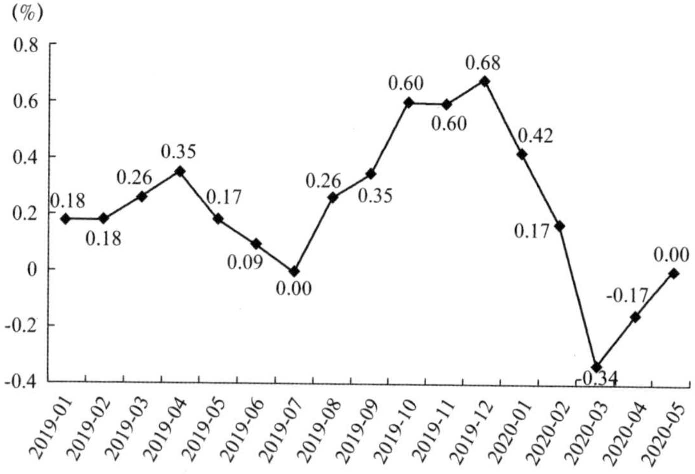


**图 1. 5. 3　韩国 2019 年以来景气综合指数环比变动**

资料来源：KOSIS。

## （三）最新预测

### 1. IMF 预测

根据国际货币基金组织（IMF）2020 年 6 月发布的《世界经济展望》报告，2020 年韩国的经济增长预期下调至 –2. 1%，较 4 月的预期下降 0. 9%，降幅相对较小。预测美国、英国和日本发达经济体将分别萎缩为 –8. 0%、–10. 2% 和 –5. 8%。印度（–4. 5%）、东盟（-2.0%）等新兴经济体也将出现负增长，唯有中国预期实现1%的正增长，但这也较4月的预期下降了0.9%（见表1.5.5）。

**表1.5.5　IMF关于全球的最新经济预测**　单位：%

| | 2018年 | 2019年 | 2020年（预测） | 2021年（预测） |
|---|---|---|---|---|
| 阿根廷 | -2.5 | -2.2 | -9.9 | 3.9 |
| 澳大利亚 | 2.8 | 1.8 | -4.5 | 4.0 |
| 巴西 | 1.3 | 1.1 | -9.1 | 3.6 |
| 加拿大 | 2.0 | 1.7 | -8.4 | 4.9 |
| 中国 | 6.7 | 6.1 | 1.0 | 8.2 |
| 埃及 | 5.3 | 5.6 | 2.0 | 2.0 |
| 法国 | 1.8 | 1.5 | -12.5 | 7.3 |
| 德国 | 1.5 | 0.6 | -7.8 | 5.4 |
| 印度 | 6.1 | 4.2 | -4.5 | 6.0 |
| 印度尼西亚 | 5.2 | 5.0 | -0.3 | 6.1 |
| 伊朗 | -5.4 | -7.6 | -6.0 | 3.1 |
| 意大利 | 0.8 | 0.3 | -12.8 | 6.3 |
| 日本 | 0.3 | 0.7 | -5.8 | 2.4 |
| 哈萨克斯坦 | 4.1 | 4.5 | -2.7 | 3.0 |
| 韩国 | 2.9 | 2.0 | -2.1 | 3.0 |
| 马来西亚 | 4.7 | 4.3 | -3.8 | 6.3 |
| 墨西哥 | 2.2 | -0.3 | -10.5 | 3.3 |
| 荷兰 | 2.6 | 1.8 | -7.7 | 5.0 |
| 尼日利亚 | 1.9 | 2.2 | -5.4 | 2.6 |
| 巴基斯坦 | 5.5 | 1.9 | -0.4 | 1.0 |
| 菲律宾 | 6.3 | 6.0 | -3.6 | 6.8 |
| 波兰 | 5.3 | 4.1 | -4.6 | 4.2 |

续表

| | 2018 年 | 2019 年 | 2020 年（预测） | 2021 年（预测） |
|---|---|---|---|---|
| 俄罗斯 | 2.5 | 1.3 | -6.6 | 4.1 |
| 沙特阿拉伯 | 2.4 | 0.3 | -6.8 | 3.1 |
| 南非 | 0.8 | 0.2 | -8.0 | 3.5 |
| 西班牙 | 2.4 | 2.0 | -12.8 | 6.3 |
| 泰国 | 4.2 | 2.4 | -7.7 | 5.0 |
| 土耳其 | 2.8 | 0.9 | -5.0 | 5.0 |
| 英国 | 1.3 | 1.4 | -10.2 | 6.3 |
| 美国 | 2.9 | 2.3 | -8.0 | 4.5 |

资料来源：IMF，“《世界经济展望》更新：前所未有的危机，不确定的复苏”，IMF 官网 2020 年 6 月，https：//www.imf.org/zh/Publications/WEO/Issues/2020/06/24/WEOUpdateJune2020。

**2. OECD 预测①**

根据经合组织（OECD）2020 年 6 月发布的《经济展望报告》，其将预测假设分为新冠肺炎疫情一次流行（Single-hit）和二次流行（Double-hit）两种场景。具体而言，若疫情没有发生二次流行，则预计韩国 2020 年和 2021 年的经济增速分别为 -1.2% 和 3.1%，失业率分别为 4.5% 和 4.4%。若疫情在 2020 年第四季度发生二次流行，预计韩国 2020 年经济增速将进一步下降至 -2.5%，2021 年的经济增速将为 1.4%，同时失业率将在 2020 年达到 4.6%，在 2021 年达到 4.7%。

① 参见：OECD 官网，http：//www.oecd.org/economic-outlook/。

### 3. 市场预测

市场参与主体对 2020 年韩国经济的增长则相对 IMF 和 OECD 更加乐观。根据彭博 2020 年 6 月的调研数据，韩国 2020 年经济增长预测的中位数为 -0.6%，较 5 月预测的 -0.5% 下降 0.1%（见图 1.5.4）。

Browse | Real GDP (YoY%) | Yearly

| 2019 Actual | 2.0 | 2019 Forecast | 2.0 |
|---|---|---|---|
| | | 2020 | 2021 |
| Median | | -0.6 | 3.1 |
| Mean | | -0.5 | 3.2 |
| Bloomberg Weighted Average | | -0.4 | 3.1 |
| High | | 1.3 | 6.0 |
| Low | | -3.0 | 1.4 |
| Responses | | 42 | 39 |
| Jun. Survey | | -0.6 | 3.0 |
| May Survey | | -0.5 | 3.0 |
| Contributors (42) | As of | 2020 | 2021 |
| DekaBank Deutsche Girozentrale | 07/03/20 | -1.4 | 1.4 |
| HSBC Holdings | 07/03/20 | 0.3 | 2.5 |
| Standard Chartered | 07/03/20 | -0.6 | 2.2 |
| UBS | 07/03/20 | -2.0 | 4.8 |
| Barclays | 07/02/20 | -0.2 | 3.3 |
| Credit Suisse Group | 07/02/20 | -0.2 | 2.9 |
| JPMorgan Chase | 07/02/20 | -0.1 | 3.1 |
| Credit Agricole CIB | 07/01/20 | -0.4 | 3.0 |
| Julius Baer | 07/01/20 | 0.5 | 3.5 |
| Natixis | 07/01/20 | 0.5 | 2.1 |

**图 1.5.4 部分市场参与主体关于韩国 2020 年和 2021 年的经济预测**

资料来源：Bloomberg。

한국을 만나다 02

【第二章】

# 特殊时期韩国的财政与货币政策

本章内容主要适合于宏观经济分析师、金融从业人员、政府工作人员，以及其他对韩国财政和货币政策等有所了解的读者。

笔者编写本章的时间是2020年7～9月，主要记录了新冠肺炎疫情蔓延初期时韩国政府所采取的财政和货币政策应对等情况。此外，还包括韩国的货币政策框架、财政收支结构等。本章所使用的数据也是当时的最新数据，感兴趣的读者不妨可以根据自身需要进行阅读。

## 一、经济政策与政府预算

自2020年1月20日韩国确诊首位新冠肺炎患者以来，相较全球其他主要发达经济体，韩国在危机初期采取了较为有效的应对措施。这主要得益于自上而下的疫情防控组织体系，以及迅速建立的防境外输入管控体系。与此同时，为缓解突发事件本身对经济的冲击，韩国政府及时采取了一系列的财政与货币政策，以最大限度地保护中小企业、个体工商户。

韩国政府于2020年2月23日果断作出回应，将传染病危机预警级别上调至“严重”这一最高等级，并专门组建了以国务总理为主要负责人的中央灾难安全对策本部（Central Disaster and Safety Countermeasure Headquarters），以全面协调政府防疫措施。而鉴于传染病应对的特殊性和专业性，该体系由韩国中央防疫对策本部（Central Disease Control Headquarters）[①] 作为疫情防控指挥中心（详见附图2.1）。在该组织体系的运作下，韩国疫情得到了较为有效的控制，其每日新增确诊人数从2020年2月的峰值下降至5月的个位数。

笔者还整理了从2020年疫情暴发以来到2020年7月，韩国政府主要采取的各项防疫和人员限制措施（详见附表2.1）。这些措施及其发生的时间点，对于理解韩国经济的运行以及财政、货币政策至关重要。根据MOHW网站信息[②]，在预防境外输入方面，韩国政府在疫情暴发初期加强了对来自中国和日本的入境者签证审查。此后，随着疫情蔓延以及全球扩散，韩国政府从2020年2月4日起对从中国内地入境韩国的所有乘客实行“特别入境程序”，同时

---

① 又称KCDC，Korea Centers for Disease Control & Prevention。

② “韩国政府的应对体系”，MOHW官网，http://ncov.mohw.go.kr/cn/baroView.do?brdId=21&brdGubun=211&dataGubun=&ncvContSeq=&contSeq=&board_id=&gubun=。

将适用范围逐步扩大：日本（3 月 9 日）、意大利和伊朗（3 月 12 日）、欧洲主要五国（法国、德国、西班牙、英国和荷兰，3 月 15 日）、欧洲全境（3 月 16 日），并最终于 2020 年 3 月 19 日扩大至全球所有入境者（详见附图 2. 2、附图 2. 3）。

## （一）经济政策

文在寅政府自 2017 年上台以来，一直致力于更广泛的社会增长及创新驱动型社会转型。在 2019 年，韩国政府仍努力通过扩大财政支出来促进经济增长，改善就业人数和就业状况。与此同时，政府初步完成了工业创新的基本框架，其中包括重组制造业和服务业，以及发展数据、网络和人工智能等新核心产业。此外，政府还提议大力促进和发展芯片、生物健康和未来汽车这 3 个新兴产业。

### 1. 2020 年韩国经济政策（若无疫情影响）

根据韩国政府 2020 年的经济预测[①]，若无疫情影响，韩国 2020 年预计实现经济增长 2. 4%，较 2019 年高 0. 4%；就业人口预计新增 25 万，15 ~ 64 岁就业比例为 67. 1%，较 2019 年上升 0. 3%；此外，预计消费者物价指数（CPI）增速为 1%，经常账户余额达 595 亿美元（见表 2. 1. 1）。

在该经济展望下，韩国政府拟实施的经济政策主要包括以下 5 个方面内容。

① “2020 ECONOMIC POLICIES”，韩国企划财政部官网，http：//english. moef. go. kr/pf/selectTbPolicyFocusList. do。

**表 2.1.1　　无疫情影响下韩国 2020 年经济展望**

| | 2019 年 | 2020 年 |
|---|---|---|
| GDP 增长（%） | 2.0 | 2.4 |
| 新增就业人口（万人） | 28 | 25 |
| 消费者物价指数（%） | 0.4 | 1.0 |
| 经常账户（亿美元） | 580 | 595 |

资料来源：MOEF。

一是重获经济增长势头。(1) 促进投资。新增约 100 万亿韩元的大型公司项目、公共项目和私人在公共领域的项目投资，并通过财政和税收支持鼓励私人设施投资支持等。(2) 促进国内消费和旅游。增加消费节的退税及返费力度，力争吸引约 2000 万名外国游客，放宽对东南亚游客的签证要求，下调车辆置换目的的汽车购置税等。(3) 增加建设投资。增加住房供应，乡村振兴等。(4) 增加出口。提供约 240.5 万亿韩元出口融资，成立 1000 亿韩元的生物健康基金以支持医药制造产业等。(5) 刺激地方经济。简化投资要求以及增加风险投资基金等。(6) 加强各领域（住房、金融市场、公司重组等）的风险监控与管理。

二是促进产业创新。(1) 开发下一代增长引擎，如 5G、系统级芯片（System-on-a Chip）、人工智能、新能源电池、机器人等新的增长极，将制造业转向智慧型和环境友好型发展；(2) 开发预测模型等服务；(3) 促进风险投资，计划新增 20 家独角兽企业。

三是重组经济。(1) 放宽部分行业管制，如生物监控、金融等，重点审查 10 个最易受到法规障碍的业务领域；(2) 提高生产率，促进女性就业以及吸引外籍劳工等；（3）改善人力资源管理，到 2023 年增加 20 万名高科技人才等；（4）改善劳动市场及增加财政支持有效性。

四是寻求社会广泛增长。（1）增加就业，为不同年龄段提供就业支持，增加社会服务岗位约 9. 5 万个；（2）扩大社会安全网，如为年收入最低的 40% 的老年人增加国民养老金，改革基于社会保障的分配制度；（3）支持工人阶层，如扩大针对低收入家庭和年轻人的贷款计划，向小企业提供约 2. 7 万亿韩元的低息贷款支持，启动 1000 亿韩元的基金以扶持高科技产业的小企业等。

五是应对未来变化。（1）人口结构变化，大力提高人口出生率，制定针对单身家庭增长的措施，开发老年人市场等；（2）提高生活质量，继续改善道路安全、预防工业事故和降低自杀率等；（3）气候变化，降低温室气体排放，较 2017 年下降 2. 5% 等。

**2. 韩国 2020 年第二季度的经济政策调整**

突如其来的新冠肺炎疫情不仅打破了韩国的经济计划，也对全球经济造成了沉重打击。韩国的消费及服务增长也一度创 1998 年亚洲金融危机以来的最低值。虽然在 2020 年第一季度韩国政府对疫情作出了迅速反应，建立的防控体系也有效地抑制了疫情的大面积蔓延，但不断增长的感染人数还是对韩国和全球经济造成了不可挽回的损失。

为适应疫情影响下的新经济态势，韩国政府对其原本的经济政策也作出了及时调整。根据韩国企划财政部 2020 年 6 月发布的经济政策①，其2020年经济展望较此前有所调整（见表2.1.2）。其中，预计2020年韩国出口下滑8%，进口下滑8.7%。

**表2.1.2　新冠肺炎疫情影响下韩国2020年6月的2020年经济展望**

| | 2019年 | 2020年原预案 | 2020年调整后 |
|---|---|---|---|
| GDP增长（%） | 2.0 | 2.4 | 0.1 |
| 新增就业人口（万人） | 28 | 25 | 0 |
| 消费者物价指数（%） | 0.4 | 1.0 | 0.4 |
| 经常账户（亿美元） | 580 | 595 | 580 |

资料来源：MOEF。

在具体经济政策方面，韩国的经济政策从原来的5个方面调整为“3+3框架”模式，即前3项主要用于解决当下的新冠肺炎疫情危机，后3项则为后疫情时期的经济发展做准备。具体如下。

一是解决当下的疫情危机——帮助经济摆脱疫情危机。如继续保持扩张性的财政政策，为小企业及个体工商户等提供流动性支持，增加103.4万亿韩元中小企业产品和服务的政府采购，稳定就业（延长对造船业的特别援助至2020年年末，同时新增影视业）等。

二是解决当下的疫情危机——刺激经济。其中包括：（1）提振消费和旅游，通过发放1684亿韩元的消费券来刺激9000亿韩元的额外消费，临时下调30%的车辆购置税。此外，由于全球疫情防控，韩国政府拟将旅游业的重点转移至刺激国内旅游消费，推出交

① “Economic Policies，H2 2020”，韩国企划财政部官网2020年6月1日，http：//english.moef.go.kr/pc/selectTbPressCenterDtl.do？boardCd=N0001&seq=4913。

通优惠券等。(2) 促进投资，如完善企业投资的税收抵扣、简化设施投资、增加投资项目等。(3) 支持出口，尤其是利用 KOTRA[①]和韩国国际贸易协会等提供的 B2B 线上平台，可利用 VR/AR 制作广告，为远程营销提供支持。(4) 振兴地方经济。

三是解决当下的疫情危机——强化风险管理。(1) 持续强化疫情防控措施，如设立 67 个地方传染病防控中心、完善应急防疫体系、强化与二十国集团及东盟（ASEAN）等多边合作。(2) 规避贸易及其他经济风险，如共享防疫中的经济政策信息，增加 5.93 万亿韩元提高国有金融机构的融资能力，应对中美经贸摩擦、英国脱欧等问题。

总体来看，以上 3 个方面的新冠肺炎疫情应对方案主要是针对原经济政策的第一点作出强化和调整，目的在于刺激和促进当前经济发展，保护企业生存及稳定就业，同时加强了疫情防控的国际合作，强化风险管理和保障基本民生。而“3 +3 框架”的后面 3 点，则是对原经济政策后 4 点的重新调整，使其得以适应后疫情时代的发展。

一是后疫情时期的经济发展——打造未来新引擎，力推韩版新政（Korean New Deal）。韩版新政在文在寅就任总统三周年特别讲话[②]中曾被首次提及。它是一项建设数字基础设施的前瞻性投资，

① 即韩国贸易投资振兴公社。

② “文在寅就任总统三周年特别讲话（全文）”，韩联社官网 2020 年 5 月 10 日，https://cn.yna.co.kr/view/ACK20200510000500881? section = search。

其三大核心内容包括：数字新政（Digital New Deal）、绿色新政（Green New Deal）和社会安全网（Social Safety Net）（见表 2.1.3）。根据 2020 年 7 月 14 日文在寅总统在青瓦台主持召开韩版新政报告会①介绍，韩国政府计划在未来 5 年投入 160 万亿韩元以支持“新政”实施；预计到 2025 年，“新政”项目将创造 190 万个就业岗位。新的报告会较 6 月初公布的计划“未来 5 年投入 76 万亿韩元以带动 55 万个就业岗位”有大幅提高。这也是自 2017 年文在寅政府上台以来的最大投资计划，旨在使韩国成为领先世界的数字强国，并将其打造成高端产业的世界工厂，进而改变世界产业版图。

二是后疫情时期的经济发展——促进结构调整。(1) 促进风险投资，改善投资环境并支持独角兽企业发展。(2) 加速重点产业及服务业发展，如引入智能制造和研发，打造制造业升级，促进智能港口和一站式政务处理等。(3) 应对后疫情时代变化，如放宽生物健康、大数据、人工智能、未来汽车及医药等行业管制，促进远程办公；加快公共部门重组，提高支出效率；改善劳动力市场并进一步提高劳动生产率；努力应对人口结构变化（尤其是人口老龄化），一方面加强单身家庭的社会安全保障，另一方面为新婚家庭和两个子女以上的家庭提供额外的住房支持等。

---

① “Government Announces Overview of Korean New Deal”，韩国企划财政部官网 2020 年 7 月 14 日，http：//english. moef. go. kr/pc/selectTbPressCenterDtl. do？boardCd = N0001&seq =4940。

**表 2.1.3　　韩版新政综合规划的具体内容**

| 韩版新政 | 2025 年计划 | 具体措施 |
|---|---|---|
| 数字新政 | 拟投入 58.2 万亿韩元，创造 90.3 万个工作岗位 | 为加强数字、网络和人工智能生态系统，将公开 14 万条公共数据，打造“数字大坝”；<br>通过 100 万人的生物大数据研究疑难病症并创造附加价值；<br>将第一、第二、第三次产业与第五代移动通信（5G）、人工智能对接；<br>发展数字“非接触式经济”；<br>所有中小学实现高性能无线网络全覆盖；<br>为糖尿病等 12 种疾病构建人工智能精密诊断体系；<br>对道路和港湾等社会间接资本、基础设施管理系统进行数字化；<br>建设智慧城市和产业园等 |
| 绿色新政 | 拟投入 73.4 万亿韩元，创造 65.9 万个工作岗位 | 实现公租房、幼儿园、卫生站等 23 万处老旧建筑净零能耗（Zero Net Energy，ZNE）；<br>打造 25 座智能绿色城市，推广 113 万辆电动汽车和 20 万辆氢燃料汽车，支持 116 万辆柴油汽车提前报废等 |
| 社会安全网 | 拟投入 28.4 万亿韩元，创造 33.9 万个工作岗位 | 将劳动保险的参保人数从上年的 1367 万人增至 2025 年的 2100 万人等；<br>投资数字、绿色人力资源培训项目，提高劳动者技能 |

资料来源：“Government Announces Overview of Korean New Deal”，韩国企划财政部官网 2020 年 7 月 14 日，http：//english. moef. go. kr/pc/selectTbPressCenterDtl. do？boardCd = N0001&seq = 4940。

三是后疫情时期的经济发展——加强社会保障。(1) 扩大失业救济的范围，逐步实现失业保险全覆盖。(2) 为求职者提供职业培训等，使其能适应劳动市场需求，同时改善就业市场等。(3) 扩大社会保障体系，如扩大工伤赔偿范围，为艺术工作者、运动员等提供贷款等。(4) 促进社会公平与合作，完善法律和税收体系，提升企业社会责任及透明度等。

### （二）政府预算

为应对新冠肺炎疫情影响，韩国政府积极推出保障民生和稳定经济的各项措施。在 2020 年疫情暴发初期，韩国政府已分两个阶段投入总计 20.5 万亿韩元的经济援助，以开展疫情防控和帮助受疫情冲击最为严重的旅游、餐饮、航空、海运等行业尤其是行业内的中小企业和个体商户。

然而随着疫情在韩国国内大面积暴发以及全球蔓延，原有的政府预算显然难以应对新的情况。截至 2020 年 7 月 14 日，韩国国会已在 2020 年通过了 3 次合计约为 59 万亿韩元的补充预算案以应对新冠肺炎疫情对经济和民生的冲击（见表 2.1.4），其涉及内容和政府的经济政策高度相关，主要包括：疫情防控和加强基础医疗保障、援助受疫情影响较大的行业和企业（尤其是中小企业和个体商户）、发放各种援助金以刺激消费，以及为后疫情时代的数字经济、绿色经济等新经济业态发展进行前瞻性投资和准备，如韩版新政等。这也是自 1972 年以来，韩国首次在同一年内开展 3 次编制补充预算案。

表 2.1.4　　韩国政府 2020 年推出的 3 次补充预算案

| 财政预算案 | 预算内容 | 资金来源 |
|---|---|---|
| 第一轮<br>（2020 年 3 月 17 日）<br>（合计 11.7 万亿韩元） | 扩大财政支出 10.9 万亿韩元，以及调整财政收入（如经济增长下行、减税降费等）8 千亿韩元；<br>完善和升级防疫体系：2.1 万亿韩元；<br>援助受疫情影响的中小企业和个体工商户：4.1 万亿韩元；<br>稳定民生与就业：3.5 万亿韩元；<br>援助停滞的地方经济：1.2 万亿韩元 | 韩国央行盈余：7 千亿韩元；<br>社会安全基金：0.7 千亿韩元；<br>发行国债：10.3 千亿韩元 |
| 第二轮<br>（4 月 30 日）<br>（合计 12.2 万亿韩元） | 为保障因新冠肺炎疫情而陷入困境的国民所得、生计、消费的稳定，推进“紧急灾难援助金”，针对全部共 2171 万个家庭：<br>1 人家庭领取 40 万韩元；<br>2 人家庭领取 60 万韩元；<br>3 人家庭领取 80 万韩元；<br>4 人及以上家庭领 100 万韩元 | 调减支出：8.8 万亿韩元，其中包括公共部门业务支出减少 2.4 万亿韩元；政府部门减少开支 9 千亿韩元；由于低利率和低油价，减少开支约 6 千亿韩元；外汇平衡基金支出减少 2.8 万亿韩元；预收款等减少支出 1.7 万亿韩元；<br>发行国债：3.4 万亿韩元 |
| 第三轮<br>（7 月 3 日）<br>（合计 35.1 万亿韩元） | 本次第三轮追加预算为韩国史上额度最高的一次：<br>通过调整财政收入（如经济增长下行、减税降费等）：11.4 万亿韩元； | 开支调整：11.4 万亿韩元，其中包括节省政府支出以及向公共基金借款等；<br>发行国债：23.7 万亿韩元 |

**续表**

| 财政预算案 | 预算内容 | 资金来源 |
|---|---|---|
| 第三轮<br>（7 月 3 日）<br>（合计 35.1 万亿韩元） | 稳定就业，创造就业岗位，补助失业者等就业问题：10 万亿韩元；<br>为受疫情影响的中小企业和个体工商户提供流动性支持：5 万亿韩元；<br>韩版新政：10.4 万亿韩元 | |

资料来源：MOEF。

如表 2.1.5 所示，仅此三轮补充预算案后，预计韩国政府 2020 年总收入将减少至 470.7 万亿韩元，较 2019 年下降约 5.4 万亿韩元，降幅 1.1%；年度总支出则增加至 546.9 万亿韩元，较 2019 年

**表 2.1.5　　韩国 2020 年预算与财政情况**　　单位：万亿韩元

| | 2019 年 | 2020 年预计（3 轮补充预算） | | |
|---|---|---|---|---|
| | | 第一轮 | 第二轮 | 第三轮 |
| 财政收入 | 476.1 | 481.6 | 482.2 | 470.7 |
| 财政支出 | 469.6 | 523.1 | 531.1 | 546.9 |
| 财政盈余 | 6.5 | −41.5 | −48.9 | −76.4 |
| 政府债务 | 740.8 | 815.5 | 819 | 840.2 |

资料来源："2019 Government Financial Statement"，韩国企划财政部官网 2020 年 4 月 7 日，http://english.moef.go.kr/pc/selectTbPressCenterDtl.do?boardCd=N0001&seq=4875；"3rd Su9pplementary Budget of 2020 Passed"，韩国企划财政部官网 2020 年 7 月 3 日，http://english.moef.go.kr/pc/selectTbPressCenterDtl.do?boardCd=N0001&seq=4932。

大幅上升 16.5%，财政收支盈余[①]则扩大至 -76.4 万亿韩元。财政余额与 GDP 的比值（赤字）将下降至 -4.0%，这是有统计数据以来的历史第三低的数值（仅次于全斗焕政府刚刚上台执政的 1981 年和 1982 年）（见图 2.1.1）。

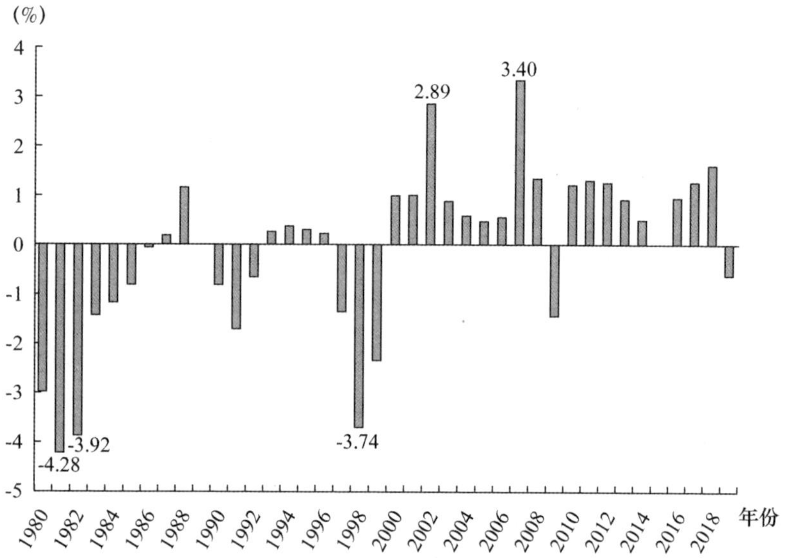


**图 2.1.1　韩国政府 1980～2019 年财政余额占 GDP 的比重**

资料来源：BOK、Wind。

与此同时，韩国的中央政府债务则可能在 2020 年上升至 839.4 万亿韩元，约占 GDP 的 43.5%。这将刷新自 1997 年有历史统计以来的韩国债务占 GDP 比重的最高规模（见图 2.1.2）。由此可见，在新冠肺炎疫情的影响下，韩国政府实施的一系列扩张性财政政策将大幅增加政府的债务负担。

---

① 包括通用账户、特殊账户、基金。

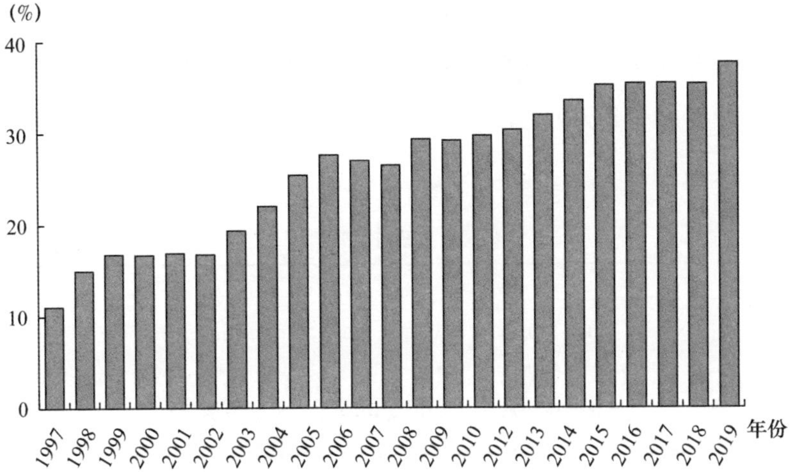


**图 2.1.2 韩国政府 1997～2019 年债务余额占 GDP 的比重**

资料来源：KOSIS。

## 二、政府的财政收支

### （一）财政收支结构

韩国的财政主要分为中央政府财政和地方政府财政。其中，中央政府财政结构主要通过 1 个通用账户（General Account）、18 个特殊账户（Special Account）和 64 个基金（Funds）组成[①]，其具体收支来源如表 2.2.1 所示。韩国的地方政府由 244 个通用办公室（General Offices，其中包括 17 个大城市单元和 227 个地方单元），

① “The Budget System of Korea”，韩国企划财政部官网 2014 年 3 月 11 日，http://english.moef.go.kr/pc/selectTbPressCenterDtl.do? boardCd = N0001&seq = 3552。

以及 17 个教育办公室（Educational Offices）组成，其财政结构同样包括通用账户、特殊账户和基金，但其资金来源除了常规的地方税和其他非税收入外，还包括了地方补贴。本书的分析主要针对韩国中央政府财政。

表 2.2.1　　韩国中央政府财政结构

| 类　型 | 收　入 | 支　出 |
|---|---|---|
| 通用账户 | 税收收入（如个人和公司所得税、增值税、关税）；<br>其他非税收入（如出售国有企业股份、各类费用等） | 国防和外交；<br>公共安全（教育、住房和社会基础设施等）；<br>社会福利 |
| 特殊账户 | 税收收入（如烟酒税、乡村开发特别税等）；<br>其他非税收入（如费用、贷款支付等） | 根据各特别法规定进行支出 |
| 基金 | 缴费和捐款等，而不是税收 | 类似特殊账户，但更加灵活，同样需要国会批准 |

资料来源：MOEF。

### 1. 财政收入

韩国的财政收入可大体分为经常性收入和资本性收入，其中经常性收入主要是税收收入、社会保障金收入以及各类收费等其他非税收入。从近 10 年的财政结构来看，韩国政府的资本性收入占财政收入的比重在 1% 左右，2019 年更是降至 0.6%。在土地私有制的背景下，韩国几乎没有所谓的“土地财政”。

在韩国的经常性收入中，税收收入占比最大，为 65% ~67%；其次是非税收入，约占两成；其余则社会保障金收入（见图 2.2.1）。

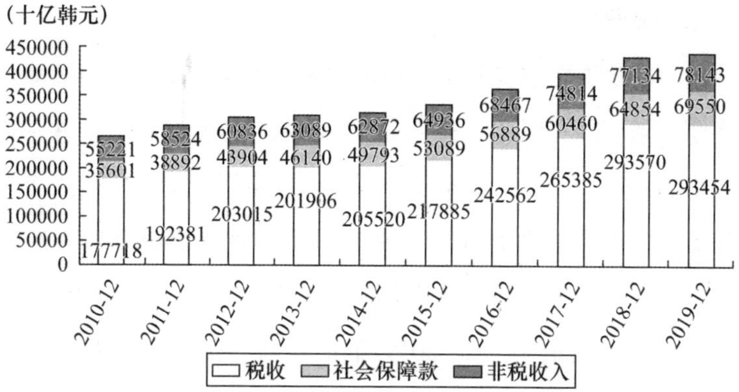


**图 2.2.1　韩国政府 2010～2019 年经常性财政收入结构**

资料来源：KOSIS。

而据 IMF 统计，韩国一般性财政收入占 GDP 的比重在过去 10 年始终低于发达经济体和新兴市场以及发展中经济体（见图 2.2.2）。虽然近年来有所上升，如 2018 年韩国一般性财政收入占 GDP 的 23%，较 2014 年的 20% 有所上升，但仍低于其他主要经济体（中国和美国约为 29%，日本约为 34%）。

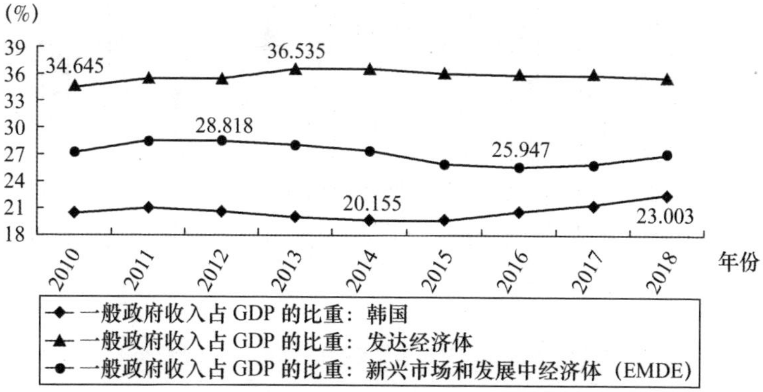


**图 2.2.2　韩国一般政府收入占 GDP 的比重**

资料来源：IMF、Wind。

### 2. 财政支出

韩国的财政支出主要分为一般性支出和资本支出，其中一般性支出主要包括商品和服务、利息支付、补贴与经常转移、公共企业特殊账户的一般性支出；资本支出则包括固定资产购置、购买土地和其他无形资产、公共企业特殊账户的资本性支出以及资本转移等。从总量上看，一般性支出约占政府财政支出的九成，其中最大部分为补贴与经常转移，在 2019 年更是高达约 309.6 万亿韩元(见图 2.2.3)。

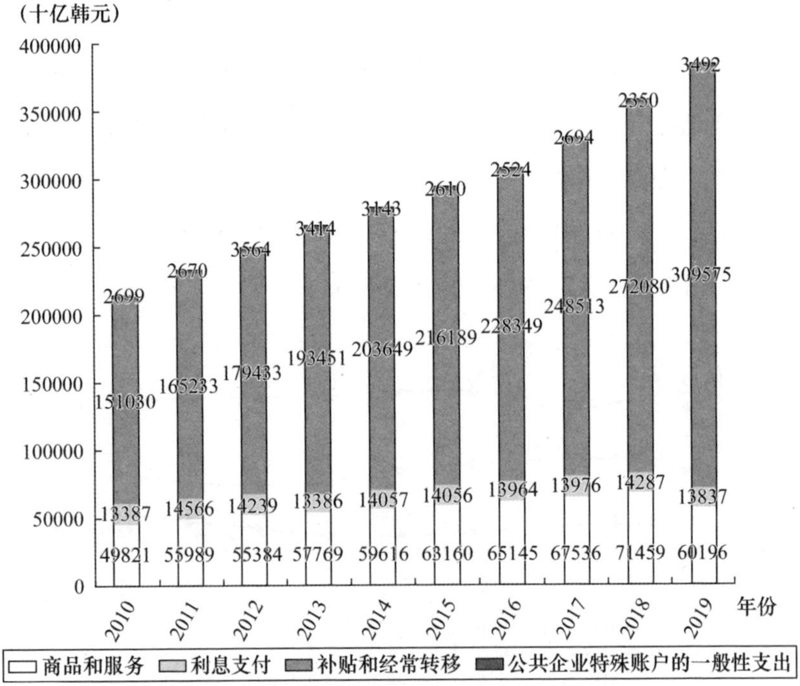


**图 2.2.3　韩国政府 2010 ~ 2019 年的一般性支出构成**

资料来源：KOSIS。

值得注意的是，韩国政府的总支出在近年来随着文在寅政府的扩张性财政政策，也呈现逐年加速上升的趋势。预计 2020 年受疫情影响，这一趋势会更加凸显（见图 2. 2. 4）。

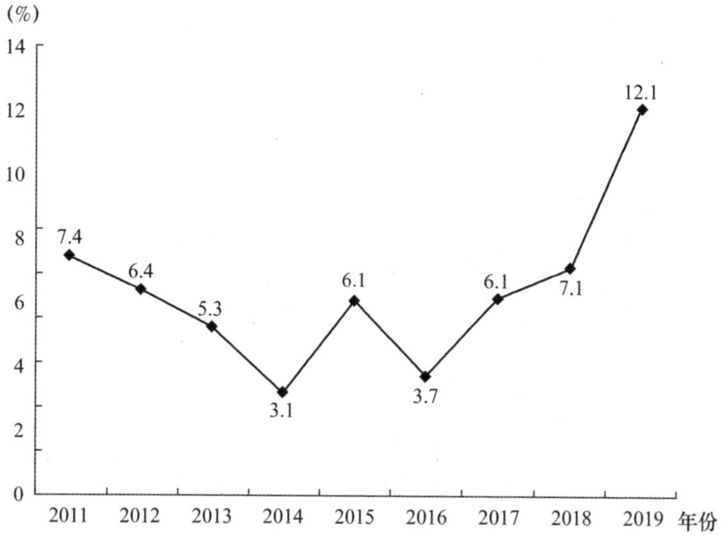


**图 2. 2. 4　韩国政府 2011 ~ 2019 年财政支出的逐年变动情况**

资料来源：KOSIS。

此外，政府的总支出除了财政支出外，还包括资金的净拆出。在 2019 年年末，韩国政府的资金净拆出约为 19 万亿韩元，占政府总支出的 4%。

而根据 IMF 统计，韩国一般政府总支出占 GDP 的比重在过去 10 年也同样低于发达经济体和新兴市场及发展中经济体。近年来虽有上升，但仍维持在 20% 左右（见图 2. 2. 5）。可见，不管是财政收入还是支出，韩国政府都有进一步提升的空间，但问题是：民众是否愿意为此提高税收支出？

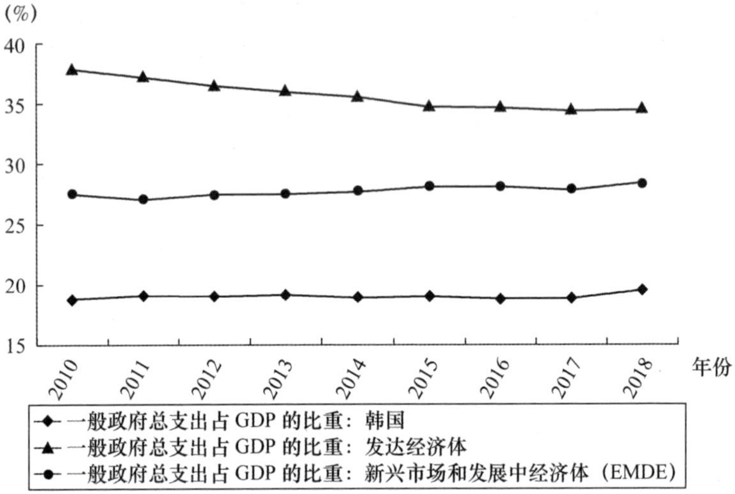


**图 2.2.5　韩国一般政府总支出占 GDP 的比重**

资料来源：IMF、Wind。

## （二）疫情期间的财政变化

如上文所述，文在寅政府自 2017 年上台以来一直采取扩张性的财政政策，并致力于更广泛的社会增长及创新驱动型社会转型。在 2020 年 4 月的韩国第 21 届国会议员选举中，韩国当前执政党“共同民主党”与“共同市民党”（卫星政党）合计获得了 300 个议席中的 180 个[①]，一举成为“超级执政党”。这更为文在寅总统在任期后半段加速推动改革和施政铺平了道路。

然而，受新冠肺炎疫情影响，全球供应链中断，部分企业不得不停产、停工，供给和需求两端同时遭受冲击，尤其是韩国经济中

① 韩国国会为一院制。

占比较高的服务业和制造业，政府以税收为主的财政收入相应减少。

从 2020 年 1 ~5 月的财政收入看，韩国累计经常性收入在加速下滑，其中造成下滑的主要因素为税收收入大幅减少。截至 2020 年 5 月末，韩国累计税收收入同比下降 15.3%。这一方面是因为生产下滑造成的税收减少；另一方面，疫情期间推出的税收优惠政策也降低了税收收入。虽然经常性收入中的社会保障金收入和非税收入同比增长，韩国资本性收入更是实现了 37.3% 的同比增长，但由于这些在整体财政收入中的占比较低，2020 年 5 月末韩国的财政总收入仍同比下滑了 9.2%（见图 2.2.6）。

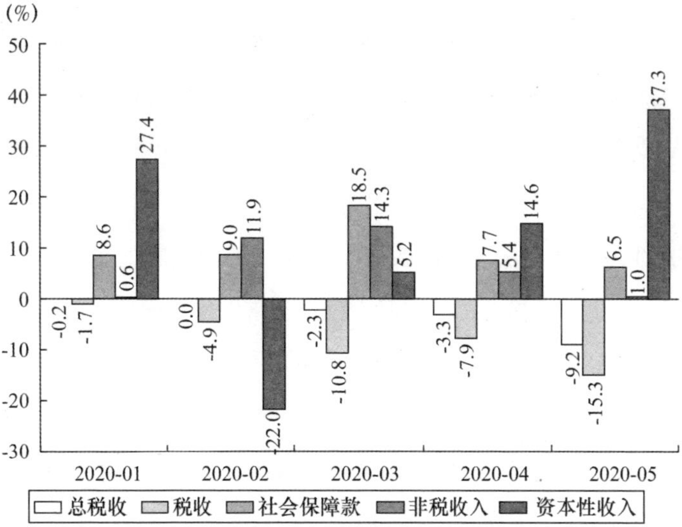


**图 2.2.6　韩国 2020 年累计财政收入同比变动情况**

资料来源：KOSIS。

从具体的税收来源看，企业和个人所得税、关税等也都出现大幅下滑。但除所得税外，其他税收收入在 2020 年 5 月随着经济活动增长，累计税收的降幅有所放缓（见表 2.2.2）。

**表 2.2.2　　韩国 2020 年累计税收同比变动情况　　单位：%**

| 时间 | 所得税 | 财产税 | 商品与服务 | 关税 | 其他 |
|---|---|---|---|---|---|
| 2020 年 1 月 | 0.1 | -3.2 | 4.1 | -23.7 | -32.9 |
| 2020 年 2 月 | 3.2 | -9.2 | -6.9 | -5.8 | -27.3 |
| 2020 年 3 月 | -12.1 | -1.9 | -5.7 | -16.1 | -24.5 |
| 2020 年 4 月 | -1.1 | 1.8 | -13.5 | -19.1 | -23.9 |
| 2020 年 5 月 | -19.1 | 7.8 | -11.0 | -12.1 | -18.4 |

资料来源：KOSIS。

为应对全球新冠肺炎疫情影响，韩国政府调整政府支出，通过 3 轮补充预算案追加了 59 万亿韩元，在做好疫情防控的同时加强了基础医疗保障方面的投入，为受疫情影响较大的企业和个人提供纾困。从 2020 年 1～5 月的累计财政支出来看，所有财政支出均同比上涨（见图 2.2.7）。5 月总支出为 246 万亿韩元，同比增长 10.5%，且已达到 2019 年支出总额的 54%。可见，韩国政府正在努力通过扩大支出，在进行疫情防控的同时，推动经济恢复与增长。

从 2020 年前 5 个月的一般性支出可以看出，其占比最大的补贴与经常转移、商品和服务都有不同程度的同比增长尤其在疫情暴发的初期（见表 2.2.3）。截至 5 月，补贴与经常转移、商品和服务累计同比增长分别为 9.2% 和 11.2%，这与韩国政府为所有家庭发放援助金，以及发放各类商品券以刺激消费有关。而利息支出的减少，则主要是因为其央行降低了基准利率。

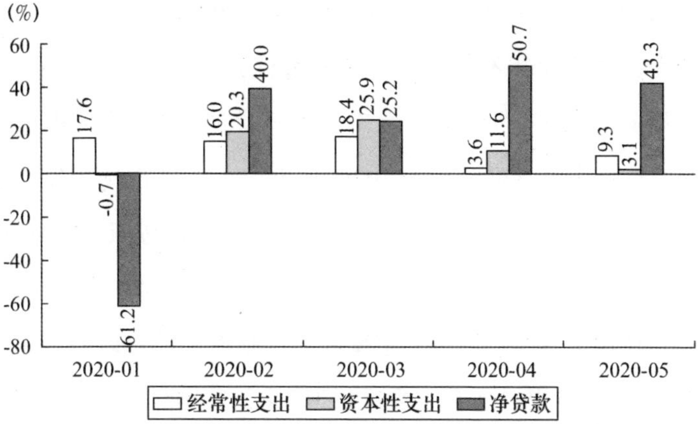


**图 2.2.7　韩国 2020 年累计财政支出同比变动情况**

数据来源：KOSIS。

**表 2.2.3　　韩国 2020 年一般性支出同比变动情况**　　单位：%

| 时间 | 一般性支出总额 | 商品和服务 | 利息支出 | 补贴与经常转移 | 公共企业特殊账户的一般性支出 |
|---|---|---|---|---|---|
| 2020 年 1 月 | 17.6 | 4.6 | −7.1 | 21.0 | −17.5 |
| 2020 年 2 月 | 16.0 | 26.4 | −25.5 | 15.1 | −14.1 |
| 2020 年 3 月 | 18.4 | 24.0 | 12.0 | 17.8 | −0.6 |
| 2020 年 4 月 | 3.6 | 12.8 | 6.4 | 2.0 | 4.3 |
| 2020 年 5 月 | 9.3 | 11.2 | 1.0 | 9.2 | 7.0 |

资料来源：KOSIS。

此外，韩国政府还将为后疫情时代的数字经济、绿色经济等新经济业态发展进行前瞻性投资和准备（如韩版新政），预计未来韩国的财政支出仍将进一步扩大，而这些资金的来源则可能是增加资本利得相关的税收以及国债发行。

幸运的是，在新冠肺炎疫情暴发之前，韩国整体的债务水平相比其他发达经济体并不高。根据 IMF 统计，在过去 20 年间，韩国的一般债务占 GDP 的比重虽然逐年上升，但直到 2018 年也仅为 37.9%，远低于发达经济体的 102%，也低于新兴市场和发展中经济体的 50.6%（见图 2.2.8）。如前文所述，即便按照 2020 年史无前例的财政扩张，其债务占 GDP 的比重仍预计在 43.5% 左右。事实上，相比债务水平，财政赤字率的影响则更加值得政府警惕。预计 2020 年韩国的财政赤字率将达到 3.9%，若剔除涉及中长期投入的四大保障性基金①，甚至将达到 5.8%。

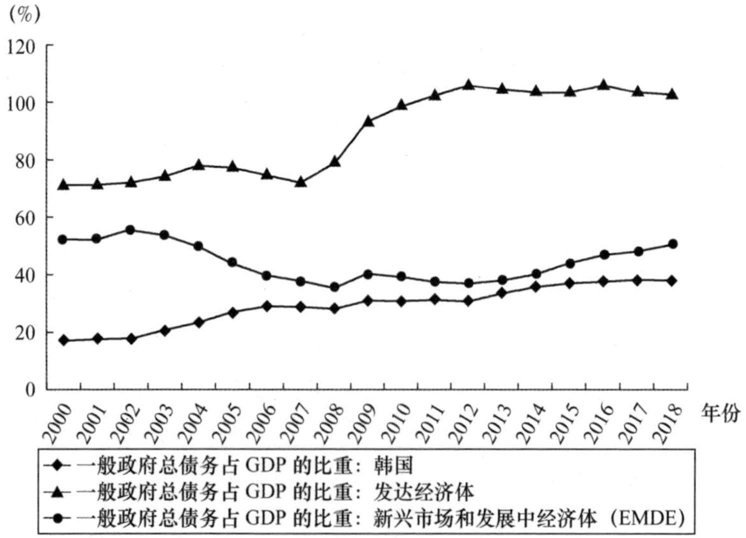


**图 2.2.8　韩国政府债务占 GDP 的比重**

资料来源：IMF、Wind。

① National Pension Fund, Private School Staff Pension Fund, Unemployment Insurance Fund, Industrial Accident Compensation and Prevention Fund，对应四大保险，详见前文。

# 三、韩国央行的货币政策

## （一）货币政策框架

韩国银行（韩国央行）在1950年成立之初主要致力支持战时经济的平稳运行及通货膨胀控制，直到1957年才开始系统建立起货币政策框架。与现代其他经济体的中央银行一样，韩国央行的货币政策首要目标是稳定物价，而物价的稳定性与外汇、货币供应以及通货膨胀紧密相关。

### 1. 调控目标

韩国央行在1957年首先选择了货币供应作为其货币政策的“名义锚”（Nominal Anchors）。之后随着经济形势的不断变化，韩国央行对具体货币供应的指标选择也从M1到M2，再到MCT①进行不断调整，其背后的核心理论正是费雪方程 MV = PT②。然而，随着金融创新的不断加剧，包括韩国在内的许多国家发现这类货币供应指标并不稳定，容易受资金结构的变化影响，这也使韩国央行自20世纪90年代中期，开始重新思考将通货膨胀指标作为新的“锚”。

在1998～1999年选择通货膨胀作为货币政策锚的早期，韩国

① MCT包括了M2、CD以及金钱信托（Money-in-trust，无准备金要求）。

② M：货币的数量；V：货币流通速度；P：物价水平；T：各类商品的交易总量。

央行曾使用 CPI（居民消费价格指数）作为具体目标指数，并在咨询 IMF① 后将其设置成区间目标。但此后经过一系列研究，韩国央行认为核心 CPI② 更能反映其相对稳定的通货膨胀现状。然而，由于韩国经济结构中农产品与石油类产品的占比较大，且韩国政府和其他国家也都使用 CPI 作为目标指标，为避免混淆，韩国央行于 2007 年又再次选择了 CPI 的波动区间作为其通货膨胀的指标。不过自 2016 年起，韩国央行将其通胀目标设置在 2% 。这也标志着此前的区间目标正式转为具体目标值（见图 2. 3. 1）。

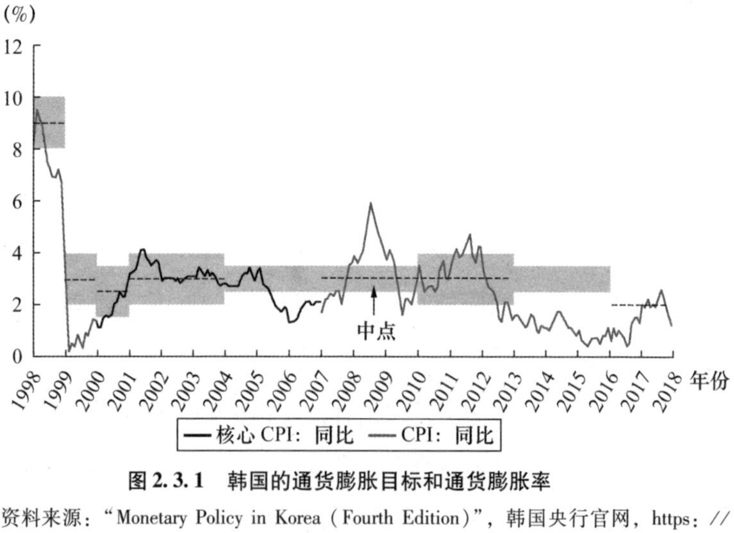


**图 2. 3. 1　韩国的通货膨胀目标和通货膨胀率**

资料来源：“Monetary Policy in Korea（Fourth Edition）”，韩国央行官网，https：//www. bok. or. kr/eng/bbs/E0000742/view. do？ nttId = 234109&menuNo = 400224&pageIndex =1。

① 亚洲金融危机后，韩国受 IMF 大量贷款援助。

② CPI 中去除非谷物农产品和汽油产品。

相应地，在货币政策的调控手段方面，韩国央行 1997 年之前主要采取准备金率进行调控货币供应量。随着货币政策的目标转向通货膨胀指标，韩国央行也逐步完善了其基于利率的调控方式。起初，韩国央行建立短期拆借市场（Call Market）利率作为其公开市场的操作目标。然而在该机制下，一旦设定了利率目标，市场利率将几乎保持恒定，无法及时反映（控制）真实的市场资金流动性以及供需情况，并且将导致短期交易过于集中在该市场，阻碍其他短期金融市场（如回购市场）的发展。为此，在 2008 年后，韩国央行引入了韩国银行基准利率（Bank of Korea Base Rate）作为其新的调控目标，即政策利率。韩国银行基准利率是采用韩国央行与金融机构之间的交易利率——7 天回购利率。韩国央行与金融机构的回购交易，既可以提供相对稳定的市场利率，传递给其他短期拆借市场、存款市场及其他中长期信贷市场等，也可吸收多余的市场流动性。

**2. 政策实施**

韩国的货币和信贷政策主要是由货币政策委员会（Monetary Policy Board）所决定。根据《韩国银行法》，该委员会由 7 人构成，具体为 1 名央行行长、1 名高级副行长，以及 5 名委员（分别由 MEOF 主席、韩国央行行长、金融委员会主席、韩国工商业协会主席和韩国银行联合会主席各推荐 1 人）。通常，韩国货币政策委员会在固定月的第 2 周或第 4 周的星期四召开会议①，全年共 8 次，

① 1 月、4 月、7 月、10 月的第 2 周和 2 月、5 月、8 月、11 月的第 4 周。

但有时也会根据实际情况进行调整。

从决策流程上，通常委员会成员和央行其他主要部门会在正式的议息会议前就当前国内外经济趋势、金融市场走势，以及外汇和国际形势、国内价格等进行综合分析，并展开深入讨论。此后，委员们会在全体会议对基准利率进行正式表决，之后宣布结论，并在当天对外宣布以及发布声明，而具体纪要则通常在两周后发布。决策流程如图 2. 3. 2 所示。

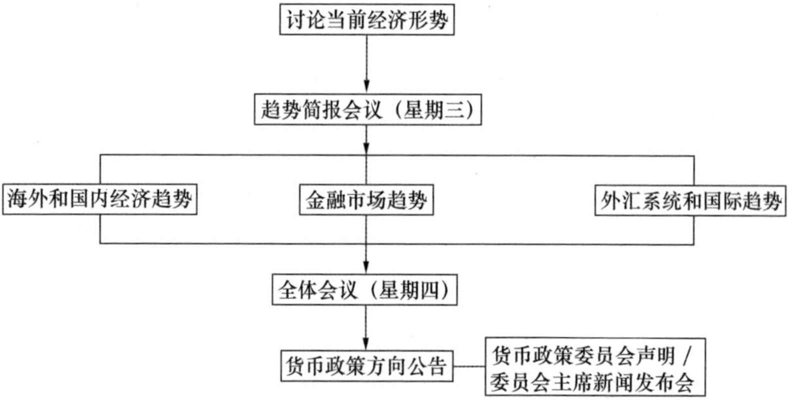


**图 2. 3. 2　韩国货币政策委员会基准利率决策流程**

资料来源：韩国央行官网，https：//www. bok. or. kr/eng/bbs/E0000742/view. do? nttId = 234109&menuNo = 400224&pageIndex = 1。

通常而言，中央银行需要通过货币政策的工具来实现利率目标。在韩国，这些工具可分为直接调节工具和间接调节工具。前者主要包括直接设定商业银行的存贷款利率以及控制其信贷规模。这种方式可直接调节货币供应，在资本市场不发达的情况下更加高效。而后者主要是通过市场机制进行间接调节，相对较为温和，其在通常市场下更为普遍和主流，也更容易被市场接受。

间接调节工具主要包括：公开市场操作、存/贷款便利以及存款准备金。

公开市场操作。这是韩国央行最主要的货币政策工具，其主要通过韩国央行在公开市场进行现券发行、交易等手段，保持短期拆借市场的利率（主要是隔夜利率）维持在基准利率附近。公开市场操作的各期限具体工具有：（1）发行货币稳定债券（Monetary Stabilization Bonds，MSB）；（2）现券交易；（3）要求商业银行在货币稳定账户（Monetary Stabilization Account，MSA）中进行存放（见表2.3.1）。其中，MSB的发行期限可以为14天至2年，是韩国公开市场操作中最为重要的工具。

**表2.3.1　　韩国央行主要的公开市场操作工具**

<table>
<tr><th colspan="2"></th><th>操作方法</th><th>合格证券</th></tr>
<tr><td rowspan="2">长期调控</td><td>回收</td><td>发行长期MSB</td><td>—</td></tr>
<tr><td>供应</td><td>购回长期剩余到期的MSB</td><td>—</td></tr>
<tr><td rowspan="5">短期调控</td><td rowspan="3">回收</td><td>卖出RP（回购操作）</td><td>政府债、政府担保债券、韩国住宅金融公社发行的MSB，由韩国央行持有</td></tr>
<tr><td>吸收MSA存款</td><td>—</td></tr>
<tr><td>发行短期MSB</td><td>—</td></tr>
<tr><td rowspan="2">供应</td><td>买入RP（逆回购操作）</td><td>政府债、政府担保债券、MSB、韩国住宅金融公社发行的MSB，由机构交易对手持有</td></tr>
<tr><td>购回短期剩余到期的MSB</td><td>—</td></tr>
</table>

资料来源：“Monetary Policy in Korea (Fourth Edition)”，韩国央行官网，https://www.bok.or.kr/eng/bbs/E0000742/view.do?nttId=234109&menuNo=400224&pageIndex=1。

存/贷款便利工具。该工具主要是为单个金融机构提供贷款以及吸收存款的支持，具体包括：（1）流动性调节存/贷款（Liquidity Adjustment Deposits/Loans）；（2）银行中介借贷支持便利（Bank Intermediated Lending Support Facility）；（3）当日透支（Intraday Overdrafts）；（4）特别贷款（Special Loans）。其中，流动性调节存/贷款是在金融机构出现流动性过剩或不足的情况下使用，具有一定的罚息性质（目前是基准利率的正负 100bps），而银行中介借贷支持便利和特别贷款有一定的政策导向性，如为中小企业提供信贷支持或其他特殊目的等。

存款准备金。随着货币政策由货币供应转向利率导向，准备金的使用频率相比其他公开市场工具的使用已经大幅下降，但即便如此，它仍是一项重要的货币政策工具。在韩国，存款准备金通常按月计算和缴纳，具体准备金率根据产品、期限、币种等有所差别（见表 2. 3. 2）。

**表 2. 3. 2　　韩国央行的存款准备金率要求**

| 存款类型 | 准备金率 |
|---|---|
| 住房、房地产形成储蓄的长期存款 | 0. 0% |
| 定期存款、零存整取储蓄、共同分期付款、住房分期付款、存款证 | 2. 0% |
| 其他 | 7. 0% |

资料来源：BOK，截至 2018 年。

最后，韩国的货币政策传导机制与其他经济体基本一致，即通过公开市场操作等直接影响短期利率及传递至中长期利率，进而作用于各类资产价格。理想状态下，这些货币政策将会引导市场供需，最终实现GDP增长的目标（见图2.3.3）。当然，实际作用会受预期、金融市场、政治等因素而产生更为复杂的影响。

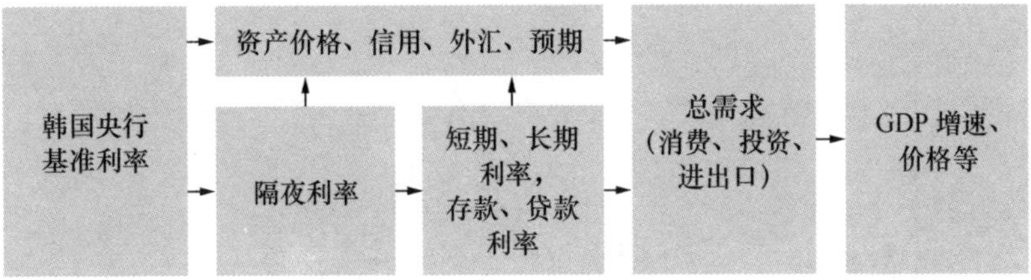


**图2.3.3　韩国的货币政策传导机制**

资料来源：BOK。

## （二）疫情期间的政策调控

如前文所述，近年来韩国央行将其通货膨胀目标（CPI）设置在同比2%的增长目标值。自新冠肺炎疫情在韩国暴发以来，韩国央行更加关注维护金融系统稳定以及保障就业等方面。此外，低油价和需求减少等也使通货膨胀不再是一个主要担心的内容。这些都为相对宽松的货币政策打开了空间。

从存款性金融机构的货币供应可以看出，韩国在实施宽松政策以来，其M1①和M2②同比增速在不断上涨，2020年5月分别达到20%和9.9%。其中，M2的同比增速更是创下了近10年新高。这部分反映了当时韩国整体的“宽货币、宽信用”环境，同时也侧面印证了企业和投资者在新冠肺炎疫情以及全球经济衰退的情况下更

① M1 = 货币 + 活期存款 + 可转让存款账户。

② M2 = M1 + 定期存款和分期存款 + 有价工具 + 基于收益的股息工具 + 金融债券 + 其他（商业银行公司发行的票据等）。

加谨慎，更倾向于保留更多的流动性以应对未来的不确定性（见图2.3.4）。

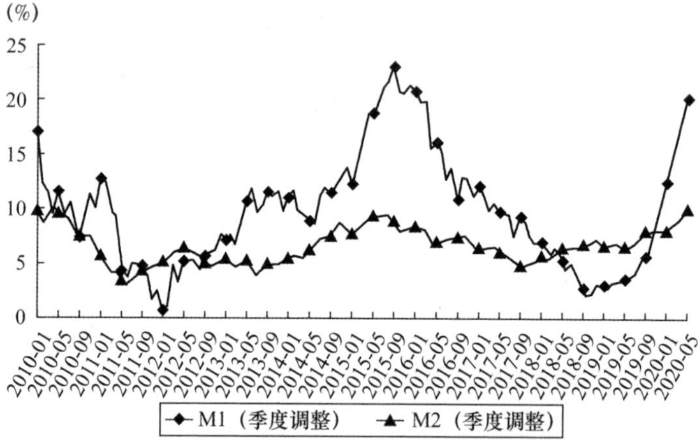


**图2.3.4　韩国自2010年以来的M1、M2同比增速**

资料来源：BOK 1.1。

从政策使用方面，韩国央行主要采取的措施包括：降低基准利率、提供银行中介借贷支持便利，以帮助受疫情影响严重的中小企业和个体工商户、与美联储开展货币互换以为金融体系注入美元流动性，增加货币政策的合格质押品范围以及放宽部分金融管制等。

**1. 基准利率**

自新冠肺炎疫情暴发以来，韩国央行共进行了两次基准利率的下调，分别为2020年3月17日下调50bps和5月28日下调25bps，并在此后维持在0.5%的历史最低水平（见图2.3.5），仅比美联储高25bps，避免过多的资本外流。若美联储拒绝美元进入负利率，那么这或许也是韩国央行能承受的极限低利率。另外，其他资产价格高涨（尤其高房价）以及韩国较高的居民负债率，也制约了基准利率进一步走低。

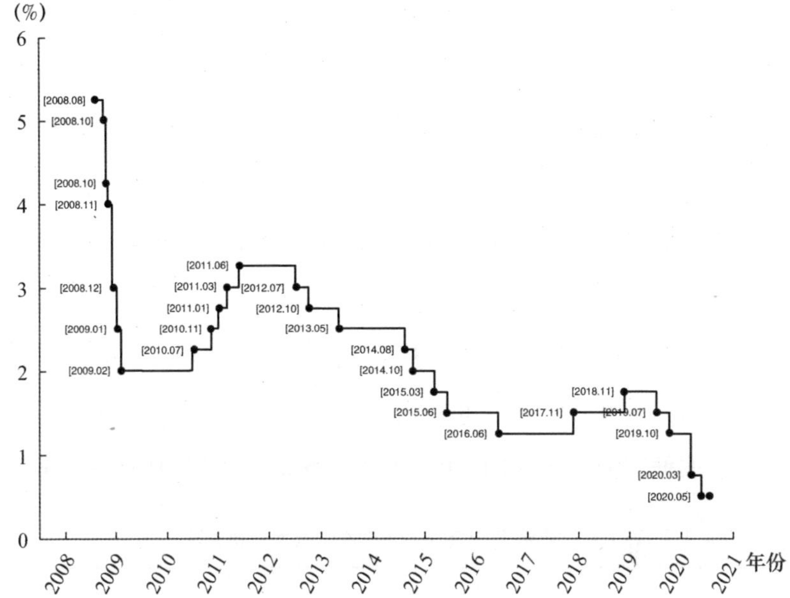


**图 2.3.5　韩国历年基准利率走势**

资料来源：BOK。

### 2. 银行中介借贷支持便利

为帮助受疫情影响严重的中小企业和个体工商户实现复苏，韩国央行的货币政策委员会分别在2020 年2 月27 日和5 月13 日各批准了5 万亿韩元的银行中介借贷支持便利，利率分别为0.75%和0.25%，期限为1 年。由于2 月中国受疫情影响更为明显，第一批得到支持的企业中除了包括批发零售、住宿餐饮等服务业外，还包括主要向中国出口商品的中小制造业企业。而第二批在5 月的援助，韩国央行则将范围扩大到了服务业、制造业以及其他行业的中小企业。

### 3. 与美联储的货币互换

由于2020年3月新冠肺炎疫情全球蔓延，多个国家采取封锁政策，全球金融市场恐慌情绪迅速蔓延，投资人风险偏好急速下降，资产价格暴跌的同时伴随着美元流动性的迅速收紧。在此期间，虽然美联储果断决定将基准利率降至0%～0.25%的最低水平，但全球“美元慌”在3月持续存在。为稳定全球主要国家的金融市场，美联储与多国签署了货币互换协定，其中与韩国央行签署了600亿美元的货币互换。截至2020年7月末，韩国央行实际操作共6次，实际分配金额187.87亿美元（3个月）和10.85亿美元（1周）。但从每次的操作看，市场需求均低于韩国央行的计划供应量，这也说明韩国市场整体上的美元流动性略好于预期，详见表2.3.3。

**表2.3.3　韩国央行截至2020年7月末的6次美元货币互换操作**

| 时间 | 83/84/85天（十亿美元） | | | | 6/7/8天（十亿美元） | | | |
|---|---|---|---|---|---|---|---|---|
| | 计划数 | 实际分配 | 平均利率 | 竞标机构 | 计划数 | 实际分配 | 平均利率 | 竞标机构 |
| 3月31日 | 10.0 | 7.920 | 0.9080% | 16家 | 2.0 | 0.800 | 0.5173% | 4家 |
| 4月7日 | 7.0 | 4.140 | 0.5323% | 19家 | 1.5 | 0.275 | 0.4819% | 2家 |
| 4月14日 | 3.5 | 2.015 | 0.3567% | 13家 | 0.5 | 0.010 | 0.3300% | 1家 |
| 4月21日 | 3.5 | 2.119 | 0.3386% | 12家 | — | | | |
| 4月27日 | 4.0 | 1.264 | 0.3348% | 7家 | — | | | |
| 5月6日 | 4.0 | 1.329 | 0.2941% | 8家 | — | | | |

资料来源：BOK。

### 4. 其他

为进一步稳定韩国的外汇市场，韩国央行在2020年3月采取了一系列措施降低了商业银行的外汇监管要求，其中包括：（1）提高外汇远期头寸的限额，即国内商业银行由40%提升到50%，以及外资银行分行（如中国建设银行首尔分行）则由200%提升到了250%；（2）暂时免征对非存款外币负债的银行税（Bank Levy）3个月；（3）暂时将外汇LCR的要求从80%降低至70%，直至2020年5月。

此外，韩国央行还进一步放宽了其货币政策所需的合格押品限制，一方面将其净额清算的押品率要求自4月10日，暂时从70%下降到50%（见表2.3.4）；另一方面扩大了可接受的押品范畴，将9家公共机构①和银行债务纳入合格押品范畴。预计韩国央行此举将释放10.1万亿韩元的市场流动性。

**表2.3.4　　韩国央行净额清算押品率执行计划**　　单位：%

| | 当前 | 2020年4月 | 2020年8月 | 2021年8月 | 2022年8月 | 2023年8月 | 2024年8月 |
|---|---|---|---|---|---|---|---|
| 调整前 | 70 | 70 | 80 | 90 | 100 | 100 | 100 |
| 调整后 | | 50 | 50 | 70 | 80 | 90 | 100 |

资料来源：“Policy Response to COVID－19”，韩国央行官网，https：//www.bok.or.kr/eng/bbs/B0000308/view.do？nttId＝10057675&menuNo＝400380&pageIndex＝1。

① KEPCO, Korea Expressway Corporation, Korea Gas Corporation, Korea Land & Housing Corporation, Korail, Korea Rail Network Authority, K－Water, Korea SMEs & Startups Agency, Korea Deposit Insurance Corporation.

**附表 2.1　　韩国政府采取的主要疫情防控措施**

| 时间 | 等级 | 发布 | 事件 | 主要措施（限制） |
|---|---|---|---|---|
| 2020 年 1 月 20 日 | 注意 | MOHW、KCDC | 境外新型传染病开始流入韩国境内 | 启动韩国中央防疫对策本部和 24 小时非常应对体系，强化患者监视体系，对可疑病例进行诊断检查，患者管理等。<br>各市、道、区启动市、道防疫对策班，加强对地方社区的患者监视和接触者管理；在春节期间启动 24 小时非常防疫体系等 |
| 2020 年 1 月 27 日 | 警戒 | MOHW、KCDC | 流入韩国的传染病在有限范围内开始传播 | 为防止感染扩散，开始启动筛查诊疗所，从而提高疑似患者诊断检测的及时性，并通过大规模快速诊断检测找出患者。<br>筛查诊疗所是带有咳嗽或发热等感染症状的疑似症状者在出入医疗机构前，需单独接受诊断的场所，包括汽车穿梭型（Drive Thru）和徒步移动型（Walk Thru）等。截至 2020 年 4 月 8 日，已有 638 个保健所和医疗机构设置并运营筛查诊疗所，其中 606 个（95%）筛查诊疗所可直接采样 |
| 2020 年 2 月 23 日 | 严重 | MOHW、KCDC | 流入韩国的传染病以特定地区和集体为中心在社区开始传播或出现全国扩散 | 上调至严重级别后，政府能够在采取切断 COVID－19 传入途径、发现患者、隔离接触人员等封锁政策的同时，持续推进切断社区扩散路径、将社区扩散规模降至最低的防疫策略。<br>要求大邱地区居民至少在未来两周内避免外出。<br>要求到访过大邱地区的其他地区居民，和大邱地区居民一样避免外出，并在出现症状时迅速接受检测。<br>未来一周将在各市、道指定传染病定点救治医院，疏散住院患者，为大邱地区确诊患者腾出 1000 张病床，同时还将在全国范围内腾出 1 万张病床 |

续表

| 时间 | 等级 | 发布 | 事件 | 主要措施（限制） |
| --- | --- | --- | --- | --- |
| 2020 年 3 月 21 日 | 严重 | 中央灾难安全对策本部 | 提出“加强保持社交距离” | 要求宗教设施、室内体育设施和娱乐设施严格采取一定水平防疫措施。若违反规定，自治体负责人可下达禁止聚集的行政命令并给予处罚等（处以 300 万韩元以下的罚款，要求赔偿因发生确诊者而产生的住院费、医疗费和防疫费用等损失以及行驶求偿权） |
| 2020 年 5 月 6 日 | 严重 | 中央灾难安全对策本部 | “加强保持社交距离”，转入“生活防疫阶段” | 之前因疫情暂停使用的各类设施将分阶段重新启用，原则上将允许在遵守防疫规定的条件下举行聚集性活动。<br>发布个人生活防疫细则，其中包括 5 项基本守则和 4 项辅助守则。基本守则包括：勤洗手、每天 2 次通风换气并周期性消毒、人与人之间保持两臂距离等；辅助守则包括：戴口罩、保持健康生活习惯等 |
| 2020 年 6 月 28 日 | 严重 | 中央灾难安全对策本部 | 制定 3 个阶段的社交距离限制措施 | 中央灾难安全对策本部制定和发布“有关保持社交距离的各阶段标准及实施方案”，将分 3 个阶段实施社交距离限制措施。<br>第一阶段：允许聚会活动、有观众体育活动，线下和线上上课（生活防疫阶段）。<br>第二阶段：将禁止室内 50 人以上、室外 100 人以上聚集的活动，公共设施原则上被禁止运营，学校需将线上和线下授课并行。<br>第三阶段：除必要的经济活动外，一切活动原则上被禁止，10 人以上聚集的活动也被禁止，各级学校和幼儿园停止线下授课 |

资料来源：新闻事件。

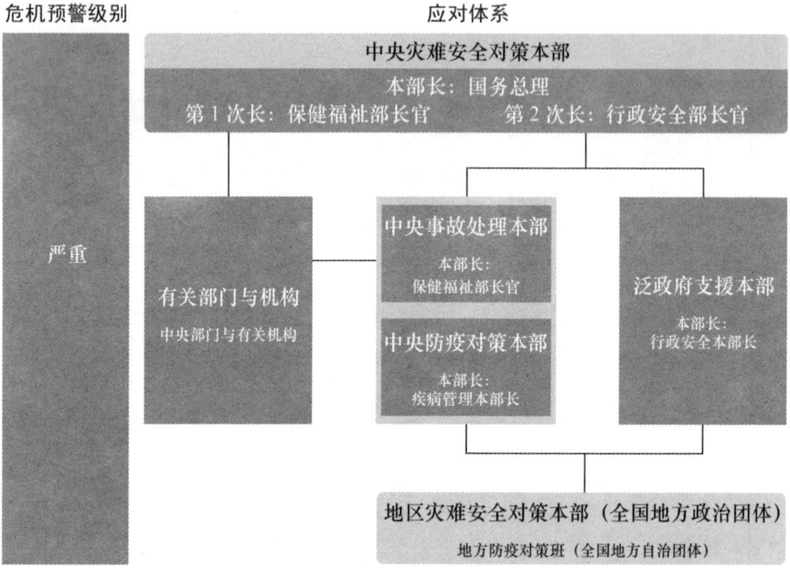


**附图 2.1　韩国新冠肺炎疫情防控组织体系**

资料来源：MOHW，Minister of Health and Welfare，下同。

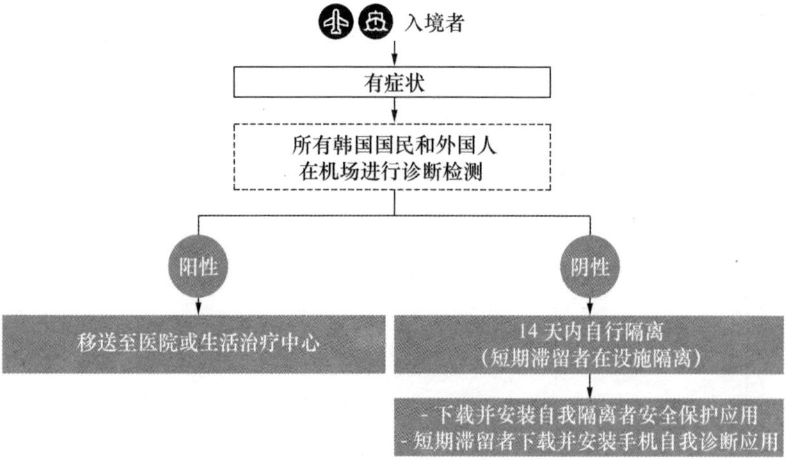


**附图 2.2　海外入境者检疫流程—有症状**

资料来源：MOHW。

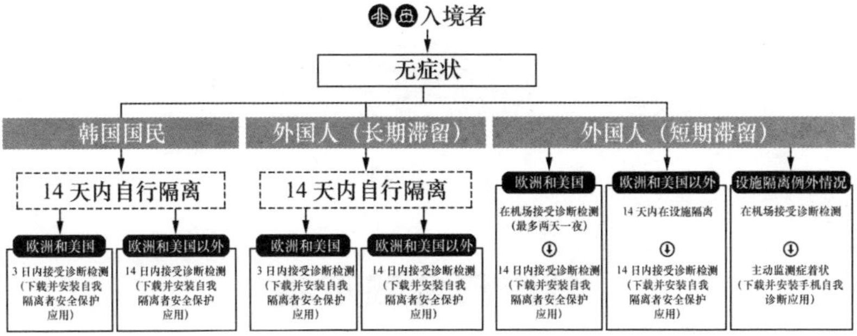


**附图 2.3　海外入境者检疫流程图—无症状**

资料来源：MOHW。

한국을 만나다 03

【第三章】

# 韩国的金融市场

本章内容偏向金融实务，主要适合于金融从业人员、从事中韩商贸人员、金融专业学生，以及其他希望对韩国金融体系和金融市场有所了解的读者。

笔者编写本章在2020年10～12月，着重介绍了韩国的金融市场体系，以及其货币市场、资本市场和汇率及衍生品市场等主要情况，其中包括韩国金融机构的分类、支付结算体系和金融监管等内容。为帮助中国读者更好了解韩国金融市场的特点、投资和其他金融实务，笔者在本章中增加了部分与中国金融市场的对比。但由于笔者主要从事商业银行工作，其内容也有所偏重，对资本市场（尤其是股权市场等）未能深入研究，还请读者予以谅解。

## 一、金融市场体系

金融市场体系是一个国家（经济体）中资金流动的基本框架，

主要包括市场的参与者、金融工具、交易场所以及监管体制等。

基于韩国情况，笔者将从以下四个方面介绍韩国的金融市场体系。(1) 金融机构。主要包括商业银行、非银行金融机构、保险公司以及金融投资服务机构。它们是韩国金融市场的主要参与者（其他参与者还包括外国投资者及个人等)。(2) 金融市场。根据资金交易是否流经金融中介，可进一步分为直接金融市场和间接金融市场。(3) 支付结算体系。这在金融实务上非常重要，也是保障金融市场交易顺利完成的关键基础设施。(4) 金融监管。为金融市场体系的安全、可靠运行提供有效指导、监督和保障。在本章中，笔者将着重介绍韩国的主要金融市场。

### (一) 金融机构

韩国金融机构不论在分类、名称以及业务范围上，都与中国金融机构有所不同。根据业务性质及监管要求①等的不同，韩国金融机构可具体分为金融控股公司、银行、非银行金融机构、保险公司、金融投资服务提供者五大类（见表 3. 1. 1)。

其中，金融控股公司主要从事金融机构股权投资和管理，其子公司包括其余四类金融机构。以韩国最大的金融控股集团——KB金融集团（KBFG）为例。截至 2020 年 8 月，KB 金融集团下辖子公司包括：KB Kookmin Bank（KB 国民银行)、KB Securities（KB

① “FSS Hand book”，韩国金融监督院官网，http：//m. fss. or. kr：8000/english/board/boardList. do？bbsId = 1289364537633&mId = M1204030000000。

表 3.1.1　　韩国 2018 年金融机构分类情况

| 金融机构 | | | 2018 年数量 | 2017 年数量 |
|---|---|---|---|---|
| 金融控股公司 | | | 9 | 9 |
| 银行 | 商业银行 | 国立银行 | 8 | 8 |
| | | 地方银行 | 6 | 6 |
| | 特殊银行 | | 5 | 5 |
| | 外资银行分行 | | 38 | 38 |
| 非银行金融机构 | 储蓄银行 | | 79 | 79 |
| | 专业信贷金融公司 | 信用卡公司 | 8 | 8 |
| | | 租赁公司 | 25 | 26 |
| | | 分期付款资金融通公司 | 21 | 21 |
| | | 新技术风险投资公司 | 51 | 42 |
| | 信用合作社 | | 888 | 898 |
| | 农、渔、林协会 | | 1349 | 1358 |
| 保险公司 | 人寿保险公司 | | 24 | 24 |
| | 非寿险 | 一般非寿险公司 | 19 | 19 |
| | | 再保险公司 | 10 | 10 |
| | | 担保保险公司 | 1 | 2 |
| 金融投资服务提供商 | 证券公司 | | 56 | 55 |
| | 资产管理公司 | | 243 | 215 |
| | 投资顾问咨询公司 | | 185 | 179 |
| | 商人银行 | | 1 | 1 |
| | 资金经纪商 | | 3 | 3 |
| | 期货公司 | | 5 | 5 |

资料来源：韩国金融监督院官网，http：//m. fss. or. kr：8000/english/board/boardDetail. do？idx = 1581467524972&page = 1&bbsId = 1289364303986&mId = M12040200000000&searchType = titleContent。

证券）、KB Insurance（KB 保险）、KB Kookmin Card（KB 国民信用卡）、KB Asset Management（KB 资产管理）、KB Capital（KB 资本）、KB Life Insurance（KB 生命保险）、KB Real Estate Trust（KB 房地产信托）、KB Savings Bank（KB 储蓄银行）、KB Investment（KB 投资）、KB Data Systems（KB 数字系统）以及 KB Credit Information（KB 信用卡信息）。

韩国金融机构的分类主要是基于不同的监管要求（如法律等），例如相互储蓄银行（Mutual Saving Banks）虽然名称上是银行，可以吸收存款，但其主要受制于专门的《相互银行法》——而不是《银行法》，其只能提供零售和小额对公业务，故未被纳入银行类。监管对其资本充足率、信贷集中度等要求均和商业银行有所不同。

本章节将选取韩国金融机构中规模较大、业务相对特殊的三类子类行业进行介绍，它们分别是银行、信用卡公司（属非银行金融机构，NBFI）以及证券公司（属金融投资服务提供商）。

**1. 银行**

韩国本地银行分为一般银行和特殊银行（类似政策性银行）两类。

一般银行即我们通常意义上的商业银行，主要依据《韩国银行法》设立。截至 2020 年 8 月，韩国共有 8 家全国性商业银行（国民银行、新韩银行、韩亚银行、友利银行、渣打银行、花旗银行、K 银行、Kakao 银行）、6 家地方银行（釜山银行、大邱银行、庆南银行、全北银行、光州银行、济州银行）和 38 家外资银行的韩国分支机构组成（见表 3. 1. 2）。其中，K 银行和 Kakao 银行是新兴的互联网银行。

**表 3.1.2　　韩国的商业银行**

<table>
<tr><th rowspan="2">特殊银行</th><th colspan="3">一般银行</th></tr>
<tr><th>商业银行</th><th>地方银行</th><th>外资银行分支机构</th></tr>
<tr><td>韩国进出口银行<br>韩国产业银行<br>韩国中小企业银行<br>农协银行<br>水协银行</td><td>国民银行<br>友利银行<br>新韩银行<br>韩亚银行<br>渣打银行（韩国）有限公司<br>花旗银行韩国公司<br>K 银行<br>Kakao 银行</td><td>釜山银行<br>大邱银行<br>庆南银行<br>光州银行<br>全北银行<br>济州银行</td><td>38 家（包括中国建设银行首尔分行）</td></tr>
</table>

资料来源：市场调研。

特殊银行是由国家财政部门支持的具有政策性背景的银行，其主要目的是为执行国家对国民经济各个部门资金支援任务而设立，并有专门法律保障其地位。截至 2020 年 8 月，韩国只有韩国进出口银行、韩国产业银行、韩国中小企业银行、农协银行、水协银行这 5 家特殊银行，其地位类似于中国的政策性银行，但分别有不同的法律对其进行规范。这相当于在法律层面上保障了国家对其破产兜底，比依赖于股东的增信效果更强。具体而言，进出口银行支持韩资企业的进出口业务，产业银行支持韩资企业中长期投资，中小企业银行支持韩资中小企业成长，而农协银行、水协银行则分别支持韩国农业和水产业的发展。

与欧美、日本等发达国家和地区的银行业处于相对自由竞争的形势不同，在经历 1997 年金融危机后，韩国对银行业进行了深入改革，之后又经过多年发展，现已形成少数大型银行寡头竞争的格局。商业银行多以首尔都市圈为中心，营业网点辐射韩国境内其他地区；而地方银行主要在特定区域内，针对忠诚度较高的当地客户开展业务。

近几年，韩亚银行与外资银行的合并、BNK 金融控股公司（釜山银行为其核心）收购庆南银行、JB 金融控股公司（全北银行为核心）收购光州银行等一系列合并重组促进了韩资银行的大型化，使几家大型银行垄断了市场。另外，随着电子化程度的提高，自 2016 年以来，无柜台网上专业银行 K 银行和 KaKao 银行开始营业。

**2. 信用卡公司**

韩国信用卡公司属于非银行金融机构分类，是受《韩国专业信贷金融法》监督的 4 个子行业中唯一需要获得金融委员会批准许可才能开展业务的行业（设施租赁业、分期融资业、科技融资业这 3 个子行业只需要注册即可）。韩国信用卡公司准入门槛较高，除了企业拆分或合并重组以外，市场参与者一般很少变化。

目前，韩国信用卡市场参与者包括 8 家专业信用卡公司和 11 家兼营信用卡业务的银行，专业信用卡公司可细分为银行系列和企业系列。其中，新韩、友利、韩国国民、韩亚、乐天、三星、现代等 7 家专业信用卡公司占据了韩国信用卡市场的主要份额。

韩国的信用卡普及程度高，竞争激烈。截至 2018 年年末，韩国信用卡累计发卡量为 1.51 亿张（而韩国人口仅为 5100 多万），较上年增加了 560 万张，其中信用卡刷卡金额为 664 万亿韩元，较上年增加了36.7万亿韩元，增幅为5.9%。

**3. 证券公司**

韩国证券行业在分类上属于金融投资服务提供商。根据韩国的《金融投资服务与资本市场法》（*Financial Investment Services and Capital Markets Act*），其服务范围较中国证券公司更广，主要包括自营、经纪、集合投资、投资咨询、代理、信托等。

韩国自1981年开始逐渐对外开放资本市场，证券市场的开放经历了由间接开放到有条件的直接开放，再到完全开放的渐进过程。1990年进入完全开放阶段以来，韩国证券业呈现出以经纪业务、自营业务等传统业务为主，资产管理、衍生产品投资等创新业务共同发展的特点。

证券公司的资产主要由现金、存款、证券等构成，其中占比最大的是债券类资产，为70%～80%，其他资产包括股票和其他证券。韩国证券收益的主要来源为手续费收益、有价证券估值及出售收益、衍生产品交易收益三个部分。与中国证券公司类似，韩国证券公司的股票经纪业务等收入仍是其主要的利润来源，因此证券公司的业绩与股票市场的交易量变化密切相关。截至2018年年末，韩国共有56家证券公司，其中韩资券商有33家、外资当地法人有11家、外资分支机构有12家。

**（二）金融市场**

韩国金融市场根据资金交易是否流经金融中介，可分为直接金融市场和间接金融市场（见图3.1.1）。

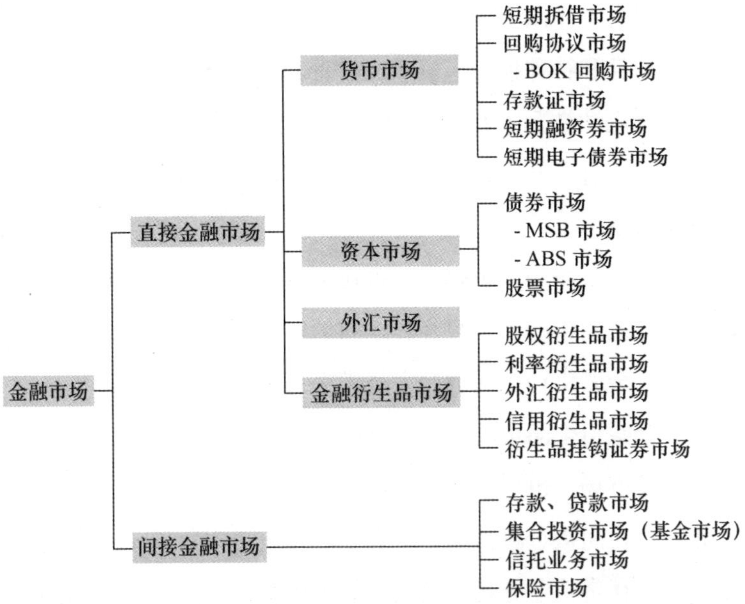


**图 3.1.1 韩国金融市场分类**

资料来源：https：//www. bok. or. kr/eng/bbs/E0002410/view. do? nttId = 230453&menuNo = 400225&pageIndex = 1。

其中，直接金融市场包括了货币市场、资本市场、外汇市场和衍生品市场。

（1）货币市场工具的交易期限通常为 1 年以内，以调节金融机构和实体经济的短期货币头寸为主要目的。目前，韩国的货币市场包括短期拆借市场（Call Market）、回购协议（RP）市场、存款证（CD）市场、商业票据（CP）市场等。

（2）资本市场主要交易那些期限超过 1 年的金融工具，包括股票和债券市场。股票市场有上市股票交易的 KOSPI 市场、KOSDAQ 市场、KONEX 市场以及 K-OTC 场外股权交易市场等；债券市场一般交易期限为 1 年以上的长期债券，最常见的是政府债券、银行债券、公司债券和特殊债券、资产支持证券（ABS）以及韩国央行为调控中短期流动性而发行的货币稳定债券（MSB）。此外，韩国的债券二级市场有买卖上市债券的交易所市场，以及可交易非上市债券的场外市场。

（3）外汇市场中，主要外币可在买方和卖方之间持续交易，包括可经营外汇的银行和一般客户之间的客户市场，以及银行、外汇中介机构等金融机构之间进行大规模交易的银行间市场。

（4）金融衍生品市场则主要是以对冲基础资产价格为目的的金融衍生工具市场，也包括一些做市和投机机构参与者。

此外，在间接金融市场中，资金需要通过银行等中介机构流向市场，其中存贷款业务是金融交易的主要形式，其他还包括集合投资（基金）、信托、保险等。

表 3.1.3 是韩国近几十年主要金融市场规模的发展情况。值得说明的是，由于资源和区域限制等因素，韩国的贵金属和大宗商品市场并不发达。

**表 3.1.3　　韩国主要金融市场规模**　　单位：万亿韩元

| | 1999 年 | 2000 年 | 2010 年 | 2016 年上半年 |
|---|---|---|---|---|
| 货币市场 | 44.3 | 138.8 | 264.8 | 395.9 |
| 资本市场 | 114.0 | 638.8 | 2352.7 | 2997.3 |
| 债券 | 35.0 | 423.6 | 1112.9 | 1539.0 |
| 股票 | 79.0 | 215.2 | 1239.9 | 1458.3 |
| 总计 | 158.3 | 777.6 | 2617.5 | 3393.2 |

资料来源：BOK，*Financial Markets in Korea*（2017）。

## （三）支付结算体系

一个国家的金融市场业务通常需要完备的支付结算等金融基础设施作为支撑。韩国的支付结算体系主要包括：支付手段、参与机构和结算系统。其中，支付手段可分为现金和非现金工具，如账单、支票和信用卡等。支付结算的参与机构包括：（1）提供非现金支付工具的金融机构，如银行、邮局和信用卡公司；（2）为金融机构之间提供债务清算的清算所，如韩国金融电信和清算机构（KFTC）等；（3）利用金融机构经常账户之间转移资金，完成支付和结算的韩国银行（央行）。

根据《韩国银行法》（BOK Act）、《金融投资服务和资本市场法》（FSCMA）、《电子金融交易法》（EFT Act）以及其他相关法律，韩国银行被确定为在支付与结算体系中起主要的监督作用，同时提供金融机构之间的最终结算服务。

系统建设方面，韩国的结算系统主要由大额支付系统（Large-Value Payment System）、零售支付系统（Retail Payment Systems）、证券清算与结算系统（Securities Clearing and Settlement Systems）以及外汇结算系统（Foreign Exchange Settlement Systems）这四类系统所构成。

### 1. 大额支付系统

韩国主要的大额支付系统是由韩国央行所有并运营的韩国银行金融网络（简称 BOK-Wire +）。BOK-Wire + 又进一步分为基于全额结算的 RTGS 系统（Real-time Gross Settlement）和全额/差额混合结算系统（Hybrid Settlement），可满足参与方对结算效率或资金流动性的不同需求。表 3.1.4 展示了参与方根据不同交易类型，可使用的不同 BOK-Wire + 子系统。

**表 3.1.4　不同交易类型可使用的不同 BOK-Wire + 子系统**

| 结算系统（结算账户） | 可使用的交易 | 结算机制 |
|---|---|---|
| RTGS 系统（活期账户） | · BOK 和分行、BOK 分行之间的资金转移<br>· CLS 资金转移<br>· 净额结算<br>· 吸收国库资金<br>· MSB 和政府债的发行和偿还，政府债和公共债的出售，现金进出款，活期账户借方，央行贷款 | RTGS |
| 混合结算系统（结算存款账户） | · 一般资金转移（包括指定收款人资金转移）<br>· Call 资金转移<br>· DvP 结算（包括央行回购交易）<br>· 日内流动性准备和回购交易收款<br>· 关联结算 | RTGS，双边和多边轧差 |

资料来源："Payment and Settlement Systems in Korea"，韩国央行官网，https://www.bok.or.kr/eng/bbs/E0001937/view.do?nttId=225338&menuNo=400229&pageIndex=1。

## 2. 零售支付系统

韩国主要的零售支付系统由韩国金融清算院（Korea Financial Telecommunications & Clearings Institute，KFTC）进行运营。支付服务的提供商可通过会员方式（General/Associate Members）和特别参与者（Special Participants）身份加入该 KFTC 零售支付系统。事实上，KFTC 清算系统由一系列子系统构成，可以满足不同的支付服务需求，例如票据清算是通过支票清算系统（Check Clearing System）完成，批量转账和资金归集等则可以使用直接转账系统（Giro System）和现金管理服务网络（Cash Management Service Network）。同时，KFTC 运营的银行间转账系统（Interbank Remittance System）、自动存取款网络（CD Network）、电子银行系统（Electronic Banking System）分别支持个人和公司通过银行柜台、CD/ATM 终端以及网上银行等进行资金划转。

**3. 证券清算与结算系统**

韩国的证券清算与结算系统主要包括清算机构、中央证券托管机构（Central Securities Depository，CSD）和参与结算的银行。与中国不同，韩国由于市场和区域较小，其所有证券的托管都在韩国预托结算院（Korea Securities Depository，KSD），而场内清算则主要在韩国交易所（Korea Exchange，KRX），例如韩国综合股价指数（KOSPI）、科斯达克（KOSDAQ）股票以及 KONEX 市场债券及部分符合交易所集中清算规则的衍生品等，如图 3.1.2 所示。

**4. 外汇结算系统**

韩国的外汇结算主要通过 CLS 系统以及国内外币资金转账系统完成。

CLS① 是一个跨国的支付系统，由 CLS Bank 负责运营。该机构是在 2002 年由世界主要外汇交易大型银行出资成立的专业金融机

① 参见：CLS 官网，https://www.cls-group.com/products/settlement/clssettlement/currencies/。

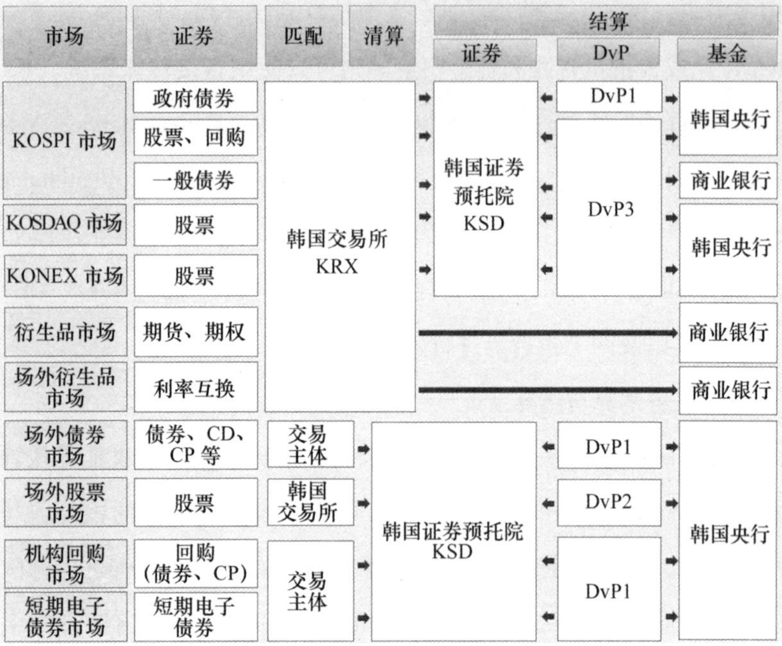


**图 3.1.2　韩国的证券清算与结算系统概览**

注：Dvp 即 Delivery versus Payment 结算方式。

资料来源：BOK。

构，主要为外汇交易市场成员银行提供不受国家时差限制的外汇买卖资金收付同步结算服务，以降低结算风险。韩币于 2004 年被指定为 CLS 合格结算货币。CLS 系统与参与结算币种的央行之间建立联系，并主要通过 Payment versus Payment（PvP）结算服务。

此外，韩国国内的一些大银行如 KEB 韩亚银行、国民银行、新韩银行和友利银行也可以为其他韩资银行和外资银行在韩国的分支机构提供外币转账业务服务。其中，KEB 韩亚银行在参与机构及结算规模上最大。

### （四）金融监管

从历史上看，韩国的金融监督体系经历了分类监管到统一监管的过程。在 1999 年，韩国根据“金融监管机构设置等相关法律”，将银行监督院、证券监督院、保险监督院和信用管理基金 4 个监管机构合为一体，成立了金融监督院（FSS）。此后，韩国又于 2008 年 2 月 29 日根据“金融委员会设置等相关法律”设置了金融委员会（Financial Services Commission，FSC），进一步完善并形成了当前的统一金融监管体系。

其中，金融委员会是金融监管体系的最高决策机构，也是韩国中央行政机构的组成部分，主要负责审议并确定有关金融监管的重要事项，包括了金融监管政策和金融机构的许可。金融监督院则是金融委员会下属独立的执行机构，负责对金融机构进行检查和监督，推行稳健的信用秩序和公正的交易规则，以保护存款人和投资者利益，维护国民经济健康发展。为保持执法客观性且减少行政力量干涉，金融监督院并不是一个政府机构，而是一个独立的社会公共组织。

从具体职责上看，金融委员会主要负责政策和资质认定等，如：（1）制定、修改和解释金融监管相关的法律法规；（2）发放和吊销所有金融机构（包括外资金融机构）的营业执照，审批机构设立、合并、业务转换及转让事项；（3）检查和指导金融监督院的监管活动；（4）对证券和期货市场的管理决策。而金融监督院的工作则更加偏向日常监管，主要包括：(1) 检查金融机构业务及财产情况；(2) 根据检查结果及相关法规进行制裁；(3) 为金融委员会及其附属机构提供协助。为此，相比金融委员会，在韩国的外资金融机构更多是受金融监督院的直接监管。

此外，韩国还有一些相对独立的金融自律组织，如韩国的金融投资协会（Korea Financial Investment Association，KOFIA）和银行联合会等组织，以保障公平交易以及进行投资者保护等。

## 二、货币市场

如前文所述，货币市场是金融机构、公司企业等经济实体通过使用期限在1年以内的金融工具，调节短期的财务头寸的市场。在韩国，货币市场主要包括短期拆借市场（Call Market）、回购市场（Repo Market）、存款证市场（CD Market）、商业票据市场（CP Market）等。

### （一）短期拆借市场

短期拆借市场是金融机构间短期资金拆入或拆出，以调剂各自资金头寸的市场。在韩国，短期拆借市场的交易期限最长为90天，其中，80%~90%的交易量都是隔夜。韩国短期拆借市场的最低交易额为1亿韩元，以1亿韩元为单位递增，利率则以0.01%（1bp）为单位变动。短期拆借市场是韩国央行货币政策传导的起始点，在整个货币政策运行中占有重要地位。银行、大多数非银行金融机构、货币经纪公司和公共金融机构都可以参与短期拆借市场。

此外，韩国短期拆借市场另一个特征是韩币交易通常都需要通过指定的货币经纪公司（Broker）完成。尽管并没有监管要求必须通过货币经纪公司，但通过货币经纪公司则是参与者普遍接受的市场惯例，也是监管当局所建议的，其目的在于监管机构能及时监督市场拆借价格，并保证其相对公允。

在实践中，经纪公司会与资金提供方和资金需求方分别签订经纪服务协议，依照交易双方各自提出利率、期限、金额等交易要素条款撮合交易，提供经纪服务。货币经纪公司一般通过传真、电话或即时消息工具接受资金借入和资金拆出的委托，当交易双方的委托条件可以匹配且确认对借入方的额度可用时，货币经纪公司与双方确认交易达成，并协助拆出方在其大额支付系统（BOK-Wire +）中完成必要的操作。

目前，韩国短期拆借市场中指定提供货币经纪服务的经纪公司只有 3 家，分别为韩国货币经纪公司（KMBS）、首尔货币经纪服务公司（SMBS）和金融经纪公司（KIDB）。

受新冠肺炎疫情影响，包括韩国银行（BOK）在内的全球主要经济体的中央银行都采取了不同程度的宽松政策，大幅下调了基准利率。为此，作为基准利率到市场利率再到最为敏感的短期拆借利率也随之下行（见图 3. 2. 1）。

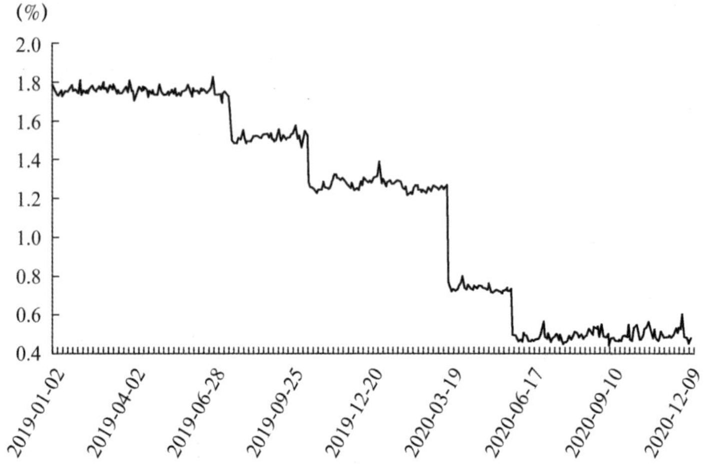


**图 3.2.1 韩国 2019～2020 年 Call Rate 的每日利率**

资料来源：BOK 4.1.1。

## （二）回购市场

回购交易（Repo，或 RP）是指一方同意向另一方出售债券，然后按照预先安排的价格在指定日期回购。资金融出方持有债券，有助于信用较弱的非银行金融机构融入资金。这也是对短期拆借市场的重要补充。韩国的回购市场可以分为两个子类别：一个是指在机构之间进行的回购交易，称为“机构回购市场”；另一个则为企业和家庭提供融资，即“客户回购市场”。

通常，在机构回购市场上进行证券交易的类型没有法定限制，《金融投资服务和资本市场法》规定的所有类型的证券都是可交易的。然而，在客户回购市场上，可交易证券的种类和信用评级则是有限制的。机构回购市场的参与者是金融机构，也是短期拆借市场参与者，具体包括：银行、资产管理公司、证券公司、保险公司和互信基金及 8 家公共金融公司。在客户回购市场，证券公司、银行、韩国证券金融公司、商业银行和韩国邮政可以进行回购交易，个人、企业和信托公司也可以进行逆回购。在机构回购业务中，韩国证券预托院 KSD 可提供证券管理、逐日盯市、保证金管理等服务。

2020 年整体市场流动性较为宽松。从 BOK-Wire + 统计的场外回购交易的成交量来看，2020 年较上年整体稳定。在趋势上，市场仍维持了近年来逐渐增多的势头（见图 3. 2. 2）。

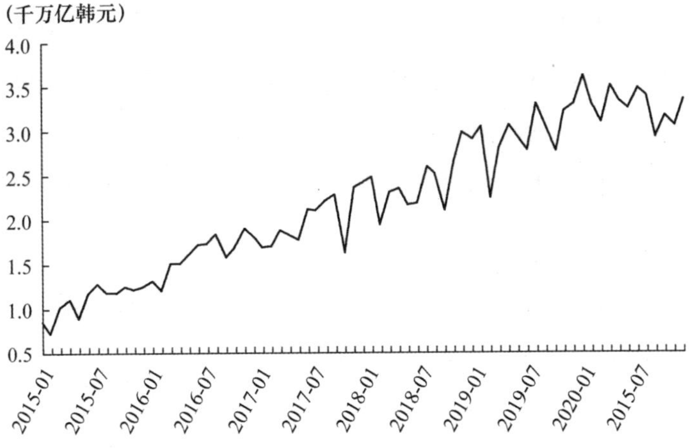


**图 3. 2. 2　韩国 2015 ~ 2020 年 OTC Repo 的月度成交量**

资料来源：BOK 5. 7. 3。

## （三）存款证市场

短期拆借市场和回购市场主要面向短期市场流动性调节，而存款证（CD）则可以让银行吸收相对较长期限的资金。韩国的韩币

CD 最少期限为 30 天。实际上，金融机构之间交易的大多数 CD 期限可达 1 年。虽然投资者在到期之前无法取现，但可以随时转让所有权以提前获取资金。CD 最小面值没有限制，但银行大多按照其内部规定将最低面值设定为 500 万~1000 万韩元。通常，韩币 CD 以折价方式发行，市场相对透明。中资银行相对于当地的韩资银行，则会因为市场、政治、经济等情况产生一定溢价。

其中，91 天到期的 CD 最为活跃，而这个特殊期限的 CD 报价则通常被用于韩币利率衍生品（如普通利率互换 IRS 和货币利率互换 CCS①）或浮息贷款等的基准利率。韩国金融投资协会（Korea Financial Investment Association，KOFIA）每天两次（11:30 和16:00）发布由 AAA 级银行发行的 CD（91 天到期）的最终报价②。该收益率的形成类似当前的 IBOR，但韩国是由 10 家证券公司作为货币经纪公司向协会提供，最终收益率是8 个收益率的算术平均值（排除最高和最低收益率），四舍五入到小数点后两位的数据。但随着银行间同业拆借利率（IBOR）所暴露的弊端以及改革的推进，预计未来韩币的基准利率也会随之转向基于交易的无风险利率进行定价。

图 3. 2. 3 展示了 2019 ~ 2020 年以来韩国短期拆借市场利率和 91 天 CD 利率的走势变化，可以看出，基准利率的变化可以直接传导到短期拆借市场利率和 91 天 CD 利率，但期限较长的 91 天 CD 利率则更多地受市场预期以及时点的流动性所影响。

---

① 韩国也称 CRS。

② 参见：韩国金融投资协会官网，http：//www. kofiabond. or. kr/index_ en. html。

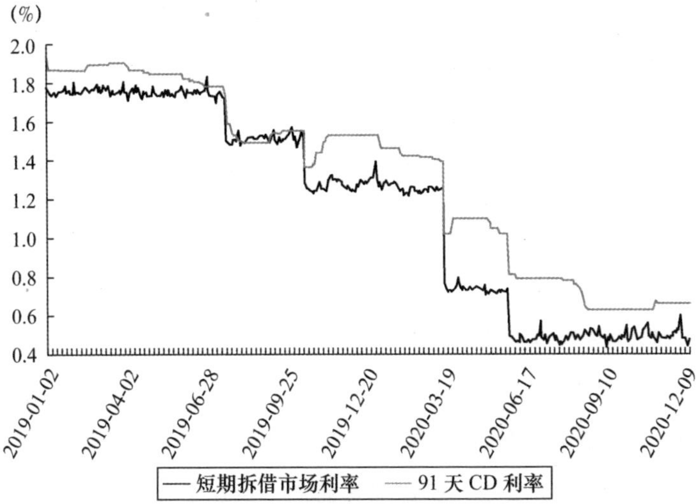


**图 3.2.3　韩国 2019 ~ 2020 年短期拆借市场利率和 91 天 CD 的每日利率**

资料来源：BOK 4.1.1。

# 三、资本市场

韩国的资本市场主要包括债券市场和股权市场。

## （一）债券市场

韩国的债券包括：国库债券（KTB）、国民住房债券（NHB）等政府债券，韩国央行发行的货币稳定债券（MSB），地方债券，公司债券，金融债券，由金融投资公司、租赁公司和信用卡公司发行的特殊债券，以及韩国电力公司和韩国存款保险公司依据法律发行的特殊债券等类型。出于流动性安排，在韩国的中资商业银行通常会在自己的投资组合中加入韩国企划财政部发行的国库债券，以及韩国央行发行的货币稳定债券。

**1. 国债**

依据资金用途的不同，韩国国债可以分为国库债券、财政证券、国民住房债券、补偿债券 4 个类型。各类型债券的发行方式、付息方式以及发行期限均有所不同。

（1）在发行方式上，国库债券和财政证券以市场公开竞标的方式发行；国民住房债券依据相关牌照进行义务性认购的方式发行；补偿债券则按照直接交付给持有者的方式发行。

（2）在付息方式上，国库债券通常是每 6 个月支付一次利息的附息债券；财政证券为贴现债券；国民住房债券和补偿债券为到期时归还本利的复利债券。

（3）在发行期限上，国库债券分为 3 年期、5 年期、10 年期、20 年期、30 年期不等。2018 年 12 月末，国库债券各个期间的发行余额分别为：3 年期 5 万亿韩元（18%）、5 年期 6 万亿韩元（21%）、10 年期 7 万亿韩元（24%）、20 年期 3 万亿韩元（10%）、30 年期 8 万亿韩元（27%）。财政证券发行期限是 1 年以内，但通常发行 3 个月以内的债券。国民住房债券一般发行期限为 5 年。

如前文所述，受新冠肺炎疫情影响，韩国政府一方面通过增加政府预算，实行积极的财政政策，不断扩大政府支出；另一方面，以税收为主的政府收入则受实体经济以及减税政策而有所减少，财政赤字明显增加。因此，与疫情前相比韩国政府在 2020 年不得不大幅度提高国债的发行规模（见图 3. 3. 1），但考虑到朝鲜半岛的特殊政治环境，以及韩国本身对全球外部经济环境的较强依赖性，大幅增加外债负担可能需要引起政府的一定注意。

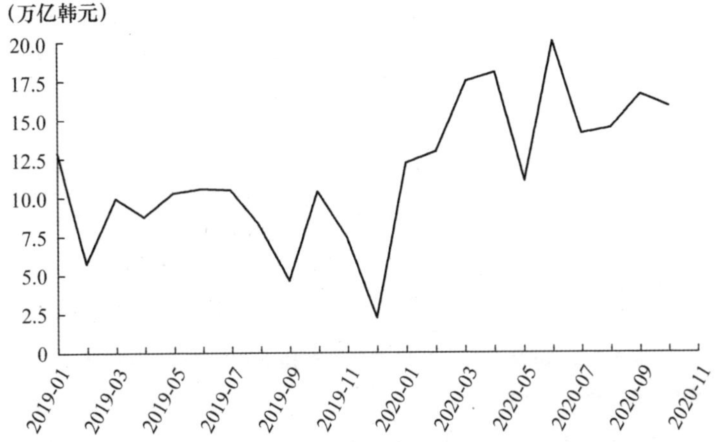


**图 3. 3. 1　韩国 2019～2020 年的国债月度发行规模**

资料来源：BOK 6. 3。

图 3. 3. 2 展示了近 2 年来 3 年、5 年、10 年期的国债收益率走势。可以看出自 2020 年 8 月触底以来，随着韩国经济复苏，国债收益率持续攀升。此外，考虑韩国政府后疫情时期的扩张性财政政策，以及货币利率较为有限的下行空间，预计这一趋势短期内仍可能持续。

**2. 货币稳定债券**

韩国的货币稳定债券（Monetary Stabilization Bonds，MSB）是韩国央行根据《韩国银行法》第 69 条和《韩国银行货币稳定证券法》，以调节货币流动性为目的而发行的。它与债券回购、存放货币稳定账户一起成为韩国央行的主要公开市场操作工具。在韩国，

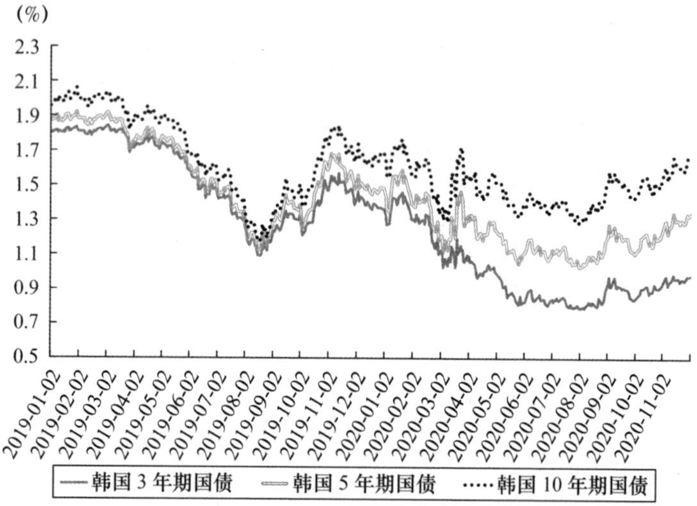


**图 3.3.2　韩国 2019～2020 年的 3/5/10 年期国债收益率变动**

资料来源：BOK 4.1.1。

MSB 的发行期限为 14 天至 2 年，其中，发行期限在 28 天以内的，可根据市场情况非常规期限发行；28 天以上的，每月固定时间发行（见表 3.3.1）。

**表 3.3.1　　MSB 通常的月度发行时间**

| 发行期限 | <91 天 | 91 天 | 182 天 | 1 年 | 2 年 |
|---|---|---|---|---|---|
| 每月发行时间 | 第 4 周的周三 | 每周一 | 第 1、第 3 周的周一 | 第 2、第 4 周的周一 | 第 1、第 3 周的周三 |

资料来源：BOK。

由于 MSB 发行期限在短期限的区间内涵盖范围大，且发行频率相对确定，韩国央行将其视为理想的公开市场操作工具，并以此引导利率曲线形成。而在中国，部分类似工具主要包括常规的 7/14 天回购，以及近年来的一些创新工具如常备借贷便利（SLF）、中期借贷便利（MLF）以及定向流动性便利（TMLF）。笔者认为，这些差异产生的主要原因是由于两国存在地域、人口以及金融环境的差异：中国拥有更为广阔的疆域和人口分布，金融体系和流动性分布呈现出较为明显的层级性，利率传导路径和难度较韩国市场更复杂。

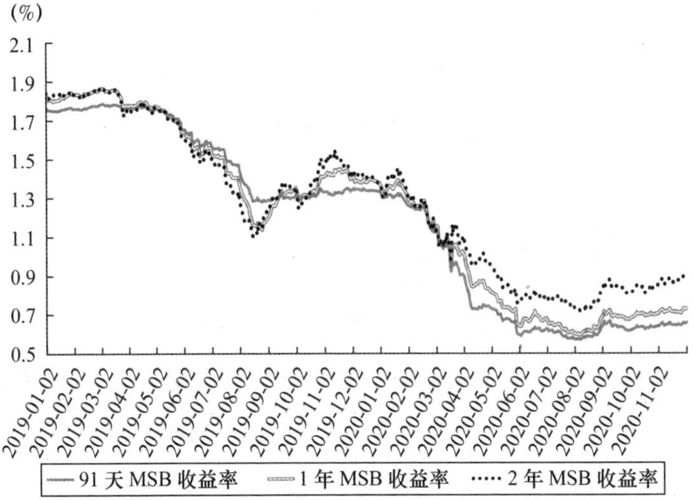


**图 3.3.3　韩国 2019～2020 年的 91 天、1 年、2 年期 MSB 收益率变动**

资料来源：BOK 4.1.1。

从近 2 年的 MSB 利率走势来看（见图 3.3.3），其受短期拆借市场利率影响较为明显，利率走势总体呈现下降趋势。但同时也可以注意到，随着 2020 年 8 月韩国经济呈现较强复苏势头，即使整体 MSB 发行量已逐步恢复至上年同期水平（见图 3.3.4），但中期利率仍出现一定反弹，也为这一波的韩币走强提供了支撑。

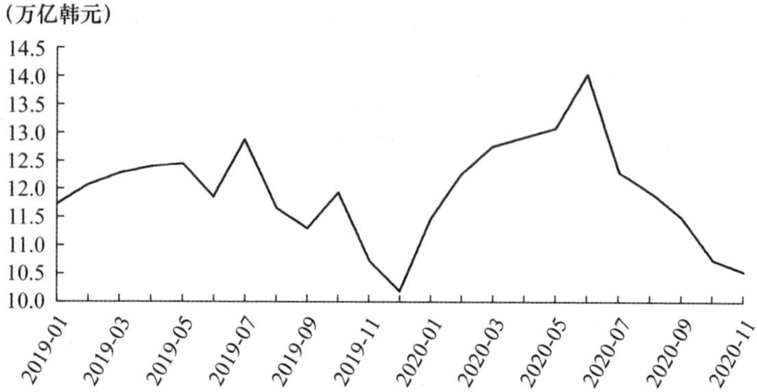


**图 3.3.4　韩国 2019～2020 年的 MSB 月度发行规模**

资料来源：BOK 6.3。

## (二) 股权市场

韩国的权益类市场可分为一级市场和二级市场。

在一级市场，股票的供应主要以首次公开募股（Initial Public Offering，IPO）为主。企业如果要在韩国开展 IPO，通常需要先到金融委员会（FSC）进行注册，接受指定的审计机构对其最新财务报告进行审计。与大多数国家类似，在首次公开募集中，企业通常会选择一家承销机构，准备相关的申请材料。在一切准备就绪后，承销机构将协助企业进行发行建簿，确定发行价格等相关事宜，并最终在韩国交易所（Korea Exchange，KRX）挂牌上市。

韩国的二级市场主要包括 KOSPI（Korea Composite Stock Price Index）、KOSDAQ（Korea Securities Dealers Automated Quotations）、KONEX（Korea New Exchange）和 K-OTC（Korea Over-The-Counter）4 个市场，以满足资本市场多层次的发展需求。其中，KOSPI 市场

是其最主要的二级股权市场。只有符合特定标准（如最小经营持续期、业务规模、股权分布等）的企业才可以申请在 KOSPI 进行上市，其主要服务于较大型且相对成熟的企业进行股权融资。相对应的，KOSDAQ 市场则主要服务于中小企业以及其他一些不能满足 KOSPI 上市条件的初创企业等。KOSDAQ 的上市条件较 KOSPI 更为灵活。KONEX 类似于中国的科创板，其主要服务于新成立的中小企业，同时支持上市企业在满足 KOSDAQ 市场要求时可以实现转板。

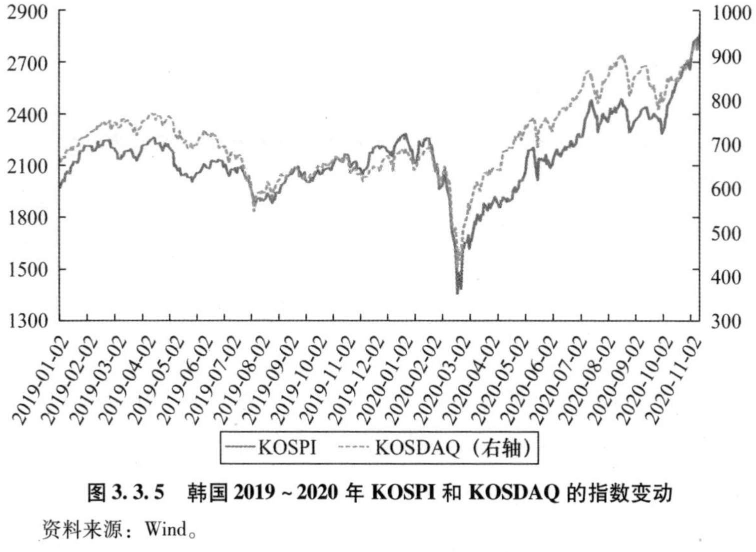


**图 3.3.5　韩国 2019～2020 年 KOSPI 和 KOSDAQ 的指数变动**

资料来源：Wind。

图 3.3.5 展示了自 2019 年以来韩国 KOSPI 和 KOSDAQ 的主要指数变化，可以看出，韩国资本市场在 2020 年 3 月的全球主要资本市场下跌以及美元流动性趋近的影响下大幅杀跌，此后随着宽松政策的不断出台，韩国股市逐步企稳，而在随后几个月更是因为韩

国良好的出口表现带动的经济复苏预期，以及大量境外资金的买入[①]（见图 3. 3. 6），进一步推动了股指不断创下历史新高。

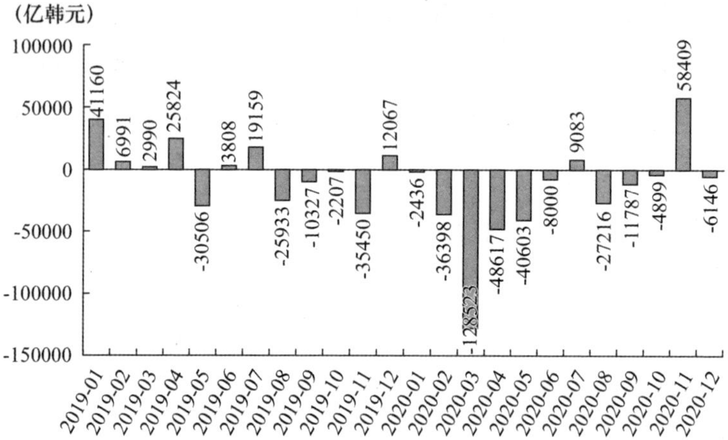


**图 3. 3. 6　韩国 2019～2020 年 KOSPI 和 KOSDAQ 市场外资净买入**

资料来源：BOK 6. 1. 1。

## 四、汇率与衍生品市场

由于韩国是出口导向型经济体，韩国企业对冲外汇风险的需求促使其外汇远期交易从早期就相当活跃，但韩国在 20 世纪 90 年代中期前几乎没有其他衍生品市场。直到 20 世纪 90 年代中期，随着金融市场的自由化和全球化的发展，价格波动性增加，市场对衍生品的需求大幅增加，韩国衍生品市场中利率掉期和期权逐步发展。之后，得益于相关制度实施和法律框架的完善，衍生品市场（尤其

① 在 2020 年 11 月，仅 KOSPI 和 KOSDAQ 就买入了 5. 84 万亿韩元。

是股票和利率衍生品市场）开始了快速发展。如今在交易所市场中，股票期货和期权已经是最常见的交易对象，而在场外衍生品市场（OTC）中，外汇和利率衍生品是最活跃的。在交易目的方面，银行等传统金融机构主要以做市以及外汇、利率等市场风险对冲为主。此外，韩国其他的衍生品市场还包括信用衍生品（如信用违约掉期 CDS）等，但交易规模相对汇率和利率衍生品小了很多。

### （一）外汇及衍生品

由于韩国外向型经济特征且处于朝鲜半岛的特殊区位，韩币的汇率波动相对较大。在韩国，外汇市场主要交易的货币对象包括美元兑韩元、人民币兑韩元、日元兑韩元和欧元兑韩元。其中，人民币兑韩元直接做市交易的起点可追溯至 2014 年 7 月 4 日，中韩政府签署协议明确在韩国建立人民币兑韩元直接交易市场。在 2014 年 10 月 31 日，韩国政府宣布将在同年 12 月 1 日正式启动人民币兑韩元直接交易，采取做市商交易机制。此后，包括多家在韩中资银行在内的金融机构陆续参与直接做市交易。图 3. 4. 1 和图 3. 4. 2 分别展示了自 2019 年以来美元兑韩元和人民币兑韩元的变动情况。总体而言，两者走势较为一致，但人民币兑韩元的波动率小于美元兑韩元。

为更好地满足企业和个人投资者对于外汇市场风险的套期保值需求，韩国的外汇远期和货币互换（CCS，在韩国称为 CRS）也较为普遍。其中，外汇远期交易可以分类为直接远期合约（Outright Forward）和互换远期合约（Swap Forward）。直接远期合约即简单

**图 3.4.1　韩国 2019 ~ 2020 年 USD/KRW 的变动情况**

注：纵坐标轴表示：1 美元可兑换的韩元金额。

资料来源：BOK 8.8.1.1。

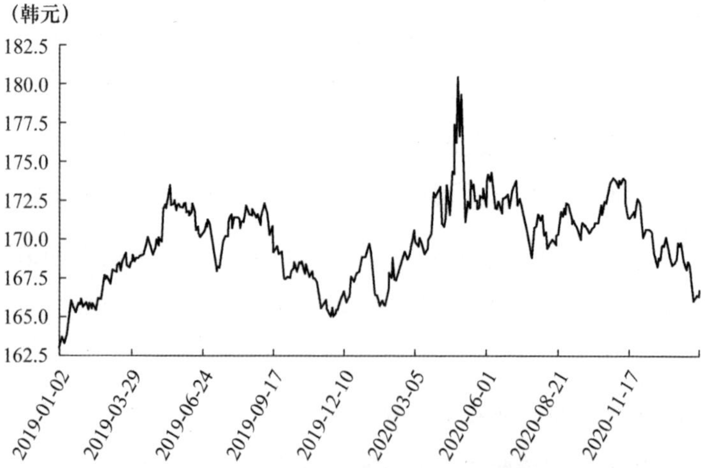


**图 3.4.2　韩国 2019 ~ 2020 年 CNH/KRW 的变动情况**

注：纵坐标轴表示：1 人民币可兑换的韩元金额。

资料来源：BOK 8.8.1.1。

的短期或长期远期合约；互换远期合约是掉期合约的一部分，包括外汇掉期（FX Swap）和货币互换（CRS）。直接远期可以进一步细分为可交割的远期和不可交割的远期（NDF）；前者涉及的“货币兑”在到期时将进行全额交割，而后者则是交易双方在约定名义金额上，根据 NDF 合约价格与现货价格之差进行差额部分结算，这在非做市交易的时间段里更为普遍。

### （二）利率衍生品

韩国的利率衍生品主要包括利率期货（Interest Rate Future）和普通利率互换（IRS）。在韩国，利率期货的最常见用途是对冲债券投资交易的利率风险，尽可能减少由于利率波动引起的不确定性。在现货市场上持有大量国债的市场参与者，如一级交易商、资产管理公司、养老基金和保险公司，可使用此类套期保值提前确定其债券到期价格。目前，3 年期 KTB 期货是韩国最常见的期货交易产品之一。

此外，利率掉期也是对冲利率风险的有效手段。它可以将合约持有人需要支付（或收取）的利息由韩币的浮动利息变成另一币种（如美元等国际货币）的固定利息，反之亦然。其中，韩币端浮动利息的基准利率通常为 91 天的韩币 CD 价格。在韩国，利率掉期市场的交易期限为 3 个月到 20 年，但最常见的是 1 年至 5 年期，其流动性相对较好。通常，利率掉期的最小交易单位为 100 亿韩元。

REPUBLIC OF KOREA

# 下 篇

한국을 만나다 04

【第四章】

# 韩国的历史和政治

本章介绍了朝鲜半岛的主要历史、宗教和文化。自古以来，朝鲜半岛深受中华文明影响，很多制度（科举、行政等）都在不同程度上效仿中国。在编写本章时，笔者内心多次涌现出隐隐的民族自豪感，不知各位读者在阅读本章时是否也会有所共鸣？

本章也包含了“汉江奇迹”及其背后的推动因素，如财阀和工人民主运动等。相信一些读者已对韩国“汉江奇迹”所取得的傲人成绩有所了解，但对其背后的推动因素或许认识不多。为此，笔者主要选取了财阀和底层工人阶级两个视角来进行介绍。事实上，观察他们的演变，远比观察冷冰冰的经济增速更有意义——前者的影响甚至一直持续至今。这或许也是每一个来韩国经商的外国企业家所需要知晓的。

本章最后介绍了韩国的政治制度、政党和国家行政机关（截至撰文时），以及区域全面经济伙伴关系协定（RCEP）可能对中韩经贸的影响等。相信这些内容对于现代社会生活的重要性同样是不言而喻的。

## 一、朝鲜半岛的极简史

韩国是朝鲜半岛在近代分裂后新成立的一个“年轻”国家。由于国家历史较短，我们需要从整个朝鲜半岛的发展历史来更好地了解韩国。

与大多数的文明一样，朝鲜半岛也流传着自己的创世神话。根据高丽时代的《三国遗事》[①] 记载：传说约在公元前 2333 年，太阳神桓因的儿子桓雄想到人间生活。于是，他降临在了太白，并建立了自己的神城。之后有一只老虎和一只熊向桓雄祈祷能变成人。桓雄告诉它们要在山洞里待够 100 天，且只能以吃大蒜和艾蒿为生。老虎因忍耐不住而放弃，但熊则成功变成一个漂亮的女人。桓雄后来娶她为妻并生了个儿子——檀君。此后，由于檀君卓越的领导才能，臣民们对檀君都十分敬佩，檀君成为半岛上的首个君王。在统治 1500 年后，檀君才退位并成了山神。这个故事之所以重要，是因为它不仅是个流传至今的创世神话，其在促成民族团结和抵御外来文化入侵上（尤其是近代日本殖民时期），都发挥着极大作用。

根据朝鲜半岛 2000 多年来的主要历史事件，笔者将其主要分为前三国时期、新罗王朝、高丽王朝、朝鲜王朝、日本殖民时期五

① 《三国遗事》是朝鲜半岛继《三国史记》之后第二早的史书，其中包含了许多神异的民间传说。

个历史阶段来简要介绍朝鲜半岛政治、思想等的演变，最后单独讲述韩国建国后的历史发展情况，希望能以此为基础，帮助读者更好理解韩国的历史传承、现代韩国的经济发展和政治变化，以及韩国人的日常生活与文化。

### （一）前三国时期（公元前 57 ~ 668 年）

在韩国的历史教科书中，朝鲜半岛的“前三国时期”[①]（或简称“三国时期”）通常是指：自新罗（公元前 57 年）、高句丽（公元前 37 年）和百济（公元前 18 年）成立之初，到 660 年新罗征服百济，668 年新罗消灭高句丽并统一朝鲜半岛之间 700 多年的历史时期。在此期间，朝鲜半岛由相对分散的势力逐步形成三国鼎立的局势。

由于朝鲜半岛北部与古代中国接壤，在中国的战国时期，古朝鲜就与当时的中国战国七雄之一的燕国战争不断，古朝鲜疆域维持直至秦汉时期。公元前 109 年，中国汉武帝东征朝鲜，设立汉四郡。但随着朝鲜半岛当地势力的不断兴起，半岛北方的高句丽于 313 年开始入侵汉四郡，并实际统治着朝鲜半岛北部。427 年，高句丽的都城迁至平壤。与此同时，在半岛东南的新罗以及西南的百济也逐渐发展至鼎盛时期，半岛三雄争霸的局面正式形成。

在朝鲜的三国时期，中国文化就已经对朝鲜半岛产生了深远影

---

① 区别于新罗王朝灭亡分裂后形成的短暂的“后三国时期”。

响。一方面，中国的汉字被引入朝鲜半岛，极大丰富了半岛三国的汉字文学发展，这些记录也成为了解半岛历史的珍贵遗产；另一方面，中国传统的儒家思想、道家思想、佛教以及医学等也经高句丽传至其他半岛国家。这些思想和文化不但在半岛的历史发展中源远流长，深刻影响着随后的每一个朝鲜半岛统治王朝甚至现代韩国人，同时也通过百济传播至邻国日本。在韩国历史教科书上，三国时期的朝鲜半岛领土总面积最大，且百济又对日本文化产生了深远影响，是一个值得“骄傲”的时代。为此，即便当时半岛并未形成统一的王朝，但在不少现代韩国人的心目中，这一时期仍是其民族历史上最伟大的时期之一。

### （二）新罗王朝（668～900 年）

从领土面积以及军事上，高句丽曾在朝鲜半岛的三国中实力最为雄厚。新罗最初是高句丽的盟友，但随着高句丽的南部扩张，新罗先是改为与百济联盟，之后又选择与中国唐朝联盟。660 年，在唐朝的干涉下，新罗征服了百济，并于 668 年征服了高句丽，首次完成朝鲜半岛的统一。

在统一半岛之前，新罗曾以“骨品制”作为其政治统治基础。这是一种类似于印度的种姓制度，以血缘关系为纽带决定政治和社会地位的社会等级制度。“骨品制”从上到下可以分为“圣骨”（王族），“真骨”（皇室贵族），贵族层（如六头品、五头品、四头品）以及后面的非贵族阶层（如三头品、二头品、一头品、平民、奴隶等）。各骨品通常都自我封闭，互不通婚。但在新罗王朝统治朝鲜半岛之后，为进一步加强中央集权，削弱都城贵族势力，更好地激励和管理已征服的高句丽和百济，并在中国唐朝的影响下，新罗王朝逐步开始使用类似科举的“读书三品科”① 来选拔官员。虽然在此期间遭到了传统势力的反对，但这也为后来的高丽王朝正式引入中国科举制奠定了基础。

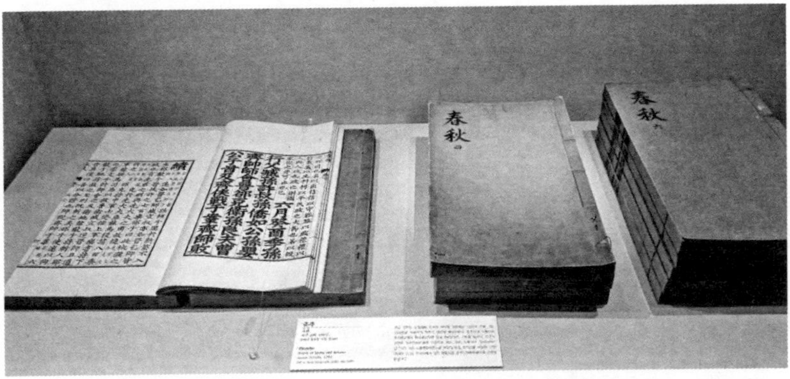


**图 4.1.1 《春秋》读本（笔者摄于韩国国立中央博物馆内）**

在宗教文化方面，虽然佛教早在高句丽时期就已传入朝鲜半岛，但在新罗统一半岛后才首次成为半岛的国教。此外，自中国唐朝在 645 年由玄奘法师从印度带回了大量佛教经典后，佛教也有了全新的发展。因此，在新罗王朝时期有很多半岛的僧人赴唐朝学习，其中最著名的莫过于新罗宗室金乔觉。他在九华山圆寂后，世人将其视为地藏菩萨的化身。即使现在，当人们去中国安徽的九华山朝拜时，仍能听到关于这位朝鲜僧人的故事。此外，现位于韩国

① 读书三品科的三品是以考试科目多少而定的，以《曲礼》和《孝经》为考试科目者为下品，以《曲礼》《孝经》《论语》为考试科目者为中品，以《论语》《孝经》《礼记》《春秋左氏传》《文选》为考试科目者为上品。

庆州（当时新罗都城）的佛国寺、石窟庵也都始建于新罗王朝。其中，佛国寺被认为是韩国最精美的佛寺，也是那一时期佛教在朝鲜半岛发展的见证。

### （三）高丽王朝（935～1392 年）

新罗王朝末期，随着内乱以及地方势力的不断壮大，朝鲜半岛又重新走向分裂。900 年，后百济建国。918 年，王建建立高丽。半岛步入了短暂的“后三国时期”。935 年高丽合并新罗，于次年灭后百济，再次统一朝鲜半岛。

高丽是朝鲜半岛历史上文化繁荣时期之一，与中国的宋朝（960～1279 年）保持着良好的关系，其政治和文化进一步汉化。高丽也将官员分为“文班”和“武班”，并正式引入科举制。科举制不仅让庶族出身的知识分子有机会步入“两班”仕途，扩大优秀庶族参政范围，还可以达到抑制地方世族势力的目的。由于科举制把儒学经典列为考试科目，其实施过程本身也极大推进了儒家伦理在半岛的传播。“亲亲”和“尊尊”的思想根基也有利于统治阶级维护其统治地位。

此外，高丽王朝也是朝鲜佛教发展的黄金时期。《高丽大藏经》这一经典佛家著作（现存于韩国海印寺）正是雕刻于这一王朝，这也极大促进了佛教在朝鲜半岛的传播。

笔者之所以强调新罗王朝和高丽王朝时期的佛教发展，主要是因为佛教的主要教义在一定程度上促进了其人民顽强的民族气质的形成。韩国佛教主要以大乘佛法为主，与小乘佛法只强调“自觉”

不同，大乘佛法更加追求“觉他”和“觉行圆满”注重互助的普度众生。这些也迎合了朝鲜半岛人民“相信即便所在半岛历史命途多舛，但仍可以凭借自己的努力克服困难，相互团结和帮助，从而改变生活”的民族特质。即便是现在，韩国的佛教徒仍占总人口的22.8%，是所有宗教中占比最高的（其次为基督新教徒18.3%，罗马天主教徒10.9%）[1]。我们也可以在其近现代历史，如日本殖民时期抵御奴化教育、“汉江奇迹”和奇迹背后辛酸的工人运动，以及人们日常生活的点滴中，感受到其人民特有的团结品质。

**图 4.1.2 修建于高丽时代的“敬天寺十层石塔”（笔者摄于韩国国立中央博物馆内）**

### （四）朝鲜王朝（1392～1910年）

14世纪末，由于长年战乱，高丽王朝已经岌岌可危。高丽将军

① “对外投资合作国别（地区）指南”，中国商务部官网，http：//fec.mofcom.gov.cn/article/gbdqzn/。

李成桂发动政变，于1392年废黜高丽王朝最后一位国王（恭让王），并在松京（开城）寿昌宫自立为王，改国号为“朝鲜”。1395年朝鲜王朝迁都于汉阳，将国都更名为汉城（也就是今天的“首尔”）。

朝鲜王朝是半岛历史上的最后一个封建王朝，其政治结构仍然是中央集权制。朝鲜王朝的官职制度大多学习中国明朝，如明朝六部（吏、户、礼、工、刑、兵）的设置；文、武两班由正一品到从九品，共计九品十八级；等等。如今，我们在首尔的五大朝鲜古宫[①]中还能看到这些痕迹。

**图4.1.3　韩国德寿宫的中和殿外（笔者摄于德寿宫内）**

在15世纪初的“世宗大王”时期，世宗发明了训民正音（现发展为“朝鲜语”或“韩语”），给朝鲜半岛的语言和文化发展带来了深远影响。训民正音是一套表音文字，类似于我们现在的汉语拼音，学习和掌握起来相对容易，进而有助于大幅提高朝鲜平民的文化普及。在这之前的朝鲜半岛，只有“士大夫”等才有条件学习

① 景福宫、昌德宫、昌庆宫、德寿宫、庆熙宫。

相对复杂的中文汉字。此外，朝鲜王朝期间（中国明朝的万历年间），中国、朝鲜与日本爆发了“壬辰寇乱”（1592～1593 年）和“丁酉再乱”（1597～1598 年），这也是中国军队第一次和朝鲜共同抵御外敌——日本（丰臣秀吉统治）的入侵。由朝鲜抗日名将李舜臣[①]将军领导的著名战役——“鸣梁海战”就发生在这个时期。如今，世宗大王和李舜臣将军的雕像都屹立在景福宫前的光华门广场上，他们的头像也分别被印在了当前版本的 1 万韩元纸币和 100 韩元硬币上。

**图 4.1.4 “世宗大王”像**
**（笔者摄于光化门前）**

在思想文化上，由于高丽晚期僧人腐败不断，以及中国南宋朱熹理学思想的兴起，朝鲜王朝开始疏远佛教，并进一步提高了儒学的思想地位。儒学思想上坚持“亲亲”“尊尊”的基本准则，维护“礼治”、提倡“德治”、重视“仁治”，其核心主要是通过教化行为，提升人的境界，使所有的社会成员共同创造一个和谐社会。但根据现代的评价标准，这种“和谐”也可能伴随着尊卑、长幼以及

① 后于 1598 年在露梁海战中，与明军老将邓子龙一同封堵撤退日军中不幸双双阵亡，死后被朝鲜民族誉为民族英雄。

男女的不平等。儒家思想即便在当今不断“西化”的韩国社会和文化中，仍有着影响深远。在目前使用的 1000 韩元、5000 韩元和 5 万韩元纸币上，就分别印有朝鲜著名儒学家李滉、李珥（李滉学生）以及“贤妻良母和才女”申师任堂（李珥的母亲）。

此外，在西方启蒙运动和工业革命的影响下，罗马天主教的思想也开始渗透朝鲜半岛，冲击了传统的儒学等级观念，并影响了一大批知识分子。朝鲜王朝为维护其统治地位，曾对西方天主教徒等开展多次清洗和迫害，其中就包括了朝鲜的大哲学家丁若镛[①]。但即便如此，现如今韩国 2019 年罗马天主教信徒仍占总人口比重约为 10.9%，从信众人数上来说是韩国的第三大宗教。

**（五）日本殖民时期（1910～1945 年）**

在明治维新后，日本成为亚洲第一个完成工业革命的国家，随后便开始了其在东亚的扩张。1876 年，日本与朝鲜王朝签署不平等的《江华条约》，取得了自由勘测朝鲜海口、领事裁判、贸易等权利。1894 年朝鲜半岛爆发了反帝反封建的“东学党起义”，这成为中日甲午战争的导火线。然而，因作为当时朝鲜宗主国的清政府最终战败，朝鲜王朝将国号改为君主立宪制的大韩帝国，不过最终其还是在 1910 年与日本签订《日韩合并条约》后正式灭亡。朝鲜半岛也从此进入历时 35 年的“日治时期”。

---

① 丁若镛（1762 年 8 月 5 日—1836 年 4 月 7 日），字美镛，号茶山，经常称为丁茶山，谥号文度公，朝鲜著名的实学思想家、诗人。

日本政府对朝鲜半岛实行的是殖民主义统治，不但限制朝鲜半岛民族资本主义发展，掠夺朝鲜的资源，还将日语定为国语并限制朝鲜语的教学，对学生实行奴化教育，甚至提出“日韩同祖”之说并试图以此同化朝鲜人。在此期间，朝鲜半岛人民一方面通过“檀君创世”的故事凝聚民族团结力；另一方面，借助基督新教（相比罗马天主教更加自由）的外国庇护作用进行反抗。在日治时期，日本殖民者还犯下了强迫劳工、强征慰安妇等诸多罪行，而这些如烙印般始终刻在一代又一代的朝鲜半岛人民心中。直至今日，韩国与日本还经常因为这些历史问题而摩擦不断，甚至在不同程度上蔓延到了经贸和军事合作等领域，深刻影响所谓的“美日韩”同盟关系。

### （六）大韩民国（1948 年至今）

在 1945 年日本战败后，朝鲜半岛被划分为由苏联军事政府管理（北部）和美军政厅统治（南部）的南北两块。两地在 1948 年分别独立为“朝鲜民主主义人民共和国”和“大韩民国”，自此朝鲜半岛再次分裂。

新成立的韩国在 1950～1953 年经历了朝鲜战争①后，整个国家几乎成为一片废墟。

此后，韩国经历了民主与独裁统治的反复交替：大韩民国第一共和国处于李承晚的独裁统治之下，直至 1960 年爆发“四一九革

① 在韩国又称为“韩国战争”。

命”，短暂而民主的大韩民国第二共和国建立。而在 1961 年，少将朴正熙发动了“五一六军事政变”推翻了仅存在 8 个月的大韩民国第二共和国，并建立了大韩民国第三共和国，再次开始长达 18 年的独裁统治。在此期间，朴正熙致力发展经济使韩国经济走上了振兴之路，改善了韩日关系，通过积极参与越南战争巩固了韩美同盟，开启了举世瞩目的“汉江奇迹”。1972 年，朴正熙通过公布“维新宪法”确立其任期终身制并建立了大韩民国第四共和国。1979 年，朴正熙被暗杀后，陆军少将全斗焕发动“双十二政变”，夺取全国政权。1980 年，全斗焕武力镇压“光州民主化运动”。1981 年，韩国在全斗焕操纵下修改宪法，使全斗焕登上了总统宝座，建立了大韩民国第五共和国，韩国继续回到了独裁专制的统治。全斗焕也因此成为韩国最不受欢迎的总统。1987 年 6 月，韩国爆发大规模六月民主运动，其后经过公民投票，同年 10 月 27 日韩国国会通过大韩民国第六共和国宪法，进入了目前第六共和国时期，实现了民主政权。

在战后半个多世纪以来，这个年轻的国家不仅在经济上实现了腾飞，人民的物质生活水平大幅改进，而且在精神上也实现了自由民主。但这种急剧的改变，很多发生在专制独裁期间，其背后的曲折和矛盾可想而知。在一系列民主化运动、工人运动斗争、城市化等诸多历史事件和活动中，韩国人一方面保留了根深蒂固的传统儒家信仰；另一方面又受到来自西方自由主义意识形态的不断渗透，逐渐形成了当前特有的“保守”和“开放”并存的民族气质。

敏感的韩国人对“爱恨情仇”表现得淋漓尽致，我们也可以从韩国电影擅于捕捉人物内心细腻情感的特点中发现这些。在经济高速发展的时期，韩国的劳动力从农村向城市迅速转移，快节奏的城市生活加上并不完善的劳动保障，使在城市生活的韩国人内心较为空虚。这也促使了韩国人对基督新教、罗马天主教等西方信仰力的增加。从表面的物质生活上看，韩国人几千年以中国为代表的东方崇拜，似乎已逐步被以美国为代表的西方世界所替代，但在内心深处，他们始终保留着深刻的东方儒家意识："亲亲"和"尊尊"。

**图 4.1.5　韩国首尔的汉江（笔者摄于"63 大厦"）**

## 二、"汉江奇迹"及其背后

### （一）"汉江奇迹"

朝鲜战争后，韩国的基础设施几乎全部被摧毁，数以百万计的韩国人流离失所，经济更是一片狼藉。李承晚政府虽然开展了经济改革（包括土地改革等），但总体效果不佳。而此时北面的朝鲜在苏联和中国等社会主义国家的援助下，经济上与韩国的差距逐渐加大，韩国民众的焦虑感不断上升。面对处于动荡与矛盾状态的韩国社会，军事强人朴正熙发动了军事政变夺取政权，并基于当时国情开展了多个“经济开发五年计划”和“新乡村运动”，使韩国的农业和工业得到了快速的发展。在之后的 1962 ~ 1996 年的“汉江奇迹”期间，韩国开启了快速的工业化、城市化、现代化、民主化和国际化的进程，这使韩国的科技、国民教育以及国民生活水平迅速提升，人均国民生产总值也从 1962 年的 87 美元增至 1996 年的 10548 美元，同时还造就了三星、LG 和现代等世界知名跨国集团。

具体上，韩国政府在 1962 ~ 1996 年共制定和实施了政府主导的七个“五年计划”，其中第一个至第四个“五年计划”被称为“经济开发计划”，第五个至第七个“五年计划”为了体现韩国政府对经济增长与社会发展的协调，得名“经济社会发展计划”。这也是韩国外向型经济发展过程的具体表现。

在第一、第二个“五年计划”期间，韩日邦交的正常化以及越南战争，为韩国经济的快速发展起到了催化作用。(1) 日本的地理条件与韩国类似，都是领土不大、资源匮乏、海岸线较长的国家。韩日邦交正常化，有利于韩国探索和学习外向型经济策略所需的经验和技术。(2) 越南战争。一方面可以强化韩美同盟；另一方面极大促进了韩国的工业和经济发展。战争本身为韩国创造了大量的物资供应需求，同时也为韩国跨国企业经营积累了基础，并为韩国企业在 20 世纪 70 年代打入中东市场提供了宝贵的经验。

表 4.2.1　　韩国历次“五年计划”摘要

| 五年计划 | 计划 GDP 增长率（实际 GDP 增长率） | 计划目标 | 重点政策课题 |
|---|---|---|---|
| “一五计划”1962～1966 年 | 7.1%（8.5%） | 纠正社会经济上的恶性循环；为实现自立经济奠定基础 | 发展电力、煤炭等能源产业；增强农业生产力，提高农民收入，纠正国民经济结构的不均衡；扩充基础产业，充实社会间接资本；活用闲置资源，尤其要增加就业，保护和开发国土；以增加出口为主轴，改善国际收支；振兴技术 |
| “二五计划”1967～1971 年 | 7.0%（9.7%） | 实现产业结构现代化；进一步促进自立经济的确立 | 实现粮食自给自足，促进山区绿化和水产业开发；建设化工、钢铁、机械工业，实现工业生产翻一番，为工业结构的提升打下基础；出口额达到 7 亿美元，促进进口替代，进一步改善国际收支；扩大就业，并推行计划生育，抑制人口的快速增长；大幅增加国民收入，特别要重视农业的多种经营，以提高农民的收入；振兴科学技术，培养人力资源，提高技术水平和生产率 |
| “三五计划”1972～1976 年 | 8.6%（10.1%） | 谋求“增长、稳定、均衡”之间协调；建立自立经济结构；推进国土综合开发与区域均衡开放” | 增加粮食产量和农渔民收入，实现粮食自给，促进耕地的整治和机械化；改善农渔村文化和福利设施，促进农渔村的电气化和道路网的扩充；大力发展出口，改善国际收支；建设重化工业，提升产业结构；加速科技、教育发展，促进人力资源的开发；均衡发展电力、 |

**续表**

| 五年计划 | 计划 GDP 增长率（实际 GDP 增长率） | 计划目标 | 重点政策课题 |
|---|---|---|---|
| | | | 交通、仓储、通信等社会间接资本；有效开展四大江等国土资源开放，建立出口工业园，适当分散工业和人口分布，促进区域均衡发展；扩大住宅、社会保障等事业，改善劳动环境，提高国民福利和生活水平 |
| “四五计划”<br>1977～1981 年 | 9.2%<br>（5.5%） | 以“增长、公平、效率”为理念：确立自力增长结构；促进社会开发；推进技术革新，提高效率 | 自力筹措投资资源；实现国际收支平衡；实现产业结构调整，提升产业国际竞争力；扩大就业机会，促进人力开发；扩大新村项目；改善生活环境；扩大科技投资；改善经营机制，提高效率 |
| “五五计划”<br>1982～1986 年 | 7.6%<br>（9.8%） | 以“稳定、效率、均衡”为理念：巩固经济稳定的基础，稳定国民生活，加强竞争力，改善国际收支；巩固持续增长基础，扩大就业机会，增加收入；通过不同收入阶层之间、不同区域之间的均衡发展，增进国民福利 | 抑制通货膨胀，稳定物价；提高投资效率，增加储蓄；促进竞争，恢复市场机能；继续推进以出口战略为主导对外开放政策；均衡开发国土，保护环境；调整政府职能，提高行政效率；促进技术革新，提高产业效率；改善金融制度；满足国民基本需求，积极推进社会开发；积极筹办 1988 年奥运会 |

**续表**

| 五年计划 | 计划 GDP 增长率（实际 GDP 增长率） | 计划目标 | 重点政策课题 |
|---|---|---|---|
| “六五计划”<br>1987～1991 年 | 7.3%<br>（10.0%） | “实现以效率和公平为基础的先进经济，增进国民福利”：确立新的经济社会制度和秩序；改组产业结构，提高技术水平；增进全体国民的福利 | 为扩大就业机会继续保持适度增长率；继续维持物价稳定；继续维持国际收支顺差，缓解外债负担；促进产业结构调整，实现技术立国；推进地域之间均衡发展与农渔村综合开发；增进国民福利，提高分配公平性；完善市场经济秩序，调整政府职能 |
| “七五计划”<br>1992～1996 年 | 7.5%<br>（7.3%） | 面向 21 世纪，力求实现先进的经济社会，促进民族统一：加强企业竞争力；提高社会公平，促进均衡发展；推进国际化、自主化，奠定南北统一的基础 | 改革教育及人力培养制度，以适应产业社会的需要；促进技术革新与信息化；扩充社会间接设施，提高运输系统的效率；提高企业经营与产业组织的效率，加强中小企业的竞争力；改善农渔村结构，促进地区平衡发展；积极解决住房和环保问题；扩充社会保障制度，发展精神文化；积极推进自主化，重新确立政府职能；扩大和发展对外开放；通过南北交流与合作，奠定南北统一基础 |

资料来源：Wiki。

## （二）韩国财阀

作为“汉江奇迹”背后的重要推手之一，韩国财阀随着韩国经济的崛起，在近半个世纪以来也得到迅猛发展。现如今，韩国已形成了以家族式财阀为中心的独特经济结构。在韩国，一些韩国人甚至戏言“韩国的总统只是临时工[①]，三星才是共和国”。我们在诸多韩剧中也时常看到现代版《灰姑娘》的故事，只不过其男主人公大多从王子变成了财阀子弟，例如曾经风靡一时的《继承者们》等。

韩国的财阀主要为一些大型综合企业集团，通常由家族企业发展起来，后形成大集团公司与跨国企业，其主要特征是家族控制和多元化经营。此外，由于历史等多方面的原因，韩国财阀还与政府关系密切，尤其是右派政党等。

### 1. 财阀的形成期

韩国现代财阀的起源，可简单追溯到韩国成立之初。在第二次世界大战结束后，日本结束了在韩国长达 35 年的殖民统治，留下的企业、土地、建筑和库存等财产几乎占了当时韩国整个国家 30% 的财富总量。在 1948 年韩国建国伊始，只关心政治的李承晚政府将这些日属资产以很低的价格或几乎无偿地出售给支持他的人，出售过程基本是不公开且非竞争性的，这促使少部分韩国资本家迅速完成了其原始资本积累。不过，这也是由于韩国资本主义发展初期

① 韩国总统仅有 5 年任期，且不可连任。

的一些历史局限性所造成的。一方面，在国家成立初期，韩国尚未形成成熟的交易市场，信息不对称、企业家较少以及政府本身的管理经验不足；另一方面，则可能是因为政治与资本的腐败。此外，在朝鲜战争结束后，韩国又接受美国和联合国的大量援助，使韩国的早期资本家还可以从巨额的灾后重建以及进口贸易中获利颇丰。

**2. 财阀的发展期**

韩国财阀真正的发展壮大，是在朴正熙政府上台后开启的“汉江奇迹”时期。1961 年，朴正熙发动政变掌握韩国政权后，确立了以出口为导向的外向型发展战略，亟须提升当时韩国的经济发展。由于其资本主义基因，与公有制为主体的社会主义经济发展方式不同，朴正熙政府选择了与大企业家进行合作。而事实上，这些企业家除了帮助朴正熙政府发展经济外，也没有其他选择——因为在新政府成立初期，朴正熙政权曾以非法敛财的名义监禁了多名企业家，摆在他们面前的只有“坐牢”或者“合作”这两个选项。

为促进出口创汇，朴正熙政府选择对外贸易能力较强的大企业进行合作，并在政策、资金、技术、原材料等领域进行特殊扶植，还根据企业的出口业绩进行巨额补贴和更多的政策倾斜。政府的这些激励机制，大大提高了企业的出口积极性，同时也使其获得了快速壮大自身的绝好机会。

此外，财阀还在国有企业私营化、地产投资、越南战争中获得了巨大发展。20 世纪 60 年代中期，韩国开始对一些国有企业进行私有化改革。凭借规模上的优势，财阀企业可以轻松地战胜非财阀企业，获取这些具有垄断地位的国有财产。财阀在此过程中还得到了包括长期银行贷款、债务消减以及保护其垄断地位等诸多好处。地产投资也是财阀快速发展的一个重要途径。通过与政府的关系，财阀可以获得许多地产的内部信息，并借助地价的上涨来牟取暴利。最后，许多财阀也从越南战争中获利甚丰。随着韩国在 20 世纪 60 年代中后期开始积极参与越南战争，韩美同盟得到进一步增强，其不仅获得了美国的巨额外汇支持，并承接了美国前线补给等大量军工订单，同时也积累了一定的跨国经营和管理的经验。

20 世纪 70 年代随着进入第三个“五年计划”，韩国的发展也逐步由传统的轻工业向重工业产业进行迁移。1973 年，朴正熙政府颁布了《重化工宣言》。为了利用规模经济尽早建立资本密集型中间产品部门，韩国政府选择了一些大财阀作为依靠和扶植的对象。那些顺从政府重化工产业政策的财阀在 20 世纪七八十年代都获得了政府大量的优惠资源，并取得了巨大的增长。现代和大宇就是在韩国政府重化工产业政策下得到迅速扩张的典型。政府实际上是通过银行的低息信贷资金支持，进一步控制了资本密集型的财阀经济。

**3. 财阀的成熟期**

自 20 世纪 80 年代以来，韩国财阀逐步进入成熟期，排名前十的财阀变得相对稳定。但与此同时，随着财阀规模的不断膨胀，越来越多的政客和韩国民众开始意识到少数财阀控制韩国经济的危险性。1980 年，韩国政府开始对财阀实施管制政策，大财阀的财务状况、扩张行为以及房地产投资开始受到政府的监控。此外，韩国还颁布了历史上首部反垄断法《公平竞争法》。

不过，尽管韩国政府开始对财阀进行管制，但由于财阀企业已经形成了绝对的资源优势，其依旧在许多方面受到政府实质上的保护和支持。例如，20 世纪 80 年代全斗焕政府的金融自由化政策，允许私人企业进入非银行金融机构（NBFI），这就使财阀进军金融领域成为可能。而这些非银行金融机构则可以代替商业银行成为财阀的主要融资渠道，在一定程度上摆脱了政府对其资金的控制。在整个 20 世纪 80 年代至 1997 年亚洲金融危机以前，虽然韩国政府施行进口自由化，对中小企业更加关注，以培育出更多依靠市场的经济运行机制，但财阀的发展速度依然远高于国民经济。当然，这也是推动“汉江奇迹”的一股主要力量。

可以看出，在韩国经济发展最为迅猛的岁月中，财阀始终是其背后最核心的力量之一。韩国财阀从成长初期开始，就一直与韩国的政治高度结合，在创造国家财富的同时，也增加了许多的不平等，甚至在一定程度上抑制了韩国中小企业的发展。现如今，当人们说起韩国经济或者知名企业，还是三星、现代、LG、SK 等耳熟能详的大财阀。笔者在韩国曾听闻一个段子，说在韩国的水原市只生活着三类人：政府工作人员、三星员工和三星员工的家属。在韩国，有句俗话说韩国人有三样东西逃不开，一是死亡，二是税赋，三是三星。韩国大型财阀的影响力可见一斑。

在传统上，韩国财阀在很大程度上还是家族所有和家族经营，经营管理体制不透明，这也造就了特殊的“家长式”韩国企业文化。

## （三）工人与民主运动

在“汉江奇迹”的背后，另一股不容忽视甚至对现代韩国的历史进程起决定作用的力量就是韩国的工人运动，以及与之相伴的民主运动。这也是丹尼尔·图德（Daniel Tudor）在 *Korea：The Impossible Country*① 中将韩国称为“不可能国家”的原因之一。他认为在过去的 50 多年，韩国共创造了两个奇迹：一个是经济上的“汉江奇迹”，另一个是政治上韩国完成从独裁、腐败国家到民主国家的转变。而这两大奇迹的主要缔造者都是广大的工人阶级。

**1. 韩国工人阶级的成长**

殖民时期因为战争需要，日本在采矿、化工、铁路建筑和水电厂等方面，进行了大量投资和迅速的工业化，朝鲜的劳工运动已有一定规模。但这个时期的工人阶级运动，不仅是经济斗争，更是争取独立运动的一部分。此后，由于南北分裂以及朝鲜战争对城市基础设施的破坏，直到 20 世纪 50 年代后期，韩国全部劳动力的 4/5 仍主要分布在农村。

在朴正熙政府开启出口导向型工业化道路的背景下，这些从农村进入城市的韩国工人具有高度的适应性。他们对劳动法缺乏了解（事实上，社会本身也缺乏足够重视），并将超负荷工作认为是理所当然。韩国工厂工人们通常视 10 小时和 12 小时工作日为常态，甚至在只接受小额额外报酬的情况下就“自愿”工作 15～18 个小时。

---

① 中文书名为《太极虎韩国：一个不可能的国家》。

与此同时，长期以来的儒家文化中一些关于等级制、尊重权威、家族主义等思想，也在一定程度上强化并鼓励了工人顺从。在政治上，朴正熙政府为迅速发展经济，扶植了大量财阀企业，并给予低利率贷款及垄断等特许经营，同时通过新的立法限制工人罢工和工会运动等，从而支持和保护以财阀为主的资本主义发展。成立于1960年的韩国劳动组合总联盟（简称“韩国劳总”，Federation of Korean Trade Unions，FKTU）在朴正熙时期进行了重组，但之后长时间内几乎都是一个有名无实的工会。

可以说，这一时期的工人们是无组织的，也是最艰辛的。他们一方面通过提供超长时间的廉价劳动力，促使韩国经济实现早期的腾飞；另一方面，他们还因为森严的等级制，时常被资本家和上司呵斥、咒骂，遭受着极大的屈辱，权益难以通过工会保障。

**2. 韩国工人阶级的斗争**

1970年11月13日，在汉城西南部服装工业区发生的小规模抗议中，一位年仅22岁的裁缝全泰壹手拿《劳动标准法》的小册子点火自焚[①]。这在韩国工人心中播下了抵抗和反叛的种子，成为韩国工人阶级意识觉醒的象征。该事件极大地冲击了知识界，使他们看到了经济奇迹之下的黑暗与苦难，从而使关于实现民主的政治斗争范围也扩展到劳工问题等经济领域。

20世纪70年代，韩国女工在联合斗争中的领导作用尤为突出。

① 该事件也被朴光洙导演拍摄为剧情电影——《美丽青年全泰壹》。影片于1995年11月18日上映。

一方面是因为韩国初期由农业向劳动密集型轻工业转型后，在纺织、服装等行业中女工占多数；另一方面，是因为韩国女工同时深受资本主义制度和传统“男尊女卑”观念的双重迫害，其团结和反抗精神更为强烈。1979 年，YH 贸易女性劳动者在新民党党部进行了静坐示威。虽然抗议活动被政府出动的公共警力所镇压，其支持者金泳三也被开除了国会议员职位，但最终引发了釜山区大规模的示威。

此后，在经历几个月短暂的“汉城之春”政治自由时期后，政权再次被全斗焕军事政权接管，这又促使更多学生和知识分子开始重新思考韩国的社会形态和民众运动。1985 年 4 月发生在大宇汽车公司的组织良好的罢工，标志着斗争扩展到重工业部门，以及男性工人作为工人运动主导时期的到来。总体而言，在经历无数次工人运动后，韩国的劳工们也已经充分意识到，资本或者国家的暂时性妥协不能保证他们生活条件的改善，只有有效的工会才能让他们真正获得尊重。阶级意识在数次斗争中被提高到新的高度，最终，在 1987 年的劳动冲突大爆发实现了根本转变，这也是韩国工人阶级斗争史上的一个分水岭。

1987 年，六月民主运动后全斗焕政权被迫妥协，宣布了政治自由化，接受了反对党举行直接总统选举和实行宪制改革的要求。这也成为促使韩国结束 30 年的军事统治，向民主化过渡的重大历史转折点。在同年之后的 7 ~9 月这短短 3 个月里，韩国的产业工人也迅速动员，共发生约 3311 起劳动冲突，其数量超过了自 20 世纪 60 年代初以来整个出口导向工业化时期发生的纠纷数量的总和。劳工运动以惊人的速度和烈度横扫全国，使几乎每一个大型行业的工业生产都陷入了瘫痪①。

此次工人大斗争的最大意义是工人认同和工人团结的迅速成长。他们根据同一工作场所、企业集团以及地理区域等属性，建立了多种职业联合会和行业联合会等工会。这些分散的工人组织最终在 1990 年联合建立起了全国性的“全国劳动运动团体协议会”，这也正是当前韩国除“韩国劳总”以外的另一大全国性工会——全国民主劳动组合总联盟（简称“民主劳总”，Korean Confederation of Trade Unions，KCTU）的前身。

在韩国“汉江奇迹”的背后，人们往往只注意到了政府和财阀，却经常忽略了缔造这一奇迹的另一股根本力量——韩国底层劳动者的超负荷付出，以及他们为追求人民民主而进行的长期斗争。在韩国，这些工人们经历了一些传统父权意识、企业剥削、独裁主义以及财阀权力的共同压制，不断反抗并寻找自身阶级认同。他们为韩国的经济腾飞以及现代化韩国的建立发挥了重大作用，却鲜少被歌颂。

通过对这些历史的简单回顾，很多刚来韩国的外商企业家更能体会“韩国工会强大”背后的原因。也会明白，为何首尔周末有这么多的游行示威；为何“民主劳总”似乎总比“韩国劳总”表现得更为激进。

---

① 具海根：《韩国工人——阶级形成的文化与政治》，社会科学文献出版社 2004 年版。

# 三、韩国的政治制度

## （一）政治体制

由于历史原因，韩国在建国初期主要是参考美国的政治体制，其主要政体为“总统共和制”。韩国总统既是国家元首，又是政府首脑，集外交、内政大权于一身。韩国的权力分配实行立法、行政、司法分属不同的国家机构，相互制衡。

### 1. 韩国的立法机构

韩国的立法机构是韩国国会。韩国国会的历史可追溯至 1948 年 3 月 17 日颁布的《国会议员选举法》。在美国主导的“联合国监督”下，新成立的韩国由公民直接选举产生制宪国会议员。后经过多轮改制，现有的韩国国会主要采取“一院制”设置，即没有上议院和下议院之分。目前韩国国会共有 300 个议员议席，根据最新 2020 年的选举规则，所有席位由简单多数制和比例代表制（联立制、并立制）的选举方法分别产生，每届任期为 4 年，没有连任限制。

韩国国会的主要职能包括：（1）立法权，如审议并通过或否决各项法案等；（2）财政审查权，如审核和批准政府财政预算、检查政府工作等；（3）人事任免权，如批准总统提名的国务总理、大法院院长和大法官、监查院院长等；（4）监督权，如批准对外条约以及同意宣战或媾和、弹劾总统和主要政府官员、否决总统的紧急命令等。此外，国会还拥有不受行政机关和司法机关干涉的自律权，以及受理来自民众的请愿等权力。

**2. 韩国的行政机构**

韩国的行政部门实行“总统制”。总统是韩国的国家元首、政府首脑和武装部队最高司令，由全民直选产生，任期 5 年。为了避免任何个人长期掌握国家权力，韩国宪法规定总统不能连任。考虑到韩国自建国以来的长期独裁统治，以及韩国民众在近代民主化斗争过程中的血泪史，这似乎也不难理解其背后的原因。不过，较短的执政期限也容易造成政策施行上的不连续性，在一定程度上影响了韩国经济。这也是一些韩国民众之所以认为“总统只是临时工，财阀在这个国家才最有力量”的主要原因。此外，为进一步限制总统权力，韩国宪法规定了韩国总统无权解散国会，但国会可以通过弹劾程序限制总统。

作为国家元首和最高行政长官，韩国总统的主要职权包括：(1) 作为国家代表负责接见外国使节，颁发嘉奖令、授勋和实施大赦；(2) 维护国家统一，民族独立，领土完整，国家的连续性和宪法；(3) 作为最高行政长官，负责推行国会通过的各项法律，领导国务会议、各类咨询机构和行政部门，并有权任命包括国务总理和各部长官在内的主要政府官员；(4) 作为国家武装力量的最高统帅，拥有包括宣战权在内的广泛军事政策制定权；(5) 作为国家的最高外交官和外交政策的决策者，有权任命和派遣外交使节，与外国签订条约；(6) 作为主要政策和行政法规的制定者，可以向国会提出立法议案，并亲自或以书面形式向立法人员说明自己的观点；等等。

总统通过由国务总理和各内阁部长等组成的国务会议行使行政

权力，负责决定、协调和处理国家政策及重大事项。直属总统的机构包括总统秘书室、国家安保室、总统警护室、国家情报院、监察院、广播通信委员会、国家人权委员会等。

**3. 韩国的司法机构**

韩国司法机构独立于韩国行政和立法机构。这里的司法机构通常说的是韩国法院。

在立法、行政、司法权力分配的框架下，韩国的检察厅设立于政府的法务部，与以法院为主的司法机构并无关联。大检察厅厅长由总统任命，无须国会同意，其任期为两年。大检察厅负责案件的立案、调查、起诉和抗诉等，指挥和监督警察厅进行具体调查，并接受法务部一般性监督，检察系统整体上是行政权的一部分。然而，韩国的法院拥有独立的司法权，法院系统和检察系统虽然都承担广义上的司法职能，但并不是平级机构的关系。

韩国法院的组织体系可分为普通法院、专门法院和特别法院三种类型。韩国的普通法院从上到下包括大法院、高等法院以及地方法院三个级别。大法院是韩国最高司法机构，也是管理韩国司法系统的行政权力机构，由大法院长和13名大法官组成。大法院长是韩国司法机构的首长，由韩国总统提名并由国会批准，任期6年，不得连任。

韩国在首尔、光州、大邱、大田以及釜山设有5个高等法院，主要处理地方法院等上诉①案件。通常而言，韩国的审级制度为三

① 韩国的裁判形式包括判决、决定和命令。针对一审判决不服的上诉，称为抗诉（上告）；对决定、命令不服的，称为抗告（再抗告）。

审终审[1]，这与中国的“四级二审终审”制度不同。韩国的专门法院包括家庭法院（首尔）、行政法院（首尔）和专利法院（大田），而中国的专门法院只有海事法院和铁路运输法院。此前，在韩国轰动一时的三星家族的长女李富真和任佑宰的离婚案，曾就因为管辖权问题被撤销了一审判决，并移交至首尔家庭法院审理[2]。

韩国司法体系中还有个特别法院——宪法法院，其成立于1988年，并独立于大法院。韩国宪法法院的主要职能是依据《大韩民国宪法》进行违宪审查，但同时还具有涉及行政法的职能，可以对弹劾、政党解散、国家机关权限争议等行使审判权。例如，2017 年 3 月 10 日，韩国宪法法院裁定对韩国前总统朴槿惠的弹劾案成立，这也致使她成为韩国历史上首位被罢免的总统。

### （二）主要政党

韩国实行多党制，韩国宪法保障政党的自由成立。政党体制也是韩国政治的重要组成部分。

韩国政党也有左派、右派之分，其在背景、政治及经济主张的部分区别如表 4. 3. 1 所示（但并不绝对）。左派政党通常也被称为“进步或自由阵营”，而右派则被认为是“保守阵营”。此外，还有一些左、右立场并不鲜明的中间派政党等。

---

① 韩国专利法院审查专利局所作出的决定，大法院是裁决专利纠纷的最高法庭，即二审终审。

② “李富真任佑宰离婚案二审结果：一审判决无效”，韩联社 2016 年 10 月 20 日，https：//cn. yna. co. kr/view/ACK20161020004500881。

截至 2020 年 12 月，根据最新国会议席分布，韩国主要的政党包括目前执政的共同民主党，以及在野的国民力量、未来韩国党①、共同市民党②等。

**表 4.3.1　　　　韩国左派和右派政党区别**

| | 背景（起源） | 政治主张 | 经济主张 |
|---|---|---|---|
| 左派 | 根植于 20 世纪与军阀政权斗争的工运、民运及反美势力 | 主张同平壤和平对话，推动朝美建交给予平壤政权安全保障以促使其改革 | 进步阵营同工人组织关系密切，重公平、重福祉、反财阀 |
| 右派 | 根植于韩国建国后长期以来的军政府及财阀势力 | 亲美亲西方并一定程度地对朝鲜强硬 | 强调新自由主义，依托大财阀、主张经济效率第一 |

值得注意的是，韩国的政党变化非常快，经常会根据政治目的不断进行重组、分立等调整，分分合合且频繁更名。例如韩国最大的保守党，也是现在最大的在野党——国民力量，从 2020 年最初的自由韩国党，为应对 2020 年 4 月的国会选举，与新保守党、向未来前进 4. 0 一起决定和其他保守市民团体统合，于 2020 年 2 月 17 日成立未来统合党；但为进一步争取民意，其推进内部改革，阐明以保障基本收入和实现经济民主的政策路线，宣布与弱者同行等，又于 2020 年 8 月 31 日将党派名称改为当前的国民力量，寓意来自国民的力量、为国民而行使的力量、让国民团结如一的力量。

---

① 韩国在野党自由韩国党及其后继的未来统合党为应对 2020 年国会选举改制而成立的卫星党。

② 系韩国执政党共同民主党为应对 2020 年国会选举改制而成立的卫星党。

所以，读者也不需要因为在某个新闻上看到一个不认识的韩国政党而都认为是新崛起的政治黑马，因为其很可能是之前某个主要政党的一次或多次重组或更名。

不过，就传统上而言，韩国最主要的政治力量仍是目前执政的左派共同民主党，以及在野的右派国民力量，其他很多政党则多是从这两股力量中派生出来的。

**1. 共同民主党**

共同民主党是目前的执政党，其前身为成立于 1955 年的民主党，曾于 1998 ~2008 年两度成为执政党，已故的金大中总统和卢武铉总统及现任总统文在寅均是该党党员。2014 年 3 月，原民主党和新政治联合宣布合并为新政治民主联合，推选民主党代表金汉吉、新政治联合中央政治委员长安哲秀为共同代表。2015 年 12 月，安哲秀[①]退党，遂改名为共同民主党。

不过该党 2020 年以来负面事件不断。2020 年 4 月，时任釜山市长吴巨敦由于性骚扰丑闻辞职，并遭到共同民主党开除党籍；7 月，时任首尔市长朴元淳不幸轻生；近期涉及法务部长秋美爱和尹锡悦总检察厅厅长的“法检之争”；等等。

**2. 国民力量**

如前文所述，国民力量是由自由韩国党与新保守党、向未来前

---

① 安哲秀，拥有首尔大学大学院医学博士学位、美国宾夕法尼亚大学大学院工学硕士和经营学硕士学位，是大韩民国医师。同时，他也是计算机杀毒软件企业安博士的创办人，是全球研究计算机病毒的先行者之一，是企业家、电脑病毒专家。此外，他还是政治人物，曾多次参选首尔市长，并作为 2017 年韩国总统选举参选人，政策上走中间派温和路线，与文在寅的左派路线形成对比。

进4.0在2020年2月17日合并而成，首任党代表为朴槿惠政府时期的前总理黄教安。其中，自由韩国党的前身为1990年成立的民主自由党，1995年改名为新韩国党，1997年11月由新韩国党和韩国民主党合并而成。该党在1997年和2002年两次大选中失利后，于2007年大选中获胜，重新成为执政党。在2008年4月第18届国会选举中获得153个议席成为国会第一大党。2012年2月13日改名为新国家党，在当年4月第19届国会选举中获得152个议席，但在2016年4月举行的第20届国会选举中，败给共同民主党。2017年2月更名为自由韩国党。2020年以来，自由韩国党为应对4月举行的第21届国会选举，与新保守党、向未来前进4.0合并组成未来统合党，强化保守派阵营，但不幸再次败给共同民主党。

表4.3.2为韩国第21届国会议员中各政党的分布情况（政党名称和席位统计截至2020年12月）。

**表4.3.2　　韩国第21届国会议员中各政党的分布情况**

| 政党名称 | 国会席位（合计300个） | 派系（不绝对） |
|---|---|---|
| 共同民主党 | 163个 | 自由（左派） |
| 国民力量 | 84个 | 保守（右派） |
| 未来韩国党 | 19个 | 保守（右派） |
| 共同市民党 | 17个 | 自由（左派） |
| 正义党 | 6个 | 自由（左派） |
| 国民之党 | 3个 | 中间 |
| 开放民主党 | 3个 | 自由（左派） |
| 无党籍 | 5个 | 中间 |

注：左派、右派并不绝对。

### （三）中央行政机关

韩国的中央行政机关是由韩国总统所领导的中央政府，并由韩国国务总理统筹各部门的运作，目前共设 2 院、4 室、18 部、5 处、17 厅、5 委员会。由于总统共和制政体，韩国的国务总理由总统任命，并经国会批准，实际上为总统的最主要行政助手。

从命名上，“院”直属于总统，主要负责关于国家安全保障与紧急危难。目前韩国设有检察院和国家情报院。其中，检察院对国家的收支决算、国家及法律规定团体的会计及公务员的职务进行检察，而国家情报院则是负责韩国的情报和国家安全。

“室”是辅佐总统与国务总理的幕僚机关。韩国目前主要有总统秘书室、国家安保室、国务调整室、国务总理秘书室，其中前 2 个辅助总统、后 2 个辅助国务总理。

“部”直属于国务总理，是执行总统决策或其他行政事务的机关。目前韩国有企划财政部、科学技术信息通信部、教育部、外交部、统一部、法务部、国防部、行政安全部、文化体育观光部、农林畜产食品部、产业通商资源部、保健福祉部、环境部、雇佣劳动部、女性家庭部、国土交通部、海洋水产部、中小风险企业部共 18 个部门。其中，前文所述的韩国国债，就是由企划财政部代表韩国政府所发行。而负责特定领域的政务，在施政上具有一定的自主权，则是在“部”下面设置的“厅”，如企划财政部下的国税厅、关税厅，行政安全部下的警察厅、消防厅，等等。

此外，韩国中央行政机构还针对一些跨领域问题设有“处”和

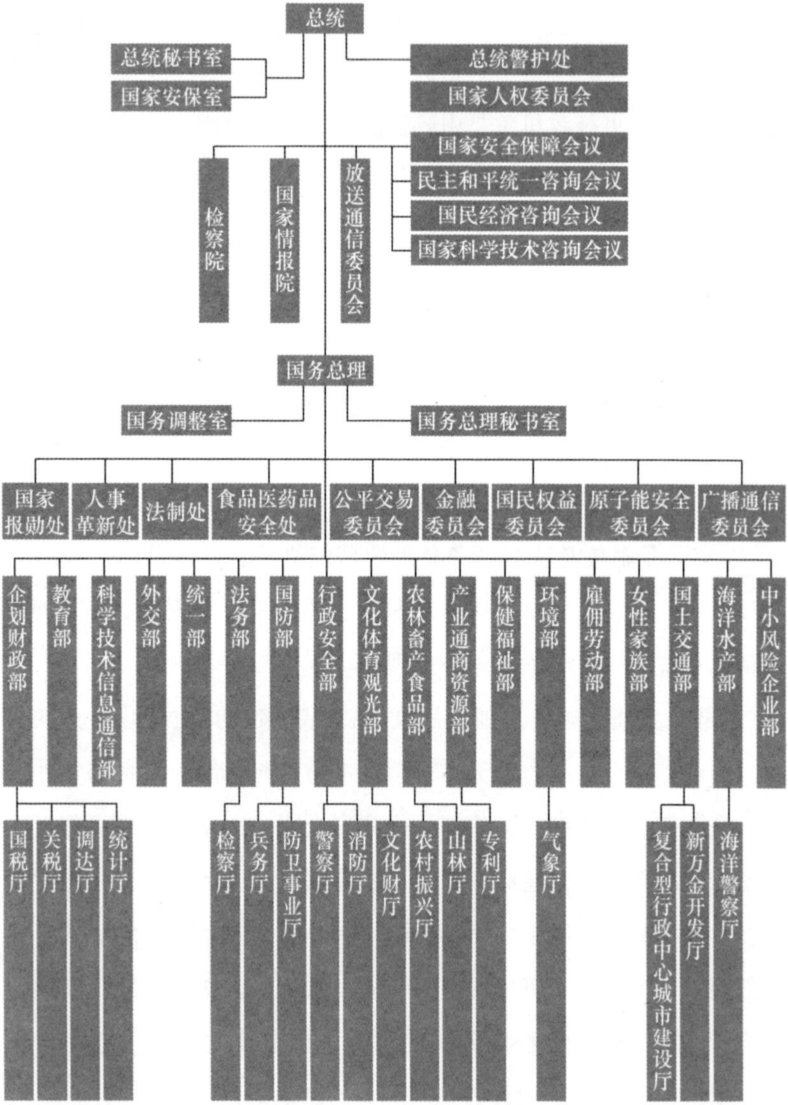


**图 4.3.1　截至 2020 年 12 月的韩国政府组织结构**

资料来源：Live in Korea 官网，https：//www.liveinkorea.kr/portal/CHN/page/contents.do。

“委员会”。前者主要负责跨领域政务的政策形成与统筹，有总统警护处、国家报勋处、人事革新处、法制处、食品医药品安全处共5处；后者主要是对行政机关负责的政务给予咨询，有广播通信委员会、公平交易委员会、金融委员会（FSC）、国民权益委员会、原子能安全委员会。

从机关行政级别上，除了企划财政部和教育部为副总理级机关，其他“院”“部”“室”和“委员会”大部分为部长级，“厅”和“处”则大部分为次长级机关。不过这也有少数例外，例如检察厅是厅单位中的唯一部长级机关，国家报勋处在2017年升格为部长级单位，而国务总理秘书室则是次长级的。

### （四）与中国的经贸合作

1992年8月24日，中韩两国建交。建交后两国各方面关系发展迅速，高层互访频繁。目前，中国已经是韩国最大的贸易伙伴。

随着2020年11月15日，历时8年谈判的《区域全面经济伙伴关系协定》（RCEP）被正式签署，韩国作为出口导向型经济体，其社会各界对该协议的签署普遍评价积极。在近几年贸易保护主义、单边主义抬头的背景下，该协定的签署对建立开放性、框架性贸易和投资系统等方面具有重大意义。

根据国际货币基金组织的数据显示，韩国2019年前15大贸易伙伴中有7家是本次RCEP的签署国，且对其多数为贸易顺差（见表4.3.3）。RCEP统一的原产地规则、降低关税以及减少非关税壁垒等，将更加有助于加强区域内各国经济合作与韩国产业结构升级，克服疫情，以及加快韩国“新南方政策”的步伐。根据韩国国策研究机构对外经济政策研究院（KIEP）的预测，RCEP若能最终生效，商品关税的下调有望带动韩国经济上涨0.41%至0.62%[①]。

**表4.3.3　　2019年韩国前15大贸易伙伴**　　单位：百万美元

| 贸易伙伴 | 贸易总额 | 出口额 | 进口额 |
|---|---|---|---|
| **中国** | **280744** | **173553** | **107191** |
| 美国 | 139585 | 77511 | 62073 |
| **日本** | **77088** | **29614** | **47474** |
| **越南** | **68089** | **47021** | **21068** |
| 德国 | 30438 | 10506 | 19932 |
| 中国香港 | 30052 | 28276 | 1776 |
| **澳大利亚** | **29366** | **8810** | **20556** |
| 沙特阿拉伯 | 25524 | 3759 | 21764 |
| 墨西哥 | 24863 | 18708 | 6154 |
| 俄罗斯 | 22529 | 7997 | 14532 |
| 印度 | 21677 | 16115 | 5563 |
| **新加坡** | **20407** | **13746** | **6662** |
| **马来西亚** | **18677** | **9364** | **9313** |
| **印度尼西亚** | **17263** | **8418** | **8846** |
| 科威特 | 14487 | 3820 | 10667 |

注：加粗字国家和地区为韩国的RCEP签署国。

资料来源：Bloomberg、IMF。

① “韩各界热议RCEP顺利签署 高度评价对韩重要意义”，中国商务部官网2020年11月17日，http：//kr. mofcom. gov. cn/article/jmxw/202011/20201103016469. shtml。

虽然中韩两国仍然维持了 2015 年签署的韩中自由贸易协定（FTA）的开放水平（中国 91%，韩国 92%），但是考虑到本次 RECP 协定对进出口交易的原产地规定和贸易规范等非关税壁垒有所放宽，市场普遍预计 RCEP 带来的经济效果将比现有的韩中 FTA 具有更大的影响力。此外，该协定的签署不仅为中日、韩日之间形成间接 FTA，也为今后三国开展新的经济合作提供了良好契机。

한국을 만나다 05

【第五章】

# 韩国社会、生活与文化

本章内容是全书最为轻松的部分，适合所有的读者朋友。各位读者不妨可以将其视为关于韩国商务出行和旅行的参考。

在本章中，笔者主要对韩国的衣食住行、商务职场、休闲娱乐以及其他日常进行介绍。这些内容主要根据笔者在过去6年对韩国社会、生活及文化的观察和记录得来。虽然完稿之后有不少韩国同事对此表示认可和赞许，但仍无法排除其潜在的片面性或局限性。笔者相信读者们仍然可以将其作为参考，并在今后来到韩国或者与其他韩国伙伴进行商务和日常交往时予以求证。当我们一直生活在自己的祖国时，文化就如同空气一般理所当然，甚至无法察觉。而只有当您离开祖国去到一个全新的地方时，才会发觉“来杯温水”都会让人惊讶不已（例如韩国餐厅通常只提供开水和冰水）。这或许也是人们旅行的意义。

# 一、衣食住行

韩国四季分明，三面环海，山区多于平原。在这种自然环境下生活的韩国人，逐渐形成了独具特色的“衣食住行”文化。

## （一）穿着打扮

韩国人普遍爱美。在韩国，不仅女性大多懂得如何化妆，也有不少男性会进行妆容打扮和日常皮肤保养。在早高峰的地铁、公交车上，你甚至能看到不少职场女性在颠簸的车厢中给自己熟练地画上眼线。在他们看来，一个精致的妆容不仅是为了让自己看上去更美，同时也是对他人的尊重。

在穿着方面，随着近年来“韩流”文化在亚洲地区的兴起，韩国周边国家对于韩国时尚服饰也有较高的认可度。一年一度的“首尔时装周”每年都会吸引韩国以及世界各地的诸多顶级设计师。与此同时，现代韩国人也很好地保留了他们最传统的民族服装——韩服。随着生活品位、时代潮流以及审美意识的发展，韩服的形态虽然发生了一些变化，但其基本结构仍保持稳定①。男士的韩服通常由短衣、裤子、外袍等组成，而女士韩服则是由短衣、裙子等构成。其中，由于韩国席地而坐的传统习惯，韩服的裙子和裤子在设

① 随着韩剧的流行，越来越多的外国人也开始体验韩服，于是市场上便出现了一些穿着更为轻便的“生活韩服”（改良韩服），以及融合现代诸多时尚元素的“Fusion 韩服”，与所谓的“正统韩服”有所区别。

计上都非常宽松。在日常生活中，随着现代社会生活节奏的加快，现代韩国人主要以简约的现代时尚服饰为主，但韩服仍具有重要象征意义。韩服是韩国的一种正式礼仪规范，在婚礼和各类重大节庆活动中，我们都可以看到韩服的身影。

此外，众所周知，韩国的外科整容也非常发达。乍看之下，这似乎与韩国长期以来奉行的“身体发肤，受之父母”的儒家思想有所矛盾。事实上，随着经济的迅速发展，这个思想在过去的半个多世纪以来发生了重大改变。韩国社会之所以有如此发达的整容外科，据笔者理解可能有以下两个原因。一方面，是因为韩国人崇尚美丽。“美”意味着更强的竞争力，这在高度竞争压力下的现代韩国社会尤为重要。正如韩国谚语所说：“如果两者价格相同，那就选择红色的裙子。①”韩国人在投递求职简历时，通常也都会附上自己的证件照。另一方面，由于韩国的医生社会地位和收入都很高，这使韩国高考录取分数成绩最高的通常也是医学相关专业，而在医学院中，又属整容科、眼科、皮肤科、牙科等最受欢迎。优质的生源保障了职业者高超的技艺，而这又促进了韩国整容等医美行业的蓬勃发展，进而吸引更多的人才加入，最终形成了行业的良性循环。

### （二）日常饮食

受中国传统文化影响，韩国自古以来也秉承“医食同源”的理

① 虽然这个谚语的出处有另外含义，但现在的含义是，两者若价格相同，就选择更美的。

念，传统的韩医[1]理论同样强调食物的调和、养生。一份典型的“韩定食”往往由具有开胃作用的前菜、以谷物为主的主食、小菜及饭后甜点组成。“韩定食”通常按人份准备，不同食物按特定的饮食顺序被逐一呈上，种类齐全、品种丰富。

“韩定食”也是韩国传统宴会料理的代表，通常被用来招待外宾。除此之外，韩国的发酵食品、烧烤与海产品等也都各有特色。

**1. 发酵食品**

在所有的韩国食品中，最著名的莫过于泡菜。韩国地处高纬度地区，蔬菜生长的季节较短。在古代，朝鲜半岛的居民为了在冬天也能吃到蔬菜以补充足够的维生素和植物蛋白，采取了腌制技术对各种蔬菜进行加工保鲜，形成了特有的泡菜文化。如今，随着人们对这类腌制食品的习惯和喜爱，韩国的泡菜技术也在不断发展。笔者曾在 2015 年切身体验过一次韩国传统泡菜的制作。与中国传统的用盐腌制技术不同，韩国泡菜更多使用辣椒、虾酱等辅料进行腌制。发酵时间可以因个人喜好而调整——据说不同的发酵时间可以产生不同的泡菜口味。除了传统的大白菜外，韩国还有以萝卜、黄瓜、紫苏叶、香葱等为主要原料制作的泡菜。而在辅料的选择上，除了虾酱外，肉或其他海鲜也可以用作腌制佐料以形成不同的口味。这些不同食材、辅料和制作方法的组合，使韩国泡菜多达上百种。

虽然随着物质生活水平的提高，很多韩国家庭都已迁移到大城

---

① 类似中医。

市生活，但即便在大城市里，仍有不少韩国家庭自制泡菜。例如笔者所住的现代公寓，也配有专门的“泡菜冰箱”用以腌制和保存泡菜。在韩国，不管你在餐厅就餐还是外卖点餐，甚至户外途中的小歇，都能看到泡菜。有时，人们拍照时也会用韩语齐说“Kimchi”（泡菜），这类似于英文的“Cheese”和中文的“茄子”。

除了泡菜，韩国人也酷爱其他发酵食品，例如韩式辣酱、大酱以及酱油等。如果你想制作正宗的韩餐，那么这些酱都是必不可少的厨房调料。

**2. 韩式烤肉和生鱼片**

根据烧烤方式不同，韩国烧烤可以分为铁板烧烤和炭火烧烤。前者比较常见的是烤五花肉、烤肥肠等，后者更多用于烤鸡排、烤牛肉、烤鳗鱼等。尤其是烤韩牛（韩国牛肉），因为其价格昂贵，更被用作招待贵宾的一种上好美食。每当逢年过节，新鲜的韩牛还会被当作礼品在亲朋好友之间表达心意。

由于韩国三面环海，韩国人同样爱吃各种海产品，其海鲜料理独具特色。通常，韩国的鱼类海产品以生食为主，贝壳类可以选择生吃、烧烤、清蒸、辣煮等方式，而虾蟹类则是清蒸为主，偶尔也会烧烤。当然，水煮也是韩国人烹饪海鲜的一种方式，如将切完生鱼片后的鱼骨与其他佐料一起煮汤。在首尔著名的鹭梁津海鲜市场，食客们通常在楼下的海鲜市场挑选好自己心仪的鲜活水产，之后带到楼上的小店进行付费加工。

另外，韩国还有道“残忍”的名菜叫“生八爪鱼”。这是用剪刀将鲜活的小八爪鱼剪成小段，放上辣酱、麻油等调料后直接生吃，食客在嘴巴甚至喉咙中都还能感受到八爪鱼腕足上的吸盘，甚至有不少外国游客也慕名而来，专门去体验一番。

**3. 其他韩式食品**

在韩国，如果你只是来短暂来访一两周的游客，或许可以每天都体验不同的韩式餐饮。除了上述所说的韩国烧烤以及韩式海鲜外，你还可以品尝参鸡汤、韩式拌饭、冷面、辣炒年糕、紫菜包饭、土豆排骨汤，等等。随着韩剧的流行，一些新的“时尚餐饮组合”层出不穷，例如《来自星星的你》曾带火了啤酒和炸鸡的搭配，甚至产生了新的韩语词汇“ChiMaek”——韩语炸鸡（Chicken）和啤酒（Maekju）首字音的组合。在韩国，炸鸡的品种也是各式各样。除了我们熟知的原味纯油炸，韩式炸鸡还有很多口味，例如蒜蓉味、酱油味、蜂蜜甚至芝士味，等等。不过，若你是来自中国的“吃货”，相比中国更为博大精深的八大菜系饮食文化，韩餐的选择就显得有些捉襟见肘了。不过，这些高辣、油炸、烧烤、腌制的食品也不是健康的饮食方式。据统计，韩国的胃癌发病率位列世界第一，或许就和他们的饮食结构有一定关系。

另外，韩国餐厅里通常是以人头为单位点餐，而不是像中国多以菜品为单位进行选择。在菜品选择上，很多餐厅只能提供少数品类，所以你会发现一家韩国餐厅菜单上通常只卖几道主打菜，而各种泡菜、小菜都是赠送且可免费续加的。不过，这种事先搭配好的饮食结构与分量，倒有利于减少浪费和节约粮食。

**4. 酒与咖啡**

在韩国，对韩国人来说，无论是在休息还是在工作中，是在家就餐还是公司聚会等，喝酒都必不可少。根据世界卫生组织 2016 年的统计数据显示，韩国饮酒的人[1]一年人均酒精消费量为 16 升，其中男性 21.7 升、女性 7.6 升，在全球名列前茅[2]。若按酒精量进行简单换算，韩国饮酒的男性人均每天消费约 1 瓶酒精度 17%、350 毫升的烧酒。

韩国本地生产的酒类多样，但并不像中国白酒的酒精度那么高，主要品类包括烧酒、百岁酒、玛格丽酒，以及用覆盆子、柿子等酿造的水果酒类。其中，韩国烧酒是韩国人日常饮用最多的酒。在 1965 年，韩国政府为缓解粮食短缺问题，禁止使用传统的谷物蒸馏工法酿酒，取而代之的是使用甘薯、木薯等提炼酒精后进行稀释。久而久之，韩国烧酒的酒精含量在过去几十年间也逐渐下降，直至目前约为 17%。与此同时，围绕着烧酒的一些创新饮酒方式也在韩国不断发展，例如韩国的炮弹酒就是将烧酒盛满小烧酒杯后，连同杯子一起丢入（沉入）装满啤酒的啤酒杯中。其专门的韩语名叫作 SoMaek。没错，它正是取名于上述提到韩语的烧酒和啤酒的首字音。有时，韩国人还会将一根筷子先放进酒怀中，然后用另一根筷子对其猛力敲打。得益于韩国的筷子主要是铁制的，在这种筷子的高频震动下，炮弹酒会迅速形成大量泡沫[3]。这既有视觉冲击，

---

① 韩国法律规定，年满 19 周岁以上的人才可以饮酒。

② “ALCOHOL CONSUMPTION: LEVELS AND PATTERNS”, World Health Organization 2018, https://www.who.int/substance_abuse/publications/global_alcohol_report/profiles/kor.pdf?ua=1.

③ 这主要得益于韩国的筷子一般是铁制的，试想若用中国的木制筷子则很难有这种效果。

也可以让这种混合酒精形成更好的融合度，提升口感。此外，韩国其他种类的酒，如以中草药、高丽参等泡制而成的百岁酒，以及口味类似于中国米酒的玛格丽酒，也深受大众喜爱。

在饮酒文化上，正如韩国社会非常注重长幼有序的礼仪规范一样，喝酒礼仪也是如此。与长辈或者上司一起喝酒时，晚辈或下属通常需要侧过身去，并用手掩饰酒杯喝酒，不能正面饮酒。这与中国习惯面对面的饮酒文化有很大差别。在韩国，给自己倒酒是个忌讳的事。上下级之间的敬酒，通常也是上级先倒酒给下级，而在给对方倒酒或敬酒时，必须等对方先把杯中酒喝完，才能再给对方续杯。另外，韩国的晚餐通常并不是一顿结束的。喜欢喝酒的韩国人一般会有“二茶”甚至“三茶”（音译）。当然，这不是说他们饭后去喝茶，而是说换个地方继续喝酒。

韩国人如此喜爱饮酒，一方面因为酒可以作为一种饭桌上加深感情的媒介，喝酒可以助兴，营造热闹融洽的气氛；另一方面，由于当前韩国人的快节奏与高度竞争的工作环境，人们为了生活而疲于奔命，喝酒有时成了最好的减压方式。

除了饮酒，咖啡是另一个现代韩国人生活中必不可少的致瘾性饮品。去过韩国或者喜欢看韩剧的朋友可能都有感触，在韩国的大街小巷，手捧咖啡或静坐在咖啡店内聊天闲谈的场景随处可见。根据 2016 年的《韩国咖啡白皮书》显示，76% 的韩国人每天平均喝 2 杯以上咖啡，每 10 名韩国人中有 7 人在家煮咖啡喝①。这种现象

---

① “调查：近八成韩国人日饮咖啡 2 怀多”，韩联社 2016 年 1 月 20 日，https：//m-cn. yna. co. kr/view/ACK20160120001600881？ site = lang_ cn。

曾让同为亚洲人的笔者深感好奇。要知道，咖啡在韩国的历史并不算长。1999 年，星巴克梨花女子大学（简称梨大）一号店入驻首尔后，成为韩国第一家全球性连锁咖啡店。据韩国朋友介绍，当时的星巴克选址在梨花女子大学非常成功。很多富裕、优雅的梨大女生手持咖啡，清闲地漫步在校园街头，俨然成为众多韩国年轻人效仿的对象。此外，在“快文化”盛行的韩国，生活节奏快，工作压力大，睡眠又少（韩国企业通常中午只有 1 小时的休息时间，包括午餐时间），使很多人不得不依赖咖啡来维持精力。久而久之，咖啡在韩国逐渐成为一种社交文化和日常习惯。无论是学校、办公室，还是聚会场所的午餐后，“饭后一杯咖啡”似乎已然成为生活必需。

### （三）日常居住

韩屋是韩国的传统房屋。为适应朝鲜半岛纬度较高、冬季寒冷的气候特点，韩屋设计的首要特点是防寒取暖。韩屋特有的“韩式暖炕”设计，可将厨房灶坑烧柴时产生的热气和烟气，引导至房屋地板下面的管道，从而烘暖整个房间。这些热气和烟气最终将从地板下的管道，沿着烟囱被排出屋外。韩屋的这种热传导系统不仅有效，还节约能源。此外，为了适应三面环海的亚热带季风季候所造成的潮湿炎热的夏季，韩屋的另一个特征，就是其“过厅木板”设计。过厅木板是在距地面一定空间处铺上木板的形式，有利于通风和冷热空气的循环，同样是一种富有创意的自然空调系统。我们现在仍可以在景福宫内的韩屋遗址看到这些古老的设计。

与中国古代建筑一样，传统的韩屋选址也讲究人与自然的和谐，蕴含着“天人合一”的朴素唯物主义思想。韩国人同样相信风水地理，通常认为“左青龙，右白虎，前朱雀，后玄武”的背山临水位置是上好的风水宝地。即使是韩国国旗的设计，也是中间为蓝色和红色的太极两仪，四角包括八卦中的“乾、坤、坎、离”四卦。这不禁再次让人感慨中国传统文化，尤其是《易经》蕴含和衍生出的“山、医、命、相、卜”这“五术”思想，对韩国乃至亚洲都有深远的影响。

现如今，随着城市化发展以及生活水平的提高，在首尔等大城市生活的韩国人已经很少居住韩屋了。一些原本韩屋建筑较为密集的地方也成为著名的旅游景点，例如首尔的北村韩屋村等。北村作为汉阳（现首尔）的中心，从地理上来说是个风水宝地，其越往北面溪谷越深，而南面坡度相对较缓，并一直连接到清溪川，是典型的背山望水之地，因此自古以来都是权门世家争先恐后选择的宝地。历史上，北村也曾是朝鲜两班贵族的主要居住地。据 1906 年的户籍资料表明，当时北村居住人口 10241 人中两班与官僚占 43.6%[①]。

为了更加高效利用城市土地资源，韩国高密度的居住方式应运而生。在首尔等主要韩国城市，最为常见的住宅形式为现代公寓以

---

① “最具韩风的小巷——北村韩屋村”，VISIT SEOUL NET 2021 年 8 月 2 日，https://chinese.visitseoul.net/hallyu/%E6%9C%80%E5%85%B7%E9%9F%A9%E5%9B%BD%E7%89%B9%E8%89%B2%E7%9A%84%E5%B0%8F%E5%B7%B7-%E5%8C%97%E6%9D%91%E9%9F%A9%E5%B1%8B%E6%9D%91_/11301。

及商住两用楼。虽然拥有自己的住宅对韩国人来说有很大的意义，但由于韩国的住宅价格近年来持续上涨，在韩国能真正拥有住房的家庭也并不多。不过，除了自己购买住房，租房也是韩国人居住的一大选择。

事实上，韩国的租房市场较为成熟。如前文所述，在房屋租赁市场方面，韩国通常可分为“月税”租赁和“全税”租赁。其中，“月税”是支付相对小额的保证金后，按月支付月租的房屋租赁方式。承租人在签合同之前，可以与房主协商确定保证金和月租金的数额。多交保证金则月租可适当减少，反之则增加。但在整体上，与“全税”租房相比，租用相同面积的房屋，月租制租赁所要缴纳的保证金还要少很多。而“全税”是韩国所特有的租房方式，主要指租客向房主支付大额的保证金后“免费”居住一定时间，即在合同结束时可获返全额的保证金、不再支付租金的租赁方式。房东的收益主要来自合同期间对押金的使用。2020 年年末，首尔地区的押金比例已经高达房价的八成，租赁期限通常为 2 年。但根据 2020 年 7 月韩国国会表决通过的《住宅租赁保护法》修正案，租户连续租住超过 2 年时，可在合同期满后要求房东延长合同期 2 年，即保障租户可以稳定地居住 4 年。房东或直系亲属若非实际入住房屋不得拒绝住户延长租期的要求。法案初衷旨在进一步稳定租赁市场，抑制房价过快上涨。此外，“全税”租客为防止房东到期不退还押金的情况，可加入城市住房保证公社[①]的“全租保证金返还保障保

① 韩国城市住房保证公社官网（HUG），http：//www. khug. or. kr。

险”，以对冲房东的信用风险。

在居住习俗上，韩国人习惯于在家里脱鞋行走和席地而坐，为此韩国家庭通常都保持得非常干净、整洁，尤其是地板。他们有时也睡在地上，或者坐在地上喝着烧酒、吃着烤肉，甚是惬意。此外，韩国的住宅通常也会将门口脱鞋处设计的比屋内更低一些，从而起到防尘的作用，这或许值得中国的地产开发商参考借鉴。所以说，如果你要去韩国人的家庭拜访，或是进入传统的韩国餐厅，请务必记得换上干净的袜子，做好需要脱鞋进入的准备。

### （四）日常出行

在首尔等韩国大都市，人们日常出行的主要方式包括公共巴士、地铁、出租车、私家车、火车以及飞机等。

**1. 公共巴士**

韩国的公共巴士根据主要运营区域包括：市内巴士、市外巴士和长途汽车。

市内巴士一般使用现金和交通卡（T-Money 卡[①]）支付车费。在韩国，很多信用卡也都有绑定交通卡的功能，使用起来非常方便。首尔的公交系统主要采取“换乘减免制”，即乘客若 30 分钟内在巴士之间、地铁之间、巴士和地铁之间相互换乘时，可根据实际乘坐的距离免除或减少交通费用，而不需要重复支付起步费等。首

① T-money 卡是首尔市民普遍使用的一种预付式交通卡。只要购买 T-money 卡并充值，便可轻松刷卡上车，凭此卡乘坐首尔所有的地铁、巴士甚至出租车。

尔的市内巴士行驶区域可以从车辆颜色中直接区分，例如蓝色为干线公交，是利用中央公交路线从首尔周边地区连通首尔市内；绿色则是支线公交，行驶于首尔市内的主要地铁站或公交总站；红色是广域公交，是为首尔城区和周边卫星城市的通勤而特别运营的特级公交；等等。同时，为便利公交车畅通无阻，首尔等大城市还在道路中间设有公交专用道路，使公交出行可以更加快速便捷。

而乘坐一些市外巴士和长途汽车则需提前购买车票，类似于中国的城际巴士。

**2. 地铁**

截至 2020 年年末，韩国首都圈运行 9 条地铁线与仁川 1 号线和 2 号线、盆唐线、新盆唐线、京议中央线、机场铁路等。此外，地铁在釜山、大邱、光州、大田等地区也都有运行。乘坐首尔地铁可以在无人售票机单次购买地铁票或者使用 T-Money 公交卡，进出站时刷卡，但通常没有人员或者机器进行安检。此外，首尔的地铁站全部设置有专门的残疾人电梯和至少一个扶梯，方便特殊人士出行。

**3. 出租车**

韩国出租车的最大特点就是区分了普通出租车、模范出租车以及大型出租车等。其中，普通出租车和模范出租车均为 5 人轿车，模范出租车通常为黑色，普通出租车为橘色、灰色等颜色，前者起步费用更高。而大型出租车通常最多可以搭乘 9 人，基本费用与模范出租车类似。

### 4. 私家车

韩国的汽车保有量较高。据韩国国土交通部2020年8月24日发布的数据，截至2020年6月底，韩国国内汽车累计登记数量为2402.3083万辆，比上年年底增长1.5%。这相当于每2.16名韩国人就拥有1辆汽车[①]。相比韩国的人均收入，韩国的汽车价格并不高，且有相对成熟的二手市场。笔者就曾在其二手市场网站上购买过一辆三星雷诺的SM5系二手车，据称其所有检测记录联网，网站官方保障无重大事故记录。笔者自购买以来，车辆连续使用5年多性能依然良好。

此外，由于半岛特殊的政治局势，韩国的公寓通常有较深的地下停车场，以备战时需要。以笔者所在公寓为例，地下有6层停车场，车辆停放空间充足，对于公寓所有者或者租客，均可免费使用。此外，不管公寓内还是外面的公共停车场，韩国通常都设有专门的残疾人车位以及孕妇车位，以方便照顾特殊人群。在车辆运维方面，韩国的私家车需要每半年缴纳车辆使用税。年检则通常为两年一次，且不收取费用。

韩国人热爱出游，且国土面积不大，私家车是其家庭周末城市周边旅游的最主要出行方式。

### 5. 火车

火车是除飞机以外最为快捷的交通工具。韩国主要城市中均有

---

① “韩国汽车登记量破2400万 环保车近69万辆”，韩联社2020年8月24日，https://cn.yna.co.kr/view/ACK20200824001100881。

火车站，其历史甚至可追溯至日本殖民时期。在韩国，火车票同样可以通过网上或者车站购买，但与中国不同，韩国火车站的进出通常无须安检，甚至都没有检票人员，以便游客便捷进出。但这并不意味着可以随意逃票。事实上，在列车上会有专门的乘务人员根据空座情况进行查票，并有权对无票乘坐行为作出最高 30 倍票价的罚款。

**6. 飞机**

韩国护照的国际认可度较高。据恒理环球顾问事务所（Henley & Partners）2020 年 7 月发布的 2020 年恒理护照指数显示①，韩国与德国可以免签入境全球 189 个目的地，并列榜单第三位。因此，韩国人乘坐飞机出国旅游非常便捷，也很普遍。

## 二、商务职场

### （一）职场文化

由于长期受儒家思想的影响，韩国职场中对等级关系非常看重，尤其是在一些家族掌控的大财阀企业中。与此同时，韩国的兵役制度以及以父权为中心的传统家庭文化，也进一步强化了职场中这种下级对上级的服从。即便是相同级别的员工，后辈也需

---

① “The Henley Passport Index”，恒理环球顾问事务所官网，https：//www. henley-passportindex. com/passport。

要对前辈表示出足够的尊重。此外，年龄大小也是重要的等级体系参考。

**1. 等级观念**

在典型的韩国股份制公司中，从上到下的职务通常包括会长、社长、理事、部长、次长、课长、代理和职员。其中，会长相当于董事长，社长则是 CEO。有时根据公司的大小，这些职务之间可能会进一步细分。例如副会长、副社长，以及理事可进一步划分为专务理事、常务理事和理事等。正是因为相对严格的等级制需要，韩国职场上在自我介绍时，通常都会在名字后面带上职务，以第一时间明确尊卑。在职场中，韩国人通常不直接称呼名字，而是在姓氏后面加上职务，同时后缀“Nim”以示尊敬，例如“金部长 Nim”。

在韩国，尊卑关系的确定非常重要，这直接体现在韩语的准确使用上。据笔者观察，韩语中至少存在 6 种敬语和非敬语形态，韩国人会非常看重其在职场中的准确使用。错误的敬语使用不仅会让听者觉得不被尊重，也可能引起周边同事们普遍反感。这会被认为不够职业，或者需要被及时纠正。韩语可简单分为格式体和非格式体，其中格式体被用于商务、部队等正式场合，而非格式体主要为日常使用。格式体和非格式体都有各自的敬语和非敬语表达（见表 5.2.1）。不同的格式选择和敬语表达，会被认为是语言内容之外的重要情感传递，甚至影响力大于内容本身。例如，有时人们也会错误使用或者不用敬语，故意让对方难堪、不悦。

表 5.2.1　　韩语中的敬语和非敬语表达

| | 格式体（formal） | | 非格式体（non-formal） | |
|---|---|---|---|---|
| 敬语 | 敬语程度较高 | “hapssyo”体 | 普遍敬语 | “haeyo”体 |
| | 敬语程度较低 | “hao”体 | | |
| 非敬语 | 非敬语程度较低 | “hage”体 | 普遍非敬语 | “hae”体 |
| | 非敬语程度较高 | “hara”体 | | |

## 2. 职场女性

在韩国职场中，女性整体上比男性更不容易。由于家庭制度长期以父权为中心，韩国社会仍在不少地方表现出男尊女卑的男权主义色彩。虽然近几十年西方民主制度和平等观念渗透韩国社会，韩国女性的地位较之以往已经提高了很多，但在求职、晋升以及薪酬等方面，至少在统计学上，仍与男性仍有较大差异。

根据国际知名会计师事务所普华永道 2019 年发布的《女性就业指数》①，韩国女性职场内待遇在所有经合组织（OECD）成员国中处于最低水平。该报告根据 33 个 OECD 成员国 2017 年的具体资料，按照男女收入差距、女性劳动参与率、男女劳动参与率差距、女性失业率和女性正式员工占比 5 项指标进行分项排名和综合评分。结果显示，2017 年韩国男女收入差距在调查对象国中居首，为 34.6%；女性正式员工的比重为 48%，远低于男性的 71%，也低于同期瑞典女性的 63%；女性的高管占比仅为 2%②。

① 参见：https：//www.pwccn.com/zh/research-and-insights/women-in-work－2019.pdf。

② “调查：韩职场女性待遇在经合组织成员国中垫底”，韩联社 2019 年 3 月 5 日，https：//cn.yna.co.kr/view/ACK20190305005000881。

此外，除了传统观念上的限制，也有一些现实因素阻碍着韩国职场女性发展。由于韩国老年人通常很少主动愿意帮助年轻家庭照顾小孩，韩国女性在生育后将不得不面对职业和家庭的两难选择。同时，韩国法律规定了女性享有每月 1 天的女性假期，以及为照顾 8 岁以下的儿童可享受 1 年停薪的育儿假等福利制度。为节约成本，一些韩资企业在同等条件下也可能会更倾向于男性雇员。

总之，这些主客观原因共同造就了在韩国的劳动力市场上充斥着不少优秀的女性求职者，但这也为在韩国经营的外资企业提供了更多人力资源的选择。事实上，通常这些外资企业中女性员工的占比往往比韩国同行更高。

**3. 职场午餐**

在韩国，午餐似乎有着特别的意义，韩国的职场人士往往会提前约好一起就餐。午餐是其重要的社交手段，也是拉近彼此关系亲密程度的一个方式。一个人用餐会容易被认为是“没人气”，而一些韩国餐厅甚至都不提供一个人独自就餐的服务。

由于韩国的很多公司并没有自己的食堂，且通常中午没有额外的午休时间，约上同事外出就餐似乎是韩国人的正常选择。但相比于在中国同事间的约饭，韩国人之间会更加频繁，午餐本身的社交属性似乎更强。在中国，职场同事一起就餐可能只是因为某个新开的餐厅或者共同爱好的菜品，或者有具体业务需要洽谈，或者也只是刚好彼此遇到；但是在韩国，同事之间通常都是需要事先约定，吃什么本身并不重要，关键在于一起就餐的对象。就餐对象除了有一定亲密关系基础外，还会考虑一定的广泛性，从而维系或巩固彼此社交关系。午餐本身往往也伴随着信息分享和交换，或者仅仅只是一起“八卦”或者“吐槽”以拉近彼此距离，便于今后的业务开展。在韩国，偶尔也会听到以“都没和他（她）一起约过饭”来表达彼此关系的不熟悉。

由于历史沿袭，韩国人整体的民族主义意识较强，善于团结以共同抵御外敌入侵。为此，建立必要的内部信任非常关键，而尽可能多的信息交换以及寻找共同点则显然有助于这一关系的快速形成和不断巩固。共进午餐，正是实现这一目标的理想方式。在韩国，人们可以闲聊的热点话题不仅种类繁多，且变化频繁，比如一个偶像团体、一部热播剧都能轻易引起全民讨论。韩国职场还有一个有趣的现象——“小道消息”。在典型的韩国公司内甚至行业内，小道消息的渠道非常发达，且传播快速。不少在韩国经营的外企管理者也都对此现象有所注意，并能巧妙运用于管理之道①。虽然这些现象本身在中国职场也并不罕见，但据笔者观察，韩国职场上似乎更甚，也更为普遍。

通常，韩国职场午饭以两人组合居多，一方买单后，按照惯例另一方需要请喝咖啡以示回礼。不过，有时也会有更多的参与方，但这种通常是为了集体庆祝或者感谢。注意，笔者说的“通常”都只是基于日常所见，难免有所局限，甚至可能是片面的。

---

① 陈彩虹：《职游汉城》，山东人民出版社 2005 年版。

## （二）商业交往

总体来说，韩国是一个“人情社会”。在韩国，成功的商业往往需要以长期的关系为基础，而这些关系甚至比商业交易本身更为重要。“人情世故”对于我们中国人来说并不陌生，但对于西方人，如果首次见面就被问及“有没有什么特别的宗教信仰”或“为何还没结婚”之类的私人问题时，可能会觉得有些别扭。

### 1. 关系圈

在韩国职场中，一种重要的隐性情谊联系就是“关系圈”文化。或许由于半岛地区自古以来强国环伺，而普通百姓则受两班贵族等的长期压迫，韩国人的民族团结意识较强，更加愿意寻找彼此的共同属性，并迅速建立起信任和相互帮助的关系。圈子本身，也会为这种隐性契约提供无形的担保。

在韩国，亲缘关系自不必说，即便只是同一个学校毕业，或者来自同一个地方，就可以很容易形成一个圈子。圈子中的人，即使彼此并不相识，但只要在同一工作环境中，上级似乎就有帮助和照顾圈内下属的“潜在义务”。这有时是圈子给予的无形要求或者期望，被认为是“讲情义”的一种表现。但这对于没有这种情谊关系的人来说，有时则会处于“不公平”的不利地位。这也是为何韩国人对传统 SKY① 名校趋之若鹜的原因之一。更好的学校往往会更有机会形成好的人脉；更好的人脉则更有利于未来职业的发展。

① 韩国三所名校的英文首字母缩写：首尔大学、高丽大学和延世大学。

虽然在中国也会因为校友等“圈子”关系而拉近彼此距离，但韩国对此关系的重视，以及对此关系背后的社会期望似乎更高。在中国，高出十几届的校友上司，在对下属进行评价时，这层校友关系的作用似乎微乎其微；但在韩国，若其他方面差异不大，上司则很可能会倾向于自己的校友，即便他们在学校里从未谋面。

**2. 建立和维护友谊**

在韩国，与商业伙伴找到共同利益固然重要，但彼此的“友谊”和“信任”有时比商业利益本身还要重要。

如果需要在商业上快速破冰，喝酒绝对是友谊的重要催化剂。一次畅快淋漓的喝酒聚会，可以迅速帮助彼此了解对方性格，而醉酒更可能暴露人的本性，就像我们常说的“酒后吐真言”。如果这些都赢得了商业伙伴认可，通常业务就已经有了好的开端。

此外，礼仪和关怀也是建立和维系友谊的重要方式。虽然跨国交际有特定的礼仪习惯，但如果能遵循韩国职场的一些惯例则会让彼此拉近距离，比如前文所介绍的职场称呼、饮酒和咖啡文化等。

在与韩国人的商业交往中，也务必要重视其婚葬习俗，韩国人对待婚礼和葬礼同样重视。参加重要商业伙伴以及其直系亲属的婚礼、葬礼，都是需要着正装出席的。韩国的婚礼和葬礼都会用到花圈和礼金（抚慰金），礼金的多少取决于彼此的关系和身份，通常需要用“白信封”包装。这和中国“婚礼喜用红色，而葬礼用白色”的方式不同。作为“白衣民族”，韩国婚礼上的主色系也通常是白色，所以千万不要对白花、白蜡烛、白信封的韩国婚礼布置感到诧异。此外，如果没有合理的原因不出席这些活动，可能会被认为非常失礼和对彼此友谊的不尊重。出席人员的多少和身份，往往还会被认为是对事主的社会地位的评价。

此外，逢年过节的小礼品也是重要的社交礼仪，尤其是在中秋和春节。通常礼品不需要太贵重，往往以食品礼盒为主。有时小的纪念册或笔记本也行，但是精美的包装通常会更有助于显示出“尊重”。表 5. 2. 2 列出的是韩国的法定节假日。

**表 5. 2. 2　　韩国的法定节假日**

| 日　期 | 节　日 | 备　注 |
|---|---|---|
| 1 月 1 日 | 新年 | 新年第一天 |
| 农历 1 月 1 日 | 春节 | 吃年糕汤，长一岁，给长辈拜年 |
| 3 月 1 日 | 三一节 | 纪念 1919 年抵制日本殖民统治，举行大规模独立运动的节日 |
| 农历 4 月 8 日 | 释迦诞辰日 | 在各寺庙举行庄重的纪念仪式。首尔市区等会举行燃灯游行等活动，清溪川上也会展示各种各样的大型纸灯 |
| 5 月 5 日 | 儿童节 | 为宣传爱护儿童的思想而指定的节日。父母带着孩子参加丰富多彩的活动 |
| 6 月 6 日 | 显忠日 | 缅怀为保卫国家安全而献出生命的烈士英雄的节日，在国立墓地举行纪念仪式 |
| 8 月 15 日 | 光复节 | 纪念 1945 年韩国摆脱日本 35 年殖民统治获得解放的节日，也是 1948 年韩国政府成立的日子 |
| 农历 8 月 15 日 | 中秋节 | 农历 8 月 15 日，全家人聚在家里或家人的墓地祭祀，夜晚望月许愿。韩国语也称之为“Hangawi” |
| 10 月 3 日 | 开天节 | 纪念民族的始祖檀君于公元前 2333 年建国的节日 |

续表

| 日　期 | 节　日 | 备　注 |
|---|---|---|
| 10 月 9 日 | 韩文节 | 纪念世宗大王颁布《训民正音》（韩文），并为鼓励研究、普及韩文而设定的节日 |
| 12 月 25 日 | 圣诞节 | 基督教“创始者”耶稣基督诞生的日子。韩国也和西方一样庆祝圣诞节，在这一天，基督徒和非基督徒同庆，纪念耶稣诞生 |

资料来源：“节庆日”，Korea. net 2020 年 12 月 28 日，https：//chinese. korea. net/AboutKorea/Korean-Life/Festivals。

**3. 《金英兰法》**

“人情社会”虽然有其一定的合理性，但容易滋生徇私和腐败。根据 2019 年国际透明组织的贪腐清廉指数[①]（Transparency International's Corruption Perception Index）显示，韩国得分为 59 分，在 180 个国家和地区中排名 39，落后于全球主要发达国家。

2016 年 9 月 28 日，韩国史上最严的反腐法案——《禁止不正当请托与收受财物法》（简称《金英兰法》）全面实施。该法案是韩国前国民权益委员会委员长金英兰于 2012 年提出的法案，旨在根除公务人员贪污腐败行为。金英兰是韩国历史上首位女性大法官。

该法案主要内容有：禁止公务人员进行不正当请托或接受不正当请托；不论赠予是否与职务相关，禁止公务人员一次性接受他人 100 万韩元（约合人民币 6000 元）以上的现金、等值物或招待，

① “2019 年贪腐清廉指数”，国际透明组织官网，https：//images. transparencycdn. org/images/2019_ CPI_ Report_ EN_ 200331_ 141425. pdf。

违反者将受到 3 年以下有期徒刑惩罚或支付受贿财物 5 倍以上的罚金；如果一次性收受财物不满 100 万韩元，但与职务相关，则违反者要处以收受金额 2 ~5 倍的罚金；收受的财物不满 100 万韩元、与职务无关，但公务人员在 1 年内从同一对象处合计收到超过 300 万韩元的财物也属违法。该法案同时禁止公务人员的配偶收取贿赂。法案规定的财物不仅包括现金、商品、门票、折扣券等有形财物，还包括交通、住宿等各种招待和提供工作、减免债务等无形的获利行为。此外，在主体上，公务人员不单指公务员，还包括媒体记者和编辑、私立学校的理事会成员和教师。法案生效后，也有不少在韩国经营的私人或外资企业主动比照该法案从严执行。

《金英兰法》还规定，该法律的适用对象如果一次性接受价值 3 万韩元以上的宴请、收受 5 万韩元以上的礼物，或者在红白喜事时从同一人处接受 10 万韩元以上的财物，都将被处以罚金。该法律惩罚的不仅是有明确请托目的的财物赠予，还包括没有明确目的的人情往来。因此，该法律在大力推进韩国反腐制度建设的同时，也是对韩国传统“人情社会”的一大挑战。

### （三）反职场欺凌

由于传统的等级观念，在韩国职场中，下级对于上级的“屈从”现象更为普遍，也更容易被社会忽视。在部队中，很多年轻时期受过职场欺凌的职场新兵，在晋升到一定管理级别或者变成前辈时，也可能会对下属或者后来的新人进行欺凌。根据 2017 年韩国国家人权委员会的调查数据，超过 73% 的受访者称自己曾遭受过职场霸凌。其中，25% 的人每周遭到不止一次的霸凌，更有 12% 的人说自己每天都要被上司或者同事霸凌。在这些受访者中，60% 的人没有采取任何措施。

如前文所述，韩国财阀在韩国社会和经济中举足轻重，能在三星、LG、现代等大财阀中工作，是很多年轻韩国求职者的梦想。然而由于大财阀企业往往由私人家族所掌控，家族既是公司的所有者也是经营者，他们往往实行家庭式管理，并把传统韩国家庭的父权文化带入企业中。这些企业的员工一入职，就要对企业和家族管理者个人表示绝对效忠。一旦家庭成员有违规行为，员工由于畏惧于他们的权势地位以及在业内广阔的人脉，真正愿意“揭竿而起”的人实为少数，这也让职场霸凌很难受到约束，类似的案件屡见不鲜。例如发生在 2014 年的大韩航空的“坚果门”事件：乘坐大韩航空 KE086 次航班从纽约正准备飞往仁川的大韩航空会长“千金”、大韩航空前副会长赵显娥，竟然只因为空乘没有将自己的坚果按规定放在盘子里，就以此为由大声斥责了乘务人员并要求乘务长下机，迫使飞机不顾其他乘客的安危和出行便利，最终掉头返回了登机口。事件之荒唐，简直让人瞠目结舌。

此外，爆发于 2018 年的反性骚扰运动“MeToo”运动也轰动了韩国整个社会。事件由昌原地方检察厅统营支厅女检察官徐志贤点燃。徐志贤在 2018 年 1 月通过检察厅内部通信网揭发上司性骚扰后，“MeToo”运动迅速蔓延到韩国整个社会，使韩国社会普遍存在的贬低女性、性暴力以及漠视不公等问题浮出水面，并唤醒了人们对这些问题的关注。前政治明星——忠清南道知事安熙正也因陷入对秘书的性侵事件而使自己的政治生命戛然而止。

为遏制种种职场欺凌和性骚扰行为，韩国国内要求将禁止职场霸凌法治化的声音也愈加高涨。最终在 2019 年 7 月 16 日，韩国的首部反职场霸凌法规——《禁止职场欺凌法》正式施行。根据《禁止职场欺凌法》规定，用人单位或员工利用其在公司的地位或关系，超出工作范畴给其他员工身体、精神和情绪上带来痛苦或导致工作环境恶化的行为，均属于欺凌行为。

该法规定，拥有 10 名以上员工的企业必须在就业规则中含有预防和惩戒职场内欺凌行为等内容。其中包括应该被禁止的欺凌行为，预防教育、事件的处理程序、保护受害者、惩戒加害者和防止再犯的方案等。若发现职场内发生欺凌事件或接到投诉，用人单位应当立即着手调查核实情况，采取保护受害人的措施。若确认为职场内欺凌，须对加害者采取惩戒和改变工作地点等措施。新设的加害者惩戒规定，必须得到半数员工的同意。若用人单位对职场内欺凌举报人或受害者采取包括解雇等措施，企业的相关负责人甚至可能受到刑事处罚①。

## 三、休闲娱乐

### （一）韩剧和电影

对于一个不在韩国生活的外国人，对韩国的大部分印象可能来

① “韩国 16 日起正式施行《禁止职场欺凌法》”，KBS WORLD 2019 年 7 月 20 日，http：//world. kbs. co. kr/service/contents_ view. htm? lang = c&board_ seq = 367501。

源于韩国的电影、电视剧以及一些综艺节目。的确，韩剧和韩国电影等不仅是韩国生活的艺术化表现，也是韩国人主要的休闲娱乐方式之一。

韩国电视剧主要由 KBS、MBC 和 SBS 三大电台制作，而且采用边拍边播的制作方式，资金和市场销售主要靠口碑驱动，有些制片人甚至会根据观众的反馈，及时调整部分后续剧情。韩剧的内容主要体现了韩国东西方混合文化的特点，剧中通常不仅有东方儒家思想的家庭伦理，也包括西方华丽的装饰和场景描述。这些都是现代韩国社会的真实写照。

传统韩剧大多以弘扬正能量，挖掘人性之美，褒扬真、善、美，塑造执着、坚忍、充满朝气的人物为主。例如，《大长今》中的长今、郑尚宫和韩尚宫都秉承追求真理的精神，让技艺造福人类，不让其沾染上权力和名利，即使个人利益受到严重威胁也绝不妥协；而《冬季恋歌》等爱情剧演绎的是不离不弃、坚贞不渝的爱情故事。不过从近年火热播出的韩剧来看，韩剧开始更加注重人们内心深处情感细节的捕捉，深度挖掘人类最原始的欲望以及由此引发的爱恨情仇，并运用源于现实但又高于现实的手法进行描述。例如 2020 年《夫妻的世界》以及当时还在热播的《顶楼》，前者讲述的是原本彼此相爱的夫妻因为背叛而终结，并从此被卷入复仇旋涡的故事；后者则是因为人们的欲望得不到满足，不管是已经身处高处的精英阶层还是底层的民众，都因想拥有更多的东西而展开斗争与复仇的故事。

相比于电视剧，韩国电影的表现力和对社会的影响力似乎更加深刻。韩国电影虽然从 20 世纪初起步至今有百余年，甚至长于国家本身的历史，其间更是经历了日本帝国主义的压制以及建国后独裁政府的严格审查，但直到 20 世纪 90 年代后才真正开始了快速发展。在 1999 年为了抗议韩国加入 WTO 而缩减本国电影配额的“光头运动”[①] 后，韩国的电影工业开始爆发。两年后，《我的野蛮女友》横空出世，第一次将韩国电影推广到全亚洲，这也是笔者对韩国电影的首次认识。此后，韩国电影以其大胆选题、敏锐的情感细节刻画和紧凑的场景铺垫，在以好莱坞为主的全球影业市场占据了一席之地。一些韩国电影甚至对社会和司法产生深远影响，例如 2011 年由黄东赫导演的《熔炉》，描述的是关于集体儿童性侵事件，上映后不仅连续 3 周登顶韩国票房榜，更是引起韩国的一些反对性暴力的组织在网络上发起签名活动，要求重新调查这起性暴力事件。韩国大法院则在接受国会法制司法委员会的国政监查时指出，现行的韩国法律对性侵的量刑标准偏低，应当重新讨论制定，从而最终促使针对残疾人和儿童性暴力犯罪的《熔炉法》出台。此外，在电影本身成就方面，2019 年由奉俊昊导演的《寄生虫》更是在第 72 届戛纳电影节上夺得最高奖项——“金棕榈奖”，并在第 92 届奥斯卡金像奖上斩获最佳影片、最佳国际电影、最佳导演、最佳原创剧本 4 项大奖。韩国时任总统文在寅也对其致电祝贺[②]。

① “光头运动”，百度百科，https：//baike. baidu. com/item/% E5% 85% 89% E5% A4% B4% E8% BF% 90% E5% 8A% A8。

② “文在寅致电祝贺奉俊昊《寄生虫》斩获奥斯卡奖”，韩联社 2020 年 2 月 10 日，https：//cn. yna. co. kr/view/ACK20200210006800881。

## （二）偶像团体

除韩剧和韩国电影外，音乐是“韩流”的另一鲜明特征。早期韩国的流行音乐主打抒情歌曲，但在20世纪80年代后，韩国流行音乐开始汲取西方元素，充分结合嘻哈、电音、舞曲以及蓝调等音乐类型的精髓，打造出属于自己的音乐品牌K-POP，自此开始在世界乐坛上大放异彩。

韩国流行音乐兴起于20世纪90年代。1992年成立的组合“徐太志和孩子们”，开创了韩式说唱音乐的先河。1996年，H. O. T正式开创了“偶像团体+流行舞曲”的风格，奠定了组合模式基调，并开启了一系列粉丝应援系统。2000年K-POP开始向海外扩张，代表团体如东方神起、Super Junior、少女时代、BIGBANG、BTS、BLACKPINK等。各团体风格迥异，用团队舞展现韩式舞曲的独特魅力，在全球乐坛刮起一股“韩流”旋风。

韩国的偶像培养系统工业化程度很高，造星模式有一条相当成熟的流程。偶像及团体一般会经历新人的选拔、培训、淘汰、出道、单飞或退出几个阶段，而经纪公司在整个过程中占有绝对的主导地位。在韩国，流行音乐的三大制作公司是SM娱乐、YG娱乐、JYP娱乐，它们也是韩国经纪公司中传统的领头羊。不过近年来市场上出现了一些新的挑战者，例如韩国男团防弹少年团（BTS）所属的经纪公司Big Hit娱乐在KOSPI上市后，其市值就远超上述的传统三大巨头。

韩国经纪公司每年都会定期在全球范围内开展练习生招募活

动。它们根据规划进行选秀，挖掘有潜力的新人作为练习生，此即韩国的练习生制度。公司会根据练习生自身情况定下不同的训练时间，通常为2~5年不等。其间，练习生们将在声乐、舞蹈、外语、礼仪等各方面接受专业的魔鬼训练，过程中还需要经历多轮筛选和淘汰。此后，经纪公司会把练习生按照各自的特质分成不同的小组练习，并形成偶像团体的雏形。

若一切顺利，当偶像团体正式出道后，公司就可以通过音乐、演唱会、综艺、影视、广告及其他衍生产品等获取收益。因为前期练习生培养等投入较大，所以一旦偶像团体出道，经纪公司就会给他们安排非常饱和的工作，这也导致韩国艺人普遍压力巨大。通常，经纪公司会紧紧抓住偶像们的粉丝群体，不断开发衍生产品，从写真到衣服、生活用品等，最大限度地挖掘每一个偶像团体的最佳商业价值。根据合约，偶像团体的寿命一般为3~10年，之后成员会以单飞或者退出的方式来谋求个人发展。

此外，韩国的偶像培养机制和范围也在与时俱进。当前的韩国偶像团体不仅注重练习生自身素质培养，同时为了更好拓展国际市场，团员组成上也开始呈现“全球化”的趋势，例如EXO男团有中国成员，而TWICE女团则有日本成员，等等。

### （三）练歌房

韩国人爱热闹且能歌善舞，KTV是韩国现代文化生活的重要组成部分。

在韩国，KTV被称为“练歌房”。根据韩国的《食品卫生法》，根据是否允许销售酒精饮料和雇用娱乐接待员，将其分为歌唱练习场、团乐酒吧和娱乐酒吧。

韩国的练歌房里除了韩文歌，还有英文歌、日文歌、印度尼西亚歌和中文歌等。可能由于版权限制，通常它们都没有原版音乐。不过韩国人对此也并不介意，他们去“练歌房”的目的通常只是消遣、应酬或是朋友聚会。据笔者在韩国几年的观察，韩国人的职场夜生活除了吃饭、喝酒，其他主要就是前往各类练歌房。

在传统上，家长式管理的企业文化愿意将聚餐、喝酒等群聚活动作为不可或缺的团队建设方式，而练歌房由于其一定的空间私密性，也成为聚餐后较为理想的休闲选择。尤其是在劳累一天的高压职场生活下，同事们相聚在一起，放开嗓子喊上几首歌，是再好不过的减压方式。借助着酒精的作用，大家可以暂时摆脱严格的等级限制，彼此共同唱跳，结束一天疲倦的职场生活。不过，有时这种应酬本身也会成为另一种负担。

此外，大学生等未婚的年轻群体也喜欢携手去练歌房里尽情娱乐。但相比职场人员，他们通常去价格更为实惠的“唱歌练习场”，除了休闲放松，也可以提高自己的歌唱实力。据笔者一位韩国朋友说：“婚前要多和朋友们聚会，要不以后婚礼上都没个才艺可以展示。”确实，就笔者参加的几个韩国婚礼来说，通常会有新郎新娘的好友们自愿前来助阵表演，而且他们往往也都实力不俗。

### （四）户外运动

韩国人同样爱好各种户外运动，除了棒球、足球、高尔夫球等体育活动外，他们也喜欢在周末登山、骑车以及前往公园露营，等等。

**1. 棒球**

棒球是韩国最受欢迎的体育运动之一，其本土联赛的受欢迎度甚至超过了足球。朝鲜半岛的棒球是在日本殖民时期引入的，后来在韩国迅速发展。在2008年北京奥运会上，韩国力压古巴和美国，取得了棒球比赛的冠军。如今，在首尔汉江边的许多公园里，都能看到不少棒球练习场地，甚至在闹市区中也有很多小型的棒球打击馆，以提供专门的投球机练习。据笔者体验，最便宜的只需要1000~2000韩元（约6~12元人民币）就能体验击打10个球。

**2. 足球**

韩国的足球队一直在亚洲占有一席之地。虽然朝鲜半岛在古代就有中国的蹴鞠运动流入，但现代足球是1882年由到访仁川港的英国海军士兵传入到半岛的。在韩国首尔，有很多大小不一的足球场，总体来说设施不错。韩国的球场通常也需要提前预约，周末场地供应比较紧张。

**3. 高尔夫球**

高尔夫球在韩国是个很流行的运动，尤其在高端职场中几乎是必需的技能之一。韩国的高尔夫球运动通常收费较高，是一定社会地位的象征，其普及程度远胜于中国。在疫情暴发之前，韩国人经常会在周末相约飞往中国的青岛、威海等地进行高尔夫球运动。一方面可以通过短途旅游进行放松，另一方面也可以享受中国高性价比的高尔夫球服务。

**4. 登山**

韩国是个山地国家。这里的山虽然海拔不高，但数量众多。在韩国，有不少老年人酷爱登山，且通常行头齐全。据笔者观察，韩国的很多登山地点类似“半开发”的状态，通常在较低区域有较为完善的开发，方便游客徒步，而在较高区域则相对简单，仅有简单的安全装置，并不对登山道路进行过多开发，从而保留一定的登山难度。这可能由于其山脉整体海拔不高，保持不同难度可满足各类人群的登山需求。通常，韩国人还会携带便当在途中享用，当然，泡菜仍是其中不可缺少的食品之一。

**5. 骑行**

汉江边骑行也是韩国人周末喜爱的户外活动之一。韩国的汉江两侧，基本都有完备的公园和休闲道路。这里通常不允许汽车通行，但有专门的自行车道。在韩国最美的春秋季节，一边欣赏汉江美景，一边享受习习凉风，甚是惬意。此外，首尔政府在汝矣岛等汉江边提供收费的公共自行车服务，方便市民出行。

**6. 江边帐篷**

在周末的汝矣岛汉江公园，你一定见过各种野餐的帐篷或者垫子。不管什么年龄段的人群，尤其是韩国的年轻人，都喜欢在周末的时候聚集在这些草坪上，聊天、游戏、喝啤酒、吃炸鸡，好不自在。有些是年轻父母带着宝宝们，有些则是年轻情侣；有些躺着，有些坐着，大家都在欢声笑语中暂时放下令人疲惫的工作和学业，尽情享受阳光和江风带来的美好。

# 四、其他日常

## （一）教育制度

受长期科举制度和近现代快速发展带来的竞争压力等影响，韩国人对于教育极其重视。不仅韩国宪法明确规定了所有国民都有平等接受教育的权利，韩国还制定了一整套教育法律保障国民的教育权益，如《教育基本法》《幼儿教育法》《初、中等教育法》《高等教育法》《终身教育法》等。

韩国教育的学制设置与中国类似，由小学 6 年、初中 3 年、高中 3 年、大学 4 年（专科 2 ~3 年）构成。大学之后开设 2 ~3 年的硕士课程，以及之后 2 ~3 年的博士课程。

目前韩国已经在小学和中学普及了 9 年义务教育，并且逐步扩大至高中。

根据 2019 年 10 月 31 日韩国国会通过的关于高中义务教育的《初、中等教育法》修订案等 12 项教育法案，到 2021 年所有高中生都将接受免费教育，届时韩国的普通高中、职业高中及相当于高中层次的教育也都会被纳入义务教育的范畴内。

### 1. 小学

按照韩国《教育基本法》的规定，初等学校旨在培养学生的国语和数学能力，养成正确的道德观念和生活习惯，科学地观察和处理日常生活中的自然事物和现象，以及培养音乐、美术、文艺的基本技能和鉴赏能力。根据2015年韩国最新修订的课程设计[①]，韩国小学的主要课程包括：韩国语、社会/德育、数学、科学/实用艺术、体育、艺术（音乐/艺术）、英语以及创意体验活动。其中，创意体验活动包括俱乐部活动、社区服务以及与职业相关的活动等，尤其是在1、2年级中包含了安全教育。

**2. 初中**

韩国的初中教育在小学初等教育基础上，进一步扩大教育成果，培养学生掌握社会所需要的知识和技能等。根据最新的2015年课程框架，韩国初中的课程主要有韩国语、社会学（包括历史）/道德、数学、科学/技术和家政/信息、体育、艺术（音乐/艺术）、英语、选修科目以及创意体验活动。其中，技术和家政是职业技术课程，男女生可自由选修。选修科目则包括古典汉语、环境教育、日常外语（德语、法语、西班牙语、中文、日语、俄语、阿拉伯语、越南语）、健康教育以及职业教育等。

**3. 高中**

韩国的高中分为普通高中和职业高中两种，其中普通高中主要是为升入大学做准备。普通高中的主要课程包括韩国语、数学、英语、韩国历史、综合社会学、综合科学、体育、艺术、技术/家政、第二外语/汉文等。其中，综合社会学和综合科学分别涵盖历史、伦理、天文、地理，以及生命科学、物理和化学等大杂烩课程，通常学生在高二选择文理分班。高三则根据自己的情况，文科学生在

① 参见：韩国国家课程中心官网，http：//ncic. go. kr/english. dwn. ogf. inventory List. do。

综合社会学的课程中 9 选 2，理科学生在科学综合课程中 8 选 2，参加韩国大学修学能力考试，即韩国高考。

不过，根据 2018 年 8 月韩国教育部对外公布的《2022 学年度大学入学考试制度改革方案与高中阶段核心教育方向》，韩国将在 2022 学年度改变现行的高中文理分班的高考制度，进一步提高学生的选择权，着重培养“文理兼容”的复合型人才（见表 5.4.1）。

**表 5.4.1　　韩国高考 2022 学年前后科目对比**

| 科目 | 2022 学年以前 | 2022 学年以后 |
| --- | --- | --- |
| 韩国语 | 阅读、文学、语法和作文、词汇和媒体 | 必考：读书、文学；<br>2 选 1：语法和作文、词汇和媒体 |
| 数学 | 文科：数学 1、数学 2、概率与统计；<br>理科：数学 1、概率与统计、微积分 | 必考：数学 1、数学 2；<br>2 选 1：概率与统计、微积分 |
| 英语 | 英语 1、英语 2 | 英语 1、英语 2 |
| 韩国历史 | 韩国历史 | 韩国历史 |
| 综合科目 | 文科 9 选 2：生活和伦理、社会文化、韩国地理、世界地理、伦理和思想、东亚史、政治与法律、世界史、经济；<br>理科 8 选 2：物理 1、物理 2、化学 1、化学 2、生命科学 1、生命科学 2、地球科学 1、地球科学 2 | 17 选 2：生活和伦理、社会文化、韩国地理、世界地理、伦理和思想、东亚史、政治与法律、世界史、经济、物理 1、物理 2、化学 1、化学 2、生命科学 1、生命科学 2、地球科学 1、地球科学 2 |
| 第二外国语/汉文 | 9 选 1：德语、法语、西班牙语、中文、日语、俄语、阿拉伯语、越南语、汉文 | 9 选 1：德语、法语、西班牙语、中文、日语、俄语、阿拉伯语、越南语、汉文 |

注：汉文主要学习中文繁体字等。

笔者非常认同韩国这种注重学科融合的教育模式。大学之前过度的专业化分科，可能会人为切割学科间的联系，这并不利于创新思维的培养以及学生在未来社会生活中解决实际问题的能力成长。

## （二）社会保障

韩国的社会保障体系包括社会保险、公共救济和社会福利服务三大支柱。

### 1. 社会保险

韩国的社会保险以全民为对象，旨在构建应对疾病、残疾、年老、失业等社会危险的社会安全网络，具体包括：国民健康保险、国民年金、雇佣保险、产业灾害保险、长期疗养保险。其中，根据韩国相关法律，除低收入群体之外，所有国民均有义务参加前四种保险，即人们通常说的“四大保险”。

国民健康保险类似于中国的医疗保险，主要是一种对国民的疾病和负伤进行预防，对诊断、治疗、康复、生育及死亡等提供保险赔付，提高国民保健的社会保障制度。不过为防止患者过度集中到高级医疗机构，挤占重症患者的医疗资源，韩国的医疗传递体系实行分级引导，即鼓励在一般情况下，患者首先在一级或二级医疗机构就医，若经医生判定需要到更高级的医疗机构就医，并经这些医院办理转院手续后，方可到第三级医疗机构就诊，否则无法享受健康保险的疗养补贴。

国民年金主要是为保障国民因年老、残疾或死亡等导致收入中断时，可通过领取国民年金保障其基本生活，这类似于中国的养老保险。韩国的国民年金制度主要分两大类，一类是以公务员、军人、私立学校教职员为对象，另一类是以一般劳动者为对象。通常公务员的年金明显高于平均数。也正是因为较高的社会地位和福利体系，公务员职业成为韩国人趋之若鹜的职业之一，甚至高于一般的财阀企业。

雇佣保险类似中国的失业保险和生育保险，是一种在劳动者失业时为其支付生活所必需的工资，以促进其再就业或职业能力培养的社会保障保险，其主要包括失业补贴、育儿停职补贴等。

产业灾害保险是对劳动者因工受伤等进行补偿，旨在促进受伤劳动者的康复以及回归社会。这主要是为了增进劳动者福利而设立的社会保险，其功能类似于中国的工伤保险，通常包括疗养、待业、伤残、看护、遗属、丧葬、伤病补偿年金等。

此外，韩国的社会保险还包括长期疗养保险，其对象主要是因高龄或老年性疾病等很难进行生活自理的老人。根据韩国的《老年人长期疗养保险法》和《老年人长期疗养保险法的实施规则》，其投保对象通常也是国民健康保险的投保者，但符合条件的外国人可以申请豁免。

**2. 公共救济**

与全民社会保险制度不同，公共救济是一种社会福利制度，旨在为那些没有能力维持自己生活的人们提供支持，是最后的社会安全保障。它通常由州或地方政府负责，其内容主要包括国民基本生活保障和医疗报销。

其中，国民基本生活保障是国家向生活困难的国民提供生活费、住房费、教育费、医疗费等以保障其最低生活水平，以及向有劳动能力的国民提供帮助其恢复就业的支援服务等制度。根据法令规定的内容，符合条件的外国人也可享受该救济，其认定标准是其认定的家庭收入（月收入额＋财产换算后的金额）低于当年设定的下限标准。各类补助主要通过分项设置领取标准，即不同分项的下限标准不同，一般选定为当年中等收入的一定百分比，如 2020 年最新的标准为：生活费补助是中等收入的 30%，医疗补助是 40%，居住补助为 45%，而教育补助是 50%（见表 5.4.2）。

**表 5.4.2　2020 年韩国国民基本生活保障标准**　单位：韩元

| 家庭成员数 | 1 人 | 2 人 | 3 人 | 4 人 | 5 人 | 6 人 | 7 人 |
|---|---|---|---|---|---|---|---|
| 生活补助（中层收入 30%） | 527158 | 897594 | 1161173 | 1424752 | 1688331 | 1951910 | 2216915 |
| 医疗补助（中层收入 40%） | 702878 | 1196792 | 1548231 | 1899670 | 2251108 | 2602547 | 2955886 |
| 居住补助（中层收入 45%） | 790737 | 1346391 | 1741760 | 2137128 | 2532497 | 2927866 | 3325372 |
| 教育补助（中层收入 50%） | 878597 | 1495990 | 1935289 | 2374587 | 2813886 | 3253184 | 3649858 |

资料来源：Live in Korea 官网，https：//www.liveinkorea.kr/portal/CHN/main/main.do。

医疗报销是另一项重要的公共救济措施，主要是为了解决生活困难的低收入公民的医疗问题。可以预见，随着新冠肺炎疫情导致失业率的阶段性上升，韩国用于公共救济的政府支出势必也会有所增长。

**3. 社会福利服务**

韩国的社会福利服务主要是政府为了提高居民的生活质量，同时兼顾弱势群体，在医疗保健、教育、就业、住房、文化和环境等领域提供的咨询、保护和协助其发展等支持。它主要以各类法律法规定义不同的受益群体和服务种类，内容涵盖老人福利服务、残疾人福利服务、儿童福利服务、女性福利服务和精神健康服务等。

## （三）“情”

“一方水土养一方人”。朝鲜半岛独特的地理区位、气候环境、历史因素等对韩国人的生活方式、思想观念和文化性格等产生深刻影响。朝鲜半岛接受儒家传统思想熏陶有近两千年的历史，讲究礼仪礼貌、尊老爱幼、互相谦让，但特殊的历史经历又使这个国家有强烈的社会集体意识，人们的情感更加细腻和敏感。在过去半个多世纪以来，韩国即使资本主义经济高速发展，思想观念深受西方自由民主理念的广泛渗透，但在内心深处仍保留着古老东方注重“人情世故”的处世哲学。韩国人的“情”，包含着东方与西方、现代与传统的冲突和交融的典型特征。

**1. 耻感文化**

“耻感文化”最早是由美国人类学家鲁思·本尼迪克特（Ruth Benedict）在“二战”后对大量二手日本文化资料的研究和分析后，在《菊与刀》一书中给出的描述，是在区别于西方罪感文化的基础上概括出来的。虽然鲁思本人从未到过日本，但其通过敏锐观察总结出的研究成果，为“二战”后美国对日本的接管政策提供了依据，同时也为后来世界了解韩国等东方文化提供了参考。

耻感文化和罪感文化的最大区别在于对道德和行为的约束是外驱性还是内驱性。耻感文化的特点是更加在乎周围他人怎么说、怎么看，如何对自己评价，即通常说所的“面子”。个人行为往往首先考虑他人和社会的评价，并以受到他人排斥为耻。而罪感文化则更加强调自我约束，即追求内心的绝对道德准则，而并不是那么在乎外界的评价。

据笔者观察，韩国在传统上无疑是以耻感文化为主。韩国人注重彼此之间的看法和评价，看重社会和他人对自己的期望。这在那些拥有更高社会地位的人身上尤为突出。一些名人可能会更容易因为过错的曝光而选择轻生。我们虽无法得知其内心罪恶感的程度，但从他们的表现上看，促使其“走向极端”的事件往往是“错误被曝光”，而不是他在曝光前犯下的“错误”本身。

职场中的圈子文化、等级文化以及各种红白喜事的交际文化，甚至韩语本身的敬语规则，无不充斥着对“面子”的重视与捍卫。虽然随着时代的变化，更多的现代人开始趋向于用自己的实力去证明自己，试图像“罪感文化”一样建立并遵循绝对的道德标准，只求“问心无愧”或者“走自己的路，让别人说去”，但是在内心深处难以摆脱“耻感文化”的约束。为此，在韩国社会中，维护面子，重视别人对自己的评价，仍是一件极其重要的事情。

**2. 互助文化**

在韩国，各种关系之间主要依靠“情”进行维系，而不仅仅因为商业利益而联结。人们通过各种“情”相互支持和给予彼此，对外表现出强烈的社会集体意识，对内则通过各种应援和互助加强彼此这种基于“情”的联系。

如前文所述，在韩国各种社会圈中，同一圈子内的成员往往相互帮助，即便在学校中，学长学姐们更有义务，也更加愿意邀请新生吃饭，而学弟学妹们则需要对学长学姐们表示出足够的尊重和支持。例如在韩国高考时，经常能在考场门口看到大批低年级的学弟学妹们拉着“金榜题名”的横幅，敲锣打鼓，高喊口号，甚至下跪磕头。不仅如此，韩国高考当天更是全民戒备：政府和很多公司、企业推迟 1 小时上班；股市等市场交易顺延 1 小时；考场附近实行交通管制，甚至连飞机起降也会受到一定的约束；等等。

这种互助文化的形成，可能一方面源于韩国人长期受儒家思想中强调“家”“国”等集体主义的影响；另一方面可能与朝鲜半岛自古以来的历史以及韩国建国后迅速发展的经历有关。这些都让韩国人明白只有相互支持和彼此团结，才能更加强大。这种文化对外的一个表现在于大家都更愿意“做好人”，而不愿意“得罪人”。笔者以为，如果能与最终目标协调，这种文化往往可以更好形成合力，促进团队成员和谐相处，并推动集体发展；反之，若碰到一些不得不解决的痛点时，则可能会成为发展或者变革的强大阻力，有时甚至不利于建立一个客观、公平、公正的竞争环境。

**3. 男尊女卑**

不可否认，即便是当今高度发达的韩国社会，或多或少仍存在一些男尊女卑的情结。这不仅体现在前文的职场中女性的发展和待遇上，在日常生活中甚至被认为是一种“传统”。尤其是在韩国最为重要的中秋和春节两个传统节日后，节日综合征成为韩国女性特有的“压力”。

2018 年，首尔女性家族基金会发布的“首尔市两性平等生活字典之中秋特辑”内容显示，1170 名应答者中的一半以上（53.3%）认为，节庆期间最严重的性别歧视是“家务分工”，她们认为这件事把过节置办酒席变成只属于女人的劳动。据韩国统计厅 2019 年公布的生活事件调查数据显示：对家务分工感到“不满意”（有些不满意 + 非常不满意）的男性比例为 3.5%，女性比例为 11.7%；双职工家庭中，对家务分工感到“不满意”的男性比例为 3.6%，女性为 14.6%，女性的不满意程度明显更高。在一些农村地区，韩国媳妇们的就餐顺序甚至都在她们的丈夫和婆家人之后。

可能受此影响，每到过节前后，韩国的夫妻矛盾都会暴增。韩国大法院对最近 3 年（2017 ~ 2019 年）全国各地法院接到的协议离婚申请进行分析后发现，过去 3 年的春节和中秋所在月份的离婚申请数量都明显多于之后的一个月①。

不过，相信随着社会的发展以及对男女不平等观念的改善，这种“男尊女卑”的文化也将会被逐渐弱化。

---

① “首个‘无接触中秋节’意外让韩国儿媳们幸福指数飙升”，韩国中央日报 2020 年 9 月 28 日，http：//chinese. joins. com/news/articleView. html？ idxno = 98928。

【第六章】

# 后疫情时代的思考

本章是笔者个人最推荐读者阅读的。由于新冠肺炎疫情持续影响着这个星球上的每一个人，笔者希望在本书的最后能就后疫情时代的一些生态和社会问题进行讨论，其内容范围也不再局限于韩国。

具体而言，本章主要包括生态和环境保护、社会不平等的加剧、可持续发展和金融助推以及最后笔者个人对生命意义的思考。其中，生态环境问题如传染病、微塑料、纳米技术、气候变化等已与我们日常生活息息相关，没有人可以独善其身；而社会不平等的加剧，也将会是“实现共同繁荣”的一大阻碍。

诚然，这些问题并不是因为此次疫情才出现的。只是在灾难中，这些问题或许才更容易引起我们的重视。对于本章的每个小节，笔者都尝试给出自己的理解以及对策拙见，希望能抛砖引玉，使更多有识之士和决策者们能进一步关注和讨论这些问题。

# 一、生态和环境保护

自2020年暴发的全球新冠肺炎病毒大流行，已迫使人们不得不再次思考我们与大自然的关系。生物多样性的持续丧失和生态系统的退化，正在对人类的生存和自身福祉产生深远影响。近年来不断创纪录的酷暑、极寒以及超强台风等极端气候现象，也时刻提醒着我们保护生态环境已迫在眉睫。如果人们继续以不可持续的方式开发和利用自然资源，那么我们面对的将不仅是经济损失，更是对人类自身健康与生命的直接威胁。截至2021年2月6日，全球新冠肺炎累计确诊人数已超过1.06亿，累计死亡病例达230多万。“妻离子散、家破人亡”的悲剧每天都在全球不同的地方上演，“断航、封锁、口罩”则成了人们生活的常态——新冠肺炎疫情已几乎切实影响到这个星球上的每一个家庭和每一个人的生活方式。同时，它也为我们再次敲响了保护生态环境的警钟。

## （一）传染病与环境抗药性

农业革命后，随着人口增长以及畜牧业的发展，人和动物以及人类之间都变得愈加密集，这使各类人畜共患的传染病更易传播。根据联合国环境署《2016年前沿报告》[①] 的统计，人畜共患传染病

---

① “Frontiers 2016：Emerging issues of environmental concern”，联合国环境署官网，https：//www. unep. org/resources/frontiers－2016－emerging-issues-environmental-concern。

约占人类所有传染病的60%，占突发性传染病的75%，甚至平均每4个月人类世界中就会出现一种新的传染病。我们熟知的艾滋病、疯牛病、禽流感、埃博拉、SARS（非典型肺炎病毒）、MERS-Cov（中东呼吸综合征冠状病毒）以及目前正在遭受的COVID－19（新冠肺炎病毒）等都是近几十年对人类社会和经济破坏极其严重的人畜共患传染病。其中部分病原体初期可能只是寄宿在野生动物体内，但随着人类社会对野生动物自然栖息环境的破坏，以及全球范围的非法野生动物贸易，使它们携带的病原体有更多机会接触人类社会。而人类社会畜牧业里的各类牲畜，则很容易成为这些病源体传播到人类之间的“桥梁”。

根据联合国相关统计，如今全球范围野生动植物等的非法贸易收入已经与贩卖毒品、人口与武器的水平相当。这些贸易一方面直接导致类似野生大象、犀牛等物种濒临灭绝，不断降低了物种多样性；另一方面，也使野生动物在猎捕、交易、运输甚至食用环节，都更有机会将其携带的病原体流入人类社会。

从源头来看，自然环境的改变也进一步加剧了这些潜在致命病原体的出现。气候变化尤其是全球变暖，可能促使一些原本冰封在永久冻土层的远古病原体又重新出现，同时也可能加大病原体本身的变异机会。此外，人类活动尤其是抗菌剂①等的过度使用，则可能加快病原体耐药性的“自然选择”进程。据联合国环境署

① 任何能杀死细菌、病毒、原生动物和真菌等微生物或抑制它们生长的天然、半合成或合成来源的物质。抗菌物质以抗生素、抗病毒药和抗真菌剂等药物形式，或以防腐剂、消毒剂和灭菌剂等化学品形式使用。

《2017 年前沿报告：全球环境的新兴问题》① 的统计，2000～2009 年，人类使用的抗生素量增长了 36%，而到 2030 年，预计牲畜使用的抗生素量将增长 67%。其中 70% 的抗生素用于动物病症，而高达 75% 的水产养殖中使用的抗生素可能会释放到周围环境中。此外，人类医疗、日常抗菌剂的使用以及工业废水等，也是环境中抗菌剂的主要来源。这些抗菌剂会进一步提升环境中耐药性病原体的种群比例。近年来层出不穷的“超级细菌”病例②，正是对我们的另一个警示。

随着全球范围新冠肺炎疫情的持续蔓延，我们或许不得不试着放慢脚步，重新审视我们对周边生态环境的影响，加强对环境污染和排放的控制，以及对周围生态的治理与保护。

### （二）气候变化与温室效应

气候变化及其带来的各种潜在影响，一直是近年来各国政府所关注的焦点环境问题。新冠肺炎疫情促使普通民众更加关心自身的生存与健康，重新重视“我们真的只有一个地球”。

气候变化对环境和人类活动的影响极其深远。它一方面会促使飓风、厄尔尼诺、拉尼娜等气象和洋流变化，直接破坏人们的农业、渔业等生产活动；另一方面会加速冰川消融，使全球海平面上升以及海洋酸化，严重破坏生态系统，威胁人类和其他物种的生

① “Frontiers 2017：Emerging Issues of Environmental Concern”，联合国环境署官网，https：//www. unep. org/resources/frontiers-2017-emerging-issues-environmental-concern。

② 参见：BBC 官网，https：//www. bbc. com/zhongwen/simp/world-50336647。

存。回顾地球历史的各个地质年代，我们可以发现每一次的物种大灭绝似乎都与气候的剧烈变化有着直接的联系。

如今，我们虽然已注意到了温室效应是气候变化的一个主要原因，也对碳排放进行了诸多研究和控制，但容易忽略环境中含氮化合物以及其他温室气体的影响。事实上，在导致地球变暖的温室气体中，一氧化二氮等含氮化合物和甲烷的全球升温潜能值(GWP)① 更高，即同一单位此类气体对环境的升温作用比二氧化碳更大。

在过去一个世纪以来，人类对氮肥使用的增加，是致使大量未得到有效利用的氮元素通过各种渠道转变为“活性氮”（非氮气形式），并流失到环境当中的主要原因之一。此外，环境中过量的氮氧化物来源还包括未经充分处理的人畜粪便，以及交通运输和能量生产过程中化石燃料的燃烧。据统计，目前人类活动产生的“活性氮”已经超过了自然过程产生的氮。这些“活性氮”对环境产生的影响主要包括：水体的富营养化②、硝酸盐造成的地下水污染以及氮氧化合物等造成的空气污染和温室效应。而温室效应又会加速甲烷等其他强效温室气体的释放。据目前掌握的情况，自然界中有储量巨大的甲烷是以甲烷水合物的形式被冰冻。这些甲烷水合物是

① 全球暖化潜势（Global Warming Potential，GWP），亦作全球升温潜能值，是衡量温室气体对全球暖化影响的一种手段，是将特定气体和相同质量二氧化碳比较之下，造成全球暖化的相对能力。

② 指湖泊、河流、水库等水体中氮、磷等植物营养物质含量过多所引起的水质污染现象。由于水体中氮、磷营养物质的富集，引起藻类及其他浮游生物的迅速繁殖，使水体溶解氧含量下降，造成植物、水生物和鱼类衰亡甚至绝迹的污染现象。

由高浓度的甲烷在低温、高压的环境下与水结合所形成的。但随着气候变暖，当北极等冻土层的碳汇①功能减弱时，这些甲烷气体又将重新释放到大气中，并加强温室效应的正反馈。

另一个值得注意的问题是，气候变化以及环境中过量的硝酸盐富集还可能对农作物产生不利影响。由于全球70%以上的农业生产都依赖降雨，气候变化将首先影响作物生长，这将还会加剧现有的贫富差距（因为穷人相对富人通常更加依赖农业）。此外，气候变化和硝酸盐积累还会导致农作物的毒性。在全世界，已知有80多种植物会由于硝酸盐积累而产生毒性②。在正常生长条件下，植物将硝酸盐转化为氨基酸和蛋白质，但干旱条件会减缓甚至阻止这个转化过程。这些农作物中的硝酸盐又会随着食物链富集，层层积累至对动物和人类有毒的水平。不幸的是，这些最易受硝酸盐积累影响的农作物包括了我们主要的粮食来源，如大麦、玉米、高粱和小麦等。

现在，全球各国政府已通过《巴黎协定》等增强应对气候问题的相关合作。美国也在新一届拜登政府的领导下，于2021年2月19日宣布正式重新加入《巴黎协定》。根据《巴黎协定》要求，各方将加强对气候变化威胁的全球应对，力图把全球气温升幅限制在比工业化前水平高2℃以内，并寻求将气温升幅进一步限制在1.5℃以内的措施。全球将尽快实现温室气体排放达峰，并在21世

---

① 指土壤、森林等吸收并储存二氧化碳的多少，或者说吸收并储存二氧化碳的能力。事实上，冻土层中的有机物分解也会产生额外的二氧化碳。

② 联合国环境署：《2016年前沿报告》。

纪下半叶实现温室气体净零排放。但愿此次新冠肺炎疫情能让我们因祸得福，促使人们摒弃零和竞争的执念，秉持“人类命运共同体”的理念来正视这一影响深远的环境问题。

### （三）科技发展带来的新挑战

毫无疑问，工业革命以及信息技术革命使我们的社会生产力大幅提高，人们的物质生活水平日渐丰富。如今即便是普通百姓家庭的日常生活，在很多方面也远超百年前的王宫贵族们，比如照明、取暖、制冷以及餐桌上的各类精致的食品，等等。然而，科技快速发展的同时也带来了一些前所未见的新挑战。

#### 1. 微塑料

微塑料是指一种直径小于 5 毫米的塑料颗粒。根据来源不同，它可分为初生微塑料和次生微塑料：前者主要指日化用品（牙膏、洗面奶）等工业产品中含有的微塑料颗粒，以及作为工业原料的塑料颗粒和树脂颗粒；后者则是由大型塑料垃圾在自然界中经过物理、化学和生物作用分裂而成的塑料颗粒。这些虽然都只是 100 多年前人们发明塑料后才出现的新型环境污染物，但如今，不论是在森林草原、江海湖泊、南极北极，还是在浮游生物、各种动物甚至人类体内，它们都已无处不在。

微塑料由于体积小、表面积大，非常容易吸附环境中的重金属和其他毒害有机物质等，并随着洋流、气流飘散至全球各个角落。与此同时，环境中的微塑料又很容易被水体中的浮游生物、陆地蚯蚓等无脊椎动物等摄入。这些难以消化的塑料污染物会随着食物链富集，最终在高等动物（包括人类）的体内大量积累并危害其健康。在一项 2015 年的调查中，研究人员对印度尼西亚和美国加利福尼亚州市场上的海鱼进行抽样调查，结果在其中 1/4 的海鱼内脏中发现了纺织品的塑料残余和纤维[①]。此外，除了海产品，在饮用水、啤酒、蜂蜜、食糖和精盐等中，人们也都发现了塑料颗粒。

虽然现在已有荷兰、美国、加拿大、英国、韩国等多国政府颁布法令禁止化妆品中使用微塑料，中国也在 2020 年年底之前禁止生产含有塑料微珠的日化品，但环境中的次生微塑料以及清洗合成纤维服装等所产生的微塑料仍值得担忧。根据挪威环境局的发现，清洗合成纤维服装所产生的废水中的塑料微粒排放量，比个人护理产品和化妆品的排放量要高出整整一个数量级[②]。

**2. 纳米材料**

纳米材料主要是由纳米大小的颗粒组成，其尺度通常小于 100 纳米的范围。事实上，纳米材料在自然界中也无处不在。不论是有机物如羽毛、蛛网、鳞片、棉花，还是无机物如黏土、尘埃等，很多都可以达到纳米级。而在人造领域，人们之所以热衷于纳米材料的研发，是因为很多物质一旦进入纳米量级，其物理和化学性质都会随之改变，例如由石墨烯[③]卷曲而成的碳纳米管等。这种碳纳米

---

① “Anthropogenic debris in seafood：Plastic debris and fibers from textiles in fish and bivalves sold for human consumption”，Nature 24 Sep. 2015，https：//www. nature. com/articles/srep14340.

② 联合国环境署：《2016 年前沿报告》。

③ 单个原子厚度的碳片。

管虽然主要元素仍是碳，但具有比钢更高的强度、比铜更好的传导性以及比钻石更高的热导率，被广泛用于现代工业和医疗领域。

然而，随着对广泛科学研究的深入，越来越多关于纳米材料的毒性作用知识和证据也在增加。例如，在一项对小白鼠腹腔导入碳纳米管的研究中发现，这些纳米材料具有与石棉纤维相似的特性。它们的形状像针，具有生物持续性，并且都能穿透肺组织并引发炎症。这正如我们所熟知的“石棉肺”——一种因为长期吸入石棉粉尘而引起的肺间质纤维化，是典型的环境性肺疾病①。此外，另一种纳米材料——纳米银的毒性可能会导致银中毒以及肺部炎症，同时改变器官功能，干扰生物体的免疫系统和基因表达。环境中暴露的银纳米颗粒则会使细菌产生应激反应，引起基因组变化，这将可能助长抗菌剂耐药基因的变异②。

遗憾的是，目前虽然有许多证据和迹象显示出这些潜在风险，但由于工业的发展速度远超过监管，具体法规的制定显得相对缓慢。不容否认，“快速发展”仍是当今世界的主旋律，但不知目前仍在肆虐的新冠肺炎疫情能否促使我们更多地研究这些潜在问题，从而夯实基础管理体系以更好地保护人类自身。

**3. 合成生物学（基因编辑）**

得益于对 DNA 等基因组序列的不断解码，以及对各种新兴基

---

① 参见：默沙东官网，https：//www.msdmanuals.com/zh/professional/pulmonary-disorders/environmental-pulmonary-diseases/asbestosis。

② 联合国环境署：《2017 年前沿报告：全球环境的新兴问题》。

因编辑工具（如 CRISPR[①]）的掌握，人们已经可以在一定程度上通过化学方法合成和重写 DNA。随着这些合成生物学[②]的发展，人类实质上已部分进入了“造物主”领域。

目前，合成生物学的主要应用领域包括通过转基因技术以增加粮食产量，以及提供现有高价值生物制品的替代品，从而保护那些因人类过度开发而濒临灭绝的动物们，如鲎试剂。鲎是一种存活了 4 亿多年的古老生物。它的血液为蓝色，对革兰氏阴性菌高度敏感，因此在近半个多世纪以来一直被用来制成各种细菌检测试剂，广泛用于各种医疗无菌环境的检测。这种无度索取直接导致了近年来中国沿海的鲎大幅减少，而合成生物学的发展可以促使非鲎试剂的研发，并保护其种群数量。

然而，如今的合成生物学也在探索修复猛犸象甚至尼安德特人等已灭绝物种的基因，试图实现物种的“去灭绝”（de-extinction）。毫无疑问，这将引发一些新的伦理和生态安全问题。

此外，知识和科技的易得性也可能导致新的“生物黑客”等问题。过去 10 年，自己动手生物学（又名“DIY 生物学”），即对合成生物学实验感兴趣的“公民科学家”运动已成为一种国际现象。DIY 生物实验室遍布大多数主要城市。到 2017 年，全球约有 168

---

① Clustered Regularly Interspaced Short Palindromic Repeats，一种从细菌特有免疫系统机制中启发的更精确、低成本和快速的基因编辑技术。

② 合成生物学是现代生物技术的进一步发展和新的维度，将科学、技术和工程融合在一起，以促进和加快对遗传材料、生物体和生物系统的理解、设计、重新设计、制造和/或修改。

个此类团体[①]。与此同时，人们也越来越担心恐怖分子可能滥用这项技术，以摧毁农作物或将原本无害的微生物变成生物武器。

**（四）对策与建议**

事实上，上述挑战和担忧并非只是由于目前新冠肺炎疫情暴发而产生的新问题。但在目前疫情肆虐的情况下，这些伴随人类发展而来的生态和环境问题就显得更加值得“三思”。毫无疑问，我们不能因为发展而破坏生态和环境，更不能因为短期的利益而导致更多或更严重的长期问题。此次疫情再次警示我们“只有一个地球”。全球各国、各组织需要开展广泛且有效的合作，共同应对这些影响我们每个人、每个家庭以及所有子孙后代的新挑战。

在抑制传染病流行和环境抗药性方面，我们需要提高全球监控和合作。在农业、畜牧业、医疗以及家庭日常护理中减少不必要的抗菌剂使用，加强改善污水和废水处理，减少抗菌剂在环境中的排放以降低其对各类微生物的选择压力。在传染病可能的传播途径方面，我们则需要强化已有的全球安全监控网络，对全球范围疫情的暴发秉持“公开、透明”的原则，加强政策协同。与此同时，我们还需要严厉打击各种非法野生动物贸易。一方面，可以减少外来物种可能对当地生态系统产生的破坏；另一方面，也可以降低这些野生动物身上可能携带的病原体进入人类社会的风险。需要说明的

① 参见：联合国环境署官网，https：//www. unenvironment. org/zh-hans/resources/201819qianyanbaogao-quanqiuxinxingdehuanjingwenti。

是，笔者说的“我们”是指我们每一个人，而不仅仅是执法部门。政府或其他团体可以利用区块链技术等构建分布式的公共基础设施，但这些安全网的参与主体则是生活在世界各个地方的每一个人。加强教育和减少区域间的不平等也将有助于这一目标的实现。

在应对气候变化和减少温室效应方面，我们需要秉持绿色发展的理念，在发展的同时更加关注环境，尤其是对雨林、森林的保护。我们知道，土壤中的“碳汇”功能在调节全球气候、水源供应及生物多样性中起着重要的作用。然而近年来每年都有超过 500 万公顷的森林消失[①]。土地使用的变化（如森林砍伐）和不可持续的土地管理方法导致了土壤分解的加速，这使土壤释放了更多的二氧化碳和其他温室气体。此外，我们还需要更加高效和精细化地管理氮肥的使用，探索最佳氮肥管理方法以及污水处理，减少环境中不必要的氮排放。在能源使用上，我们需要大力发展风力、太阳能等清洁能源计划，减少生活通行和工业生产中对石化能源的依赖，并通过发展绿色金融对此提供助力。

在面对因科技发展带来的新挑战方面，我们则需要在发展的同时加强其可能带来负面作用的研究，并将这些问题放在与“发展”本身同样重要的位置。对于微塑料、纳米材料等可能引入新的环境污染的材料，我们一方面需做好垃圾回收管理；另一方面也需要加强污水排放的治理，如通过技术设备创新减少源头排放。而对于合成生物学等新兴技术，各国政府更需加强法规和伦理建设，同时加强管控获得此类技术的方式。

① 联合国环境署：《2014 年年鉴》。

总之，此次新冠肺炎疫情的暴发及其持续至今的影响，再次打击了人们“自以为万物之主”的傲慢心态。我们仍需对“盖亚母亲”① 保有足够的敬畏——300 年的工业革命以及数十年的现代医学和科技的快速发展，并没有使我们从根本上变得无所不能，足以去挑战自然。不论是极端气候现象、洪水地震还是这突如其来的全球传染病，无不提醒着“大自然还是能轻易地击败我们”。

“顺势而为、和谐发展”才是我们作为地球生物圈中渺小的一分子的正确生活方式。当你重新回顾这个星球上漫长的地质年代时，请记住：“地球可以没有人类，但人类不能没有地球！”

## 二、社会不平等的加剧

自农业革命以来，人类社会的不平等始终存在。从古至今，众多的自然法学家、哲学家和思想家们都曾努力探究不平等的根源。1755 年让 – 雅克 · 卢梭在《论人类不平等的起源和基础》中认为，人类社会的不平等起源于私有制的建立以及此后的政府权力腐化等。然而，由于该哲学命题牵涉范围过大且在可预见的未来都无法解决，在本文中我们既不打算研究造成“不平等”的根源本身，也不讨论是否需要消除“不平等”或如何彻底消除“不平等”等问题，而是更多关注“不平等加剧”这一社会现象，以及可能采取的缓解措施。

---

① 盖亚是古希腊神话中的大地女神，是所有天神的创造者。“盖亚假说”认为，地球整个表面，包括所有生命（生物圈），构成了一个自我调节的整体。

## （一）收入与财富的不平等

根据世界不平等研究机构（World Inequality Lab）发布的《2018 年世界不平等报告》（*World Inequality Report* 2018）[①]，在过去的几十年中，世界各个地区收入差异巨大，且差距几乎都呈现了扩大趋势，只是幅度有所不同。

图 6.2.1 显示了 2016 年世界主要地区收入前 10% 人群所占总收入的份额，其中中东地区、印度、巴西以及撒哈拉以南非洲地区的集中度均超过 50%，一定程度地显示了其收入不平等情况更为严重。这些地区的特殊政治制度和文化因素以及因此实施的经济政策等，是造成收入差距的主要因素。此外，这些国家和地区由于地理区位等原因，遭受两次世界大战的影响较小，也未曾经历战后平均主义的洗礼，其收入不平等积累的时间较长。

在全球收入增长分布方面，由于过去 30 多年全球新兴国家和地区崛起，全球收入后 50% 的人群收入增长显著。但从增幅上看，世界收入前 1% 的成人收入增长总额仍是后 50% 增长总额的两倍多，分别占总增长的 13% 和 27%。尤其是最顶尖的万分之一至十万分之一的超高收入人群，其收入增长均超过 100%，远高于其他群体。然而，全球中等收入人群，如欧美等发达国家中后 90% 的收入人群，其所占总收入份额却不断缩小，其收入增速也低于其他群体（见图 6.2.2）。

---

① “2018 年世界不平等报告”，世界不平等研究机构官网，https：//wir2018.wid.world/。

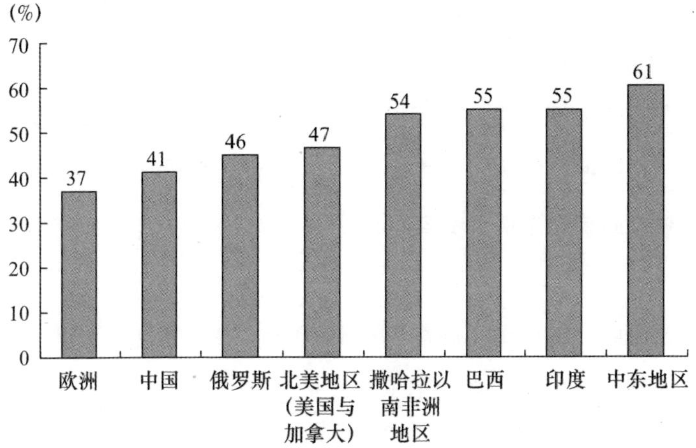


**图 6.2.1 2016 年世界主要地区前 10%成人收入份额**

资料来源：*World Inequality Report* 2018。

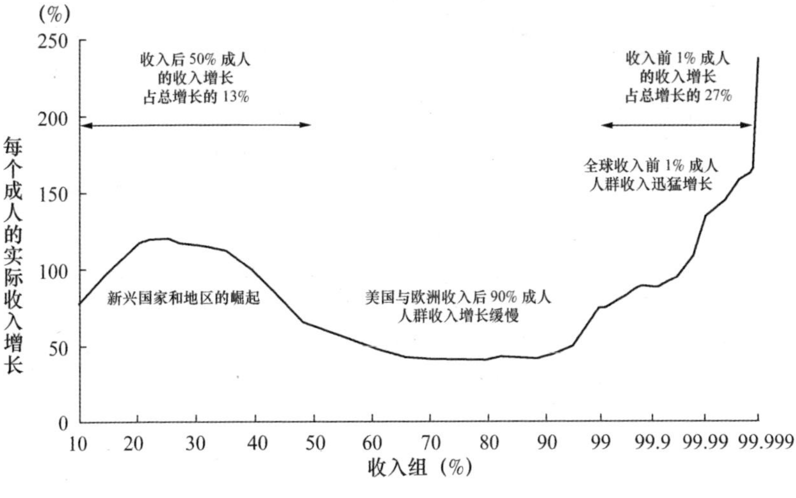


**图 6.2.2 1980～2016 年全球收入增长分布曲线**

资料来源：*World Inequality Report* 2018。

此外，《2018 年世界不平等报告》还指出，自 1980 年以来，私有化运动无论在高收入国家还是在经济新兴国家中都屡见不鲜。尤其是在高收入国家中，在国民财富不断增长的同时，公共财富总量甚微，在一些高收入国家中甚至为负。而公共财富过于贫瘠，则可能会限制政府调节收入差距的能力，并对该国贫富差距产生深刻影响。

笔者以中、韩两国不同群体自 1990 年以来[①]的收入和财富的份额变化为例，分析近年来“不平等”的趋势。

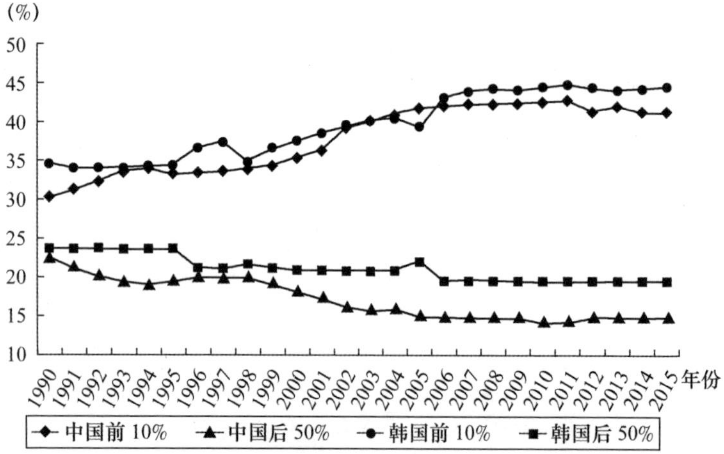


**图 6.2.3 1990～2015 年中、韩两国收入占比前 10%与后 50%的变化趋势**

资料来源：世界不平等研究机构数据库，https：//wid. world/data/。

从图 6.2.3 看出，在过去几十年，随着经济快速发展，中、韩

① 因为笔者的主要资料来源为世界不平等研究机构（World Inequality Lab）和世界银行（World Bank）的数据库，各国数据在统计和公布时间上有差异，故在最新统计时点上会受限于数据的可得性。

两国的收入占比前 10% 的群体所占份额与收入后 50% 的群体所占份额的差距都在不断扩大，其差异从 10% ~15% 逐步扩大到现在的 26% 。从 2015 年最高收入的 10% 群体来看，韩国这部分人的收入份额高于中国 4% ，这意味着相比于中国，其上层的收入集中度更高。此外，2015 年韩国收入后 50% 群体的收入占比则比中国正好也高 4% ，这说明中国后一半群体的收入获得感可能较韩国同样人群更低。而自 2007 年以后，韩国前 10% 群体和后 50% 群体的收入占比均大于中国的相同群体，这也意味着其中间 40% 群体的收入份额小于中国，总体来说其社会收入的分配可能较中国更加均衡。这从两国的基尼系数上也能看出：根据德国 Statista 数据公司①研究，韩国 2018 年的基尼系数为 0. 35，而中国 2019 年的基尼系数为 0. 465。

在拥有财富的集中度方面，自 2000 年以来，中、韩两国财富前 10% 群体的财富占比较后 50% 的财富占比差距均呈现扩大趋势。而中间 40% 群体的财富则在缩水，这一趋势若持续加剧，未来可能会增加中产阶级的相对贫困化和被剥夺感（见表 6. 2. 1）。

**表 6. 2. 1　　中、韩两国 2000 年和 2013 年的财富集中情况　　单位：%**

| 年份 | 中国 - 前 10% | 中国 - 后 50% | 韩国 - 前 10% | 韩国 - 后 50% |
|---|---|---|---|---|
| 2000 | 47. 8 | 14. 0 | 64. 0 | 2. 6 |
| 2013 | 67. 4 | 6. 4 | 65. 7 | 1. 8 |

资料来源：WID。

① “Gini coefficient of after-tax income in South Korea from 2011 to 2019”, Statista 官网，https：//www. statista. com/statistics/642046/south - korea - gini - coefficient/。

其中，中国的贫富差距在 2000 年后持续扩大。这可能是由于中国自加入世贸组织后经济的高速增长以及持续上涨的房价，因此财富也变得更加集中。而韩国财富的“不平等”似乎更加根深蒂固，其前 10%财富群体所拥有的份额与后 50%收入群体所拥有的份额在近 20 年来始终处于较大的差距范围。这或许也显示出韩国以财阀经济为主的结构性特征（见图 6. 2. 4）。

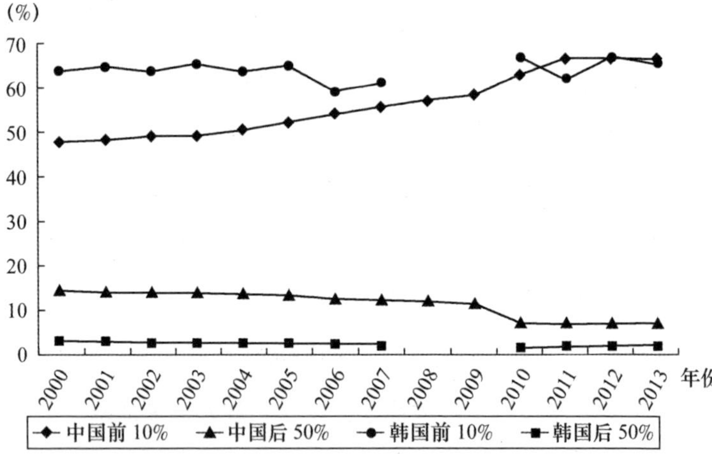


**图 6. 2. 4　中、韩两国近年来的财富结构变化**

注：韩国 2008 年和 2009 年的数据缺失。

资料来源：WID。

### （二）寒门难出贵子?

古人云“寒门生贵子，白屋出公卿”，指的是贫寒人家往往更容易出杰出的人才。确实，自隋文帝正式设立科举制度以来，已有无数寒门子弟打破以往的血缘、家族世袭制的桎梏，通过读书登科出人头地，改变命运。他们相较富裕人家的纨绔子弟们往往更加有毅力，也更愿意吃苦。

然而，自2013年天涯社区的一系列《寒门再难出贵子》[①] 的帖子发布以来，近年来关于“寒门难出贵子”的讨论也越来越多。我们暂且不去纠结“寒门”或“贵子”本身的标准，毕竟“仁者见仁、智者见智”，但两者的差异是不证自明的。虽然笔者并不认同《寒门再难出贵子》这篇帖子中的很多观点，也没有足够的数据就此命题进行证明或者证伪，但仅从一些可观察的社会现象分析，似乎还是能在趋势上看到这一残酷结论的些许端倪。

**1. 物质基础**

经济基础决定上层建筑。从狭义上看，低收入和物资供应不足将深刻影响人们个体的发展，有时还会增加许多本可避免的障碍，正如2021年4月在网络走红的一名中国科学院博士生论文的“致谢”中所写：“身处命运的旋涡，耗尽心力去争取那些可能本就是稀松平常的东西，每次转折都显得那么的身不由己。”[②]

确实，饥饿与健康是物质基础匮乏可能引起的首要问题，而这些又是导向贫困的主要问题之一。在2019年诺贝尔经济学奖得主阿比吉特·班纳吉和埃斯特·迪弗洛的《贫穷的本质》一书中，作者也对饥饿与健康是否造成“贫穷陷阱”展开了深入讨论。不管其深层原因是缺乏信息，还是信念不坚定等因素，现实结果就是物质匮乏可能会引起更多营养不足以及其他健康问题，进而影响家庭和

---

① 参见：天涯社区，http://bbs.tianya.cn/post-funinfo-4011358-1.shtml。

② “刷屏的中科院博士回信了！《致谢》全文公布”，光明网2021年4月19日，https://m.gmw.cn/baijia/2021-04/19/1302240524.html。

个体的学习与发展。当富人和穷人面对同样的健康问题，当代医疗技术的发展以及部分医疗保障体系的缺失，会再次增加贫富阶层在享受医疗资源时的“不平等”。所有这些都在进一步增加“寒门出贵子”的难度。

**2. 父母的言传身教**

不可置疑，当今社会的评价内容已更加多元化和综合化，已远不是科举制时期的“四书五经”。人生态度、思维方式、眼界、人脉等非课本知识，在个人的成长过程中甚至比课本知识本身更加重要，而这些知识的形成又主要源于以父母为代表的原生家庭。在中国北京，有一群特殊的年轻家长被称为“海淀妈妈”和“顺义妈妈”，前者本身就是曾经的“学霸”和当代中产阶级精英，大多出自名校，她们自己的眼界、学识和习惯都为其子女树立了良好的榜样；而后者更是富裕阶层的代表，其子女都是含着“金钥匙”出生的，在强大的财力支持下，从小走的就是精英路线。在韩国首尔，也有一个类似年轻群体——“江南妈妈”①。其实，在上述提到的天涯论坛热帖中，最引起人们热议的其实也是原生家庭带来的差异：貌似同样起点的学子们在进入社会后，各类原生家庭给其带来截然不同的人生影响。这种差异似乎还正在以自己的方式不断“内卷”。

**3. 教育资源**

如今，同一名校毕业的学生可能会因为原生家庭的影响有不同

---

① 首尔的江南区也是首尔最富裕的地方，是财富的集中地。

的人生际遇。但事实上，在目前各大一、二线城市中，由于优质的教育资源已经被各种高价学区房和各种课外补习班所切割，不同物质基础家庭的孩子可能在入学时就已经有所不同，他们未来甚至更难有机会就读于同一名校。如果我们相信“一个人所受的教育”与其“未来的成功”有比较强的正相关性，那么可想而知，一路享受优质教育资源的“豪门”必然比“寒门”更加顺风顺水。

与传统观念所认知的纨绔子弟不同，当今“豪门”或者说上层中产阶级，本身都非常注重子女的学习。他们明白，在当今充分竞争的社会背景下，如同“逆水行舟，不进则退”。他们既是这种竞争体制下的优胜者，也是维护者。他们深刻明白如今所处的阶层来之不易，更不愿意子女由于缺乏教育而导致可能的阶层滑落。在这种背景下，“寒门们”需要取得成功或许也将要付出更大的努力。

英国自 1964 年开始拍摄的一部纪录片——《人生七年》（*The UP Series*），对来自英国不同阶层的 14 个 7 岁的小孩子进行了采访，并且每隔 7 年进行跟踪以记录他们的成长，到目前为止已经跨越 56 年。从这场跨度半世纪的“真人秀”来看，拥有优越家庭背景的英国孩子，人生道路的确比其他孩子更成功一些。当然，其中也有两个出身普通家庭的孩子，通过自己的执着追求，也实现了自己的梦想。只是这在当今收入与财富不平等加剧的社会，似乎也正在变得更加困难。

### （三）新的危机将进一步加剧不平等

260 年前，让－雅克·卢梭在《论人类不平等的起源和基础》

中提出人类社会的不平等主要有三个阶段：（1）私有制和法律的建立，产生了富人和穷人的第一个不平等阶段；（2）通过契约建立权力的机构，确认了强者对弱者的统治，进而产生第二个不平等阶段；（3）政府由于权力腐化，变成专制独裁政治，出现主人和奴隶之间的第三个不平等阶段。当然，纵观当前全球主要政治体制，第三阶段基本不被主流社会所认可，因此通常也不会出现卢梭所说的“专制权力把不平等推向顶点，最后极度不平等的制度被人们用暴力推翻”的情况。但是，收入和财富的不平等可能会继续固化现有阶层，并使其在代际间传递，从而使得“寒门”可能更难产生“贵子”。

此外，由于生命科学的发展，与封建社会故步自封的“纯正血缘”观念不同，不管有意还是无意，当今社会的“高颜值”“高智商”等基因也正在向财富聚集，“美女嫁富豪”似乎变得天经地义。可以想象，随着未来科技的不断发展，财富的不平等或许也正在扩展到更加根本的基因层面的不平等。这也是在人类历史中从未出现过的。

法国著名经济学家托马斯·皮凯蒂（Thomas Piketty）在其2013 年的畅销书《二十一世纪资本论》中就过去 250 年的财富集中和分布进行研究后，得出“资本收益率 r 大于经济增长率 g”是导致收入不平等的最主要因素。遗憾的是，这个事实正由于资本主义以及资本的内生性而不断强化，进而使 21 世纪可能产生更大的不平等。而 2020 年突如其来的新冠肺炎疫情全球暴发似乎使这一不平等进程还将有所加剧。

在疫情阻碍社会生产与消费大幅萎缩的背景下，全球主要的经济体大多采取了积极的财政政策和宽松的货币政策，以试图维持其经济稳定，进而保障社会底层民众的基本生活。虽然从传统的民生指标 CPI 等看，这些被释放的流动性并未引发强烈的通货膨胀，但由于当前的财富主要更多是以金融资产（如股票、基金）以及房产等形式存在，过剩的流动性将不可避免地推动这些资产价格上涨，形成广义上的通货膨胀，从而进一步扩大了贫富两极的差距。

《福布斯》使用 2020 年 12 月 11 日的股价计算，全球亿万富豪的身家约为 11.4 万亿美元。这比 2019 年 12 月 31 日的总财富 9.5 万亿美元增长了 20%①。而与此同时，根据 2021 年 1 月《全球经济展望》（GEP）② 中的预测，世界银行预计 2020 年由此次疫情催生的极端贫困人口③将增至 1.19 亿～1.24 亿（包括本应摆脱极端贫困但因疫情而未能脱贫的 3100 万人口）。这样的增幅是前所未有的。在新冠肺炎疫情暴发前，过去 30 年中引发全球贫困人口增加唯一的一次危机是 1997 年的亚洲金融危机，它导致 1997 年和 1998 年极端贫困人口分别增加了 1800 万和 4700 万。

此外，除了财富和收入的不平等加剧，疫情本身也可能放大固有的医疗和卫生资源（含疫苗）等领域分配的不平等。课堂教学中

① “2020 年全球亿万富豪的财富增加了 1.9 万亿美元”，福布斯官网 2020 年 12 月 18 日，https：//www.forbeschina.com/billionaires/52959。

② “全球经济展望”，世界银行官网，https：//www.shihang.org/zh/publication/global-economic-prospects。

③ 极端贫困的衡量标准为每天生活费低于 1.9 美元的人口数。

断以及互联网分布的不平等，也进一步增加了教育的不平等。而全球供应链受阻以及援助减少，又进一步加剧了食品和营养的不平等。据联合国粮农组织（FAO）的初步评估，在2020年疫情可能会使全球营养不良人数增加0.83亿~1.32亿人。

总之，疫情本身和由此加剧的各类社会不平等，都进一步增加了全球脆弱性，使潜在的地区安全甚至核扩散等威胁不断上升。根据2021年1月27日美国《原子科学家公报》的最新声明，提醒世人人类全体毁灭的象征性“末日时钟”（Doomsday Clock）被再度拨快20秒，距离象征人类末日的“午夜12时”仅剩100秒[①]，这是该时钟设置以来最危险的情况。

### （四）对策与建议

笔者在本文中所讨论的重点是“不平等在持续加剧的问题”，而非“彻底消灭不平等本身”。事实上，也并非所有的不平等都是不好的。以劳动收入为例，勤奋好学的工人往往比悠闲懒惰的工人赚得更多。这些由于人和人态度和能力本身的差异等引起的不平等也是正常的，甚至有一定积极的示范作用。

然而，正如法国著名经济学家皮凯蒂在《二十一世纪资本论》

① 这个杂志最初创立于1945年，当时只是一群担心世界爆发核战争的物理学家的业务通讯，但逐渐发展成集合一批科学家的组织，致力于研究人为因素对人类文明生存的威胁。“末日之钟”设立近60年来，一直警示着世界距离毁灭的远近，时钟上的午夜零时意味着毁灭时刻。参见：原子科学家公报官网，https：//thebulletin. org/doomsday-clock/current-time/。

中警示的，如果一个社会的不平等在持续扩大，并且资本的内发性增长远超过劳动所得，甚至产生了严重的“世袭资本主义”，那么将会有越来越多的人会感到失望和不满。笔者以为，这种失望与不满不断堆积的结果，可能导致类似日本作家三浦展所说的日本社会由于低欲望而“下流化”①，或者更有甚者，出现社会的动荡与不安。这从近年来在欧美等民主国家频繁发生的政治事件中也能看出端倪。试想一下，如果一个社会的不平等持续增加，最终只有极少一部分人锦衣玉食，而周围都是饥寒交迫或者只够温饱的难民，想必这些所谓的顶层富人们的内心也是极度害怕和不安的。

缓解不平等加剧的问题不是为了安抚穷人，更不是为了打击富人，而是为了创造一个乐观积极的社会，让每个人都有信心。在这个社会中，人们可以通过自己的努力而改善生活，而不是持续的阶层固化。正如我国始终坚持的基本分配制度，即“要以按劳分配为主，多种分配方式并存”。其中，劳动收入理应是人们实现美好生活的最主要依靠。

**1. 累进税率制及全球金融资产信息合作**

累进税率制已被证明是控制收入与贫富差距进一步扩大的有效工具，它不仅可以直接缩小税后收入与财富差距，同时还可以通过降低富人对追求高收入和财富积累的激励，进而间接地降低了税前收入与财富不平等的水平。

---

① “下流”主要是指由于阶层固化，相对于上流社会，更多的中产阶级收入低下，其人际沟通、生活、工作、学习、消费等能力或者欲望低下，缺乏人生热情，逐步向下流靠拢。源自 2005 年三浦展的《下流社会》。

在税基的选择上，面向财富（如资本等）而不是劳动收入似乎更有利于平等。然而，由于富人可以更为容易地实现全球资本配置，利用各国的“囚徒困境”[①] 导致的政策差异进行合理避税（如移民圣基茨和尼维斯等）甚至逃税因此面向资本征收累进税率的实际操作难度更大。

不过积极的方面是，如同所有解决“囚徒困境”的核心在于破解信息不对称而导致的“共识”问题，现在全球主要经济体正在通过信息共享与交换，在全球反逃税方面不断深化合作，例如美国的《海外账户税收合规法案》（FACTA）[②] 以及 OECD 发布的《金融账户涉税信息自动交换标准》（AEOI 标准）[③]，是都旨在打击跨境逃税及维护诚信的纳税税收体制。其中，AEOI 标准包括了《主管当局协议》（CAA）[④] 范本、《通用报告准则》（CRS）[⑤] 及其释义等。中国政府也于 2018 年实施 OECD 全球金融账户涉税信息自动交换制度，进而通过国际合作对其税务居民实施全球征税。目前 CRS 已经是银行等金融机构对客户进行尽职调查（KYC）[⑥] 的必要信息。

---

① 博弈论中的著名问题，在此应用的场景是：（1）如果各国都征收资本税，那么各国政府都能够得到更多的收益：收入不平等程度降低、税收增加；（2）但如果其他国家不征收资本税，只有一个国家征收，那么资本会离开这个国家，这个国家的经济增长会下降、税收减少；（3）最后的结果是各国都不征收资本税，但这对它们来说是个次优选择。

② *Foreign Account Tax Compliance Act.*

③ *Standard for Automatic Exchange of Financial Information in Tax Matters.*

④ *Competent Authority Agreement.*

⑤ *Common Reporting Standard.*

⑥ Know Your Customer.

**2. 更加平等的受教育机会与多元化的社会评价**

教育能够提升社会经济地位，也是人们摆脱贫困的关键。公平的教育与评价机制，更是个人奋斗改变命运和跃升阶层的重要渠道。中国自隋朝以来实施的科举制，不仅给予古代中国底层民众打破封建世袭的机会，同时也深远影响了包括朝鲜半岛在内的诸多亚洲地区。

然而，当今由于天价学区房以及各类价格高昂的补习班，优质的教育资源正受限于财富多寡而严重分配不均。此外，新冠肺炎疫情导致的部分教学中断，互联网等硬件基础设施也严重影响了教育的可得性。若此时完全采取相同的教育评价体系，可能会造成实质上的教育“不平等”，甚至导致“寒门再难出贵子”。为此，如何更加均衡地分配优质教育资源，实现教育的“实质公平”，将会是未来社会需要正视的一个重要议题。

一方面，随着科技的发展，在线教育可以实现跨地域、跨阶层的教育，但前提是相关的网络、带宽等基础设施有所保障。目前中国的“新基建”以及韩国的“数字新政”等都旨在建设更为广泛和快速的网络通道。另一方面，教育评价如高等教育的入学准入标准等，或许也需要为农村和贫困地区学生入学适当降低门槛，保障其在无法获取大城市优质教育资源的情况下，也能实现教育实质公平以及区域的平衡发展。近年来中国各个省份都有开展“面向农村和贫困地区学生招生专项计划”，向实现“更平等的受教育”迈出了重要一步，未来有望实现更加精准的教育扶贫。当然，打破学区使优质的教育资源在更大范围内流动（如韩国的教师需要在一定区域内轮换），也是解决教育不平等的有效手段。

笔者认为建设一个更加多元化的社会评价体系，推进教育真正做到“以人为本”的育人初衷，通过发掘每个学生的特长并帮助其成长，从而改变当前过于单一的评价体系（如社会中往往以权力、财富多寡为核心，而学校中仅以成绩、升学率等为核心），才是在源头上推进教育改革，改善社会不平等的根本保障。

**3. 增加支付转移和公共服务的投入**

诚然，在市场经济中，商品和服务都是基于市场价格自由分配，市场经济本身难以纠正不平等问题，甚至会因为各种合法以及不合法的资源聚集形成垄断，进而加剧财富的不平等。市场经济下的初次分配不平等，或许也将无法避免。

然而，我们并非在实施放任自由经济，各国政府也都会通过“看得见的手”对社会经济活动进行调节和管理。除了提供有序的市场监管外，政府部门通常还需要提供教育和医疗卫生等公共服务，以保障其公民的基本生活。此外，通过税收的支付转移实现居民收入的再分配，例如养老保险、失业救济和对贫困、特殊家庭的救助等，也可以大幅缓解社会由于初次分配所造成的不平等问题。

过去，当我们遇到各种社会问题的时候，最好的解决办法就是提高经济的增长速度。经济高速增长确实能减少贫困，提供就业，改善人们的生活质量，进而赢得人心。然而，值得注意的是近年来世界主要经济体的增长率都在下滑，目前新冠肺炎疫情对未来的影响也尚未完全可知，但可以预计的是，未来若无重大科技革命促使生产力大幅提高，全球的经济增长仍会因为主要经济体的快速人口老龄化和低出生率而维持在低位。若不尽早采取其他的有效行动，不知未来“不患寡而患不均”是否将会更加凸显。

## 三、可持续发展与金融助推

持续至今的新冠肺炎疫情促使人们重新思考我们与生态环境的紧密联系，同时也让我们意识到，各种“不平等”的加剧正威胁着人类社会自身的繁荣和稳定。在很多方面，社会不平等与生态环境的问题相互交融、彼此影响，而利用现代科学技术，大力发展绿色经济和数字经济将有利于生态环境保护和缓解人类社会的不平等。这需要我们改变过去依赖“钢筋 + 水泥”拉动经济增长的旧范式，使“发展”更加具有可持续性——在促进经济繁荣的同时保护地球，同时营造一个更加公平的社会环境。

### （一）可持续发展目标

联合国秘书长安东尼奥·古特雷斯在 2020 年 4 月 22 日的国际地球母亲日的致辞中说，“当前的危机[①]以前所未有的方式给我们敲响了警钟。我们要把复苏转变为真正的机会——我们要为未来坚持正确的方向”[②]。

的确，这场突如其来的全球病毒大流行已使越来越多的人遭受

---

① 指新冠肺炎病毒大流行。

② 参见：联合国官网，https：//www. un. org/zh/observances/earth-day/message。

苦难，扰乱了数十亿人的生活，并严重破坏了全球经济的发展与稳定。如今随着各国政府对经济和金融领域的强力支持和越来越高的疫苗接种率，我们正在向正常化的生活靠近。然而，面对此次疫情暴露出的生态、环境和社会不平等加剧等问题，我们更应该以此为契机进行变革，通过设立一些可持续发展的目标来指引复苏，进而实现更加绿色和包容的经济增长，建设一个更加强大、平等且更具复原力的社会。

下面是笔者基于 2015 年年底联合国发布的 17 个 2030 年可持续发展目标（SDGs，见图 6. 3. 1）① 提出的 5 个举措。

**图 6. 3. 1　联合国 2030 年可持续发展目标（SDGs）**

资料来源：联合国官网，https：//www. cn. undp. org/content/china/zh/home/sustainable-development-goals. html。

**举措 1：发展可持续的生产和生活方式**

如前文所述，当前诸多的环境污染、气候变化以及传染病暴发

---

① “可持续发展目标”，联合国官网，https：//www. un. org/sustainabledevelopment/zh/sustainable-development-goals/。

都与人们不可持续的生产和生活方式息息相关，在我们享受新科技带来便利的同时，也可能不经意地引入了破坏人类福祉的新问题。发展可持续的生产和生活方式，需要我们每个国家、企业和个人都更加重视生活中与自然环境的关系。

**举措 2：保护海洋和陆地的生态系统**

我们和生物圈中所有的物种共享同一星球。海洋和陆地系统的生物多样性可以有效降低环境中的“脆弱性”，改善我们的生存环境并减少疾病威胁。此外，生物多样性还为我们提供了丰富的食物、纤维、木材、药材和其他工业原料。即便在人类身体内部，也共生着远超过我们细胞总数的各种微生物群系，它们共同维系着我们的生命和健康。

**举措 3：消除贫困和饥饿**

如前文所述，私有制的长期存在，或许是财富不平等难以根除的主要原因，但是极度贫困和饥饿等生存底线，在当今总体物资充裕的情况下是可以消除或避免的。占世界人口约 1/5 的中国在 2021 年 2 月 25 日正式宣布，中国的脱贫攻坚战取得了全面胜利，完成了消除绝对贫困的艰巨任务，创造了又一个彪炳史册的人间奇迹。[①] 这也增强了其他发展中国家战胜贫困和饥饿的信心。

**举措 4：减少社会中的“不平等”**

人们在教育、医疗等诸多领域的“不平等”广泛存在。这些

---

① “习近平：在全国脱贫攻坚总结表彰大会上的讲话”，新华网 2021 年 2 月 25 日，https：//www. xinhuanet. com/politics/leaders/2021 －02/25/c_ 1127140240. htm。

“不平等”随着近年来财富差距的扩大而有所加剧，而新冠肺炎疫情则使其雪上加霜。减少社会的“不平等”有利于所有人们共享发展成果，进而让每个人都心存“希望”，降低社会潜在的不稳定性。

**举措 5：建立有效的协作和执行手段**

在新冠肺炎疫情给所有人敲响警钟的当下，可持续发展目标的实现将更加依赖于集体的有效协作和执行。只有建立在多数人共同愿景的基础上，政府、企业和个人才能开展有效协作，提高执行的透明度，一同修复和优化我们与自然环境以及人类社会自身的种种联系。

## （二）发展绿色和数字经济

绿色经济是以市场为导向、传统产业经济为基础、经济与环境的和谐为目的而发展起来的一种新的经济形式，是产业经济为适应人类环保与健康需要而产生并表现出来的一种发展状态。数字经济则可使我们能够利用信息技术对生产力大幅提升，打造更加高效的经济环境，并使其运行更加快捷、可靠、智能以及精细化。大力发展绿色经济和数字经济，将有助于实现各项可持续发展目标。

**1. 政府在行动**

在后疫情时代的经济复苏中，随着《巴黎协定》下各国宣布减排目标，一些主要经济体的政府将资源进一步引导至绿色发展和数字经济等有助于可持续发展的领域。

（1）欧盟。新冠肺炎疫情进一步强化了欧洲各界加强应对气候变化的共识，使以“绿色复苏”为核心的价值观深入人心。欧盟委员会于2020年5月提出总计超过1.8万亿欧元的“欧洲复苏计划”（Recovery Plan for Europe）[①] 作为后疫情时代推动欧盟经济复苏的主要工具，旨在通过强化欧盟协调引导，帮助各成员国尽快走出疫情阴霾，完成既定经济转型目标，从而实现“均衡、包容、公平、可持续”的发展愿景。该复苏计划整体着眼于欧盟的财政引导作用，将大量预算资金流向绿色、数字、民生、科技、农业以及医疗领域。在该计划中，7500亿欧元的“下一代欧盟”（Next Generation EU）复苏基金也是欧盟首次以其自身作为融资主体，在市场进行债券发行。

（2）中国。中国政府同样在2020年5月的国务院政府工作报告[②]中提出要扩大有效投资，重点支持既促消费惠民生又调结构增后劲的“两新一重”建设，具体包括：①加强新型基础设施建设，发展新一代信息网络，拓展5G应用，建设数据中心，增加充电桩、换电站等设施，推广新能源汽车，激发新消费需求，助力产业升级；②加强新型城镇化建设，大力提升县城公共设施和服务能力，以适应农民日益增加的“到县城就业安家”需求；③加强交通、水利等重大工程建设等。“两新一重”主要涵盖了5G、新能源、大数据、区块链、人工智能和工业互联网等诸多技术在打造数字经济和绿色经济基础设施中的实际应用，助力中国实现更加可持续发展的

① 参见：欧盟官网，https://ec.europa.eu/info/strategy/recovery-plan-europe_en。

② “政府工作报告——2020年5月22日在第十三届全国人民代表大会第三次会议上”，新华网2020年5月29日，http://www.xinhuanet.com/politics/2020lh/2020-05/29/c_1126051808.htm。

目标。

（3）韩国。韩国政府则在 2020 年 7 月发布了“韩版新政”[①]的综合规划，旨在克服新冠肺炎疫情危机，并在后疫情时代中领先全球经济。“韩版新政”的三大愿景包括：①推动韩国从追赶型经济体转型为领先型经济体；②从煤炭依赖型经济转型为低碳经济；③从不平等社会转型为包容社会。其政策主要以“数字新政”和“环保（绿色）新政”为中心，涵盖数据库、智能型政府、智能医疗基础设施、老旧建筑物低能源化、智能环保城市、集中推进学校的数字化和环保化等课题。

**2. 社会在参与**

随着物质生活的改善和社会文明的发展，已有越来越多的企业重视其企业社会责任（Corporate Social Responsibility，CSR），即企业在创造利润、对股东和员工承担法律责任的同时，还将承担起对消费者、社区和环境等的社会责任。

虽然从短期来说企业在落实自我社会责任，实现企业经济责任和环境责任动态平衡的同时，短期上需要付出一些额外的成本，但从长期而言会提升其竞争力。主动披露 CSR 报告等非财务指标，有助于企业树立其良好的声誉，提升公司的品牌形象并获得利益相关者对企业的良好印象，进而吸引和保留更多优秀的人才，增强投资者信心。

---

① “韩国政府发布‘韩版新政’综合规划”，KBS WORLD 2020 年 7 月 18 日，https：//world. kbs. co. kr/service/contents_ view. htm? lang = c&menu_ cate = &id = &board_ seq = 387820。

在资本市场，随着社会价值取向和经济治理的发展，越来越多的投资者关注到了环境治理成本的不断上升，并开始践行“责任投资”（Responsible Investment）理念。中国责任投资论坛和新浪财经在2020年10月就责任投资的公众态度进行了调查，从3019位个人投资者的反馈来看，虽然89%的调查对象称不了解责任投资，但有86%的调查对象表示会在投资中考虑责任投资因素，例如“环境”“劳工”“健康”“商业道德”等。而在中国证券投资基金业协会发起的问卷调查中，证券类机构投资者中更有87%的调查对象表示对ESG（Environment，Social and Governance）[①] 投资有所关注。此外，根据《中国责任投资年度报告2020》[②]，截至2020年10月，中国责任投资市场规模非严格口径加总共计约13.71万亿人民币，比上年增长约22.9%。由此可见，ESG绝不仅仅是一种感性的情怀，它更关乎理性的资本投资回报。

此外，在数字经济方面，“后疫情时代”的用户会更加认同无接触式的商业和金融服务，进而促使各行业数字化转型的加速。在线教育、在线购物、送餐服务等可能会进一步取代线下消费。数字经济也将迅速扩大至电影、医疗、教育和行政领域。

发展绿色和数字经济以帮助人类自身实现可持续发展的目标，

① 关注企业环境、社会和治理绩效（Environment，Social and Governance）的投资理念。

② 参见：《中国责任投资年度报告》，https：//www.chinasif.org/products/%E4%B8%AD%E5%9B%BD%E8%B4%A3%E4%BB%BB%E6%8A%95%E8%B5%84%E5%B9%B4%E5%BA%A6%E6%8A%A5%E5%91%8A2020。

俨然已成为现代政府和社会各界的共识。同时，它也将是“后疫情时代”经济增长的主要基石和动能。

### （三）金融助推

金融是现代经济的血液，发展绿色和数字经济同样需要金融的助推。与此同时，气候和环境的极端事件可能会引发重大的金融风险，进而威胁经济增长，阻碍可持续发展目标的实现。

**1. “绿天鹅事件”**

国际清算银行（Bank for International Settlements，BIS）在2020年1月发布的《绿天鹅：气候变化时代的中央银行和金融稳定》①报告中提到，“绿天鹅事件”是指气候变化引发的极端事件对金融市场构成系统性威胁，造成颠覆性影响。虽然其名称的灵感来自纳西姆·尼古拉斯·塔勒布的《黑天鹅》一书，但其复杂性远超“黑天鹅事件”。它是一种全新的系统性风险，是一种涉及环境、社会、经济、地缘政治等动态的且非线性的风险。“绿天鹅事件”可能引发的一系列链式反应和瀑布效应将造成无法预测的环境、经济、社会动荡等问题。

“绿天鹅事件”对金融稳定性方面的影响，主要体现在实体风险（Physical Risk）和过渡风险（Transition Risk）。前者主要是由自然灾害本身导致的经济损失或引发长期产能减少等负面影响；后

① “The Green Swan：Central banking and financial stability in the age of climate change”，国际清算银行官网，https：//www. bis. org/publ/othp31. pdf。

者主要是指因过快进行低碳经济的过渡转型而带来的不确定的金融影响，如造成传统产能过剩等。这两类风险主要呈现负相关性，例如：若要过快达到“碳中和”目标，虽然可以降低实体风险，但过渡风险则可能上升。

然而，虽然全球越来越多的金融机构和投资者已关注到绿色经济和可持续发展的重要性，但就目前而言，投资者并未对“绿天鹅事件”在经济发展和金融稳定等方面的影响给予足够的重视。国际清算银行之所以在 2020 年提出“绿天鹅”，是为了呼吁世界各国的央行在防范应对金融风险时将气候变化纳入分析考虑之中。

在操作层面，虽然气候相关财务信息披露工作组（Task Force on Climate-Related Financial Disclosures）[①] 制定了统一的气候变化相关信息披露框架，以帮助投资者、贷款人和保险公司合理地评估气候变化相关风险及机遇。但截至 2021 年 3 月 13 日，全球仅 1800 多家包括金融机构在内的公司企业表示支持，其中韩国有 25 家，中国有 13 家。这 13 家中包括了中国六大国有银行中的中国工商银行（2017 年 6 月）和中国银行（2021 年 2 月）[②]。为此，在当前阶段，各国金融监管当局的政策引导功能仍十分必要。

**2. 绿色金融助推绿色发展**

绿色金融是指为支持环境改善、应对气候变化和节约资源的经济活动而进行项目投融资、风险管理等所提供的金融服务。它将积

① 参见：气候相关财务信息披露工作组官网，https：//www. fsb – tcfd. org/。

② “Support the TCFD”，气候相关财务信息披露工作组官网，https：//www. fsb – tcfd. org/support – tcfd/。

极利用金融渠道，引导社会资源从高污染、高能耗产业流向环境更加友好的领域，从而促进生态环境的保护和治理。

具体而言，商业银行等金融机构可以通过开发绿色债券、绿色信贷、绿色指数、绿色基金、绿色财富管理、碳金融及其衍生品等金融产品来支持所有的绿色产业，进而使机构投资者与个人投资者都可以直接或间接参与绿色发展。

其中，绿色债券目前发展最为快速，其已有国际标准包括国际资本市场协会（International Capital Market Assosciation，ICMA）制定的《绿色债券原则》（*Green Bond Principle*，GBP）[①]，以及气候债券倡议组织（Climate Bonds Initiative，CBI）基于 GBP 细化的气候债券标准（Climate Bond standards，CBS）[②] 等。根据气候债券倡议组织与中国的中央国债登记结算有限责任公司中债研发中心联合发布的《中国绿色债券市场 2019 研究报告》[③]，2019 年中国发行的绿色债券总额达到 3862 亿元人民币（558 亿美元），较 2018 年的 2826 亿元人民币（420 亿美元）同比增长了 33%。以贴标绿色债券的发行总量统计，中国、美国和法国再一次在年度国家排名中名列前茅（见图 6.3.2）。

---

① 截至 2021 年 3 月，最新版本为 2018 年版，参见：ICMA 官网，https：//www.icmagroup.org/sustainable-finance/the-principles-guidelines-and-handbooks/green-bond-principles-gbp/。

② 截至 2021 年 3 月，最新版本为 2.0 版，参见：气候债券倡议组织官网，https：//cn.climatebonds.net/files/files/Climate% 20Bonds% 20Standard% 20v2 _ 0% 2023Oct16 _ CH.pdf。

③ 参见：气候债券倡议组织官网，https：//www.climatebonds.net/resources/reports/中国绿色债券市场 – 2019 – 研究报告。

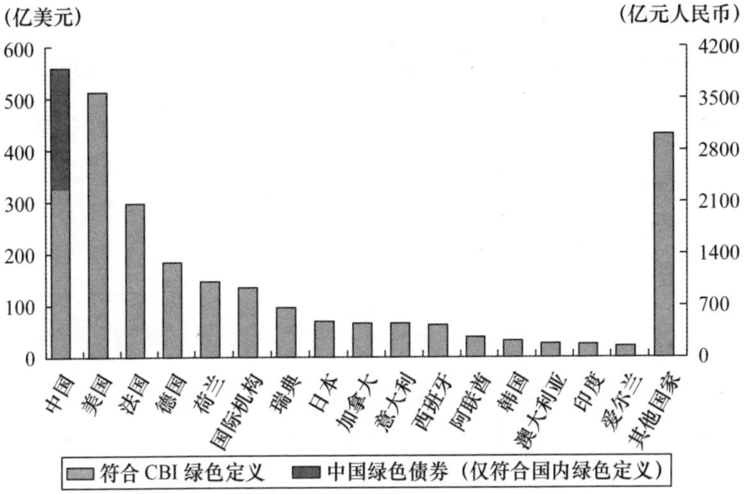


**图 6.3.2　2019 年全球贴标绿色债券发行**

资料来源：《中国绿色债券市场 2019 研究报告》。

此外，在绿色信贷领域，目前的国际标准主要有赤道原则（Equator Principles，EPs）① 和绿色贷款原则（Green Loan Principles，GLP）②。前者主要是用于确定、评估和管理项目贷款中环境和社会风险的风险管理框架；后者则是参照《绿色债券原则》（GBP），为银团贷款市场参与者提供绿色贷款项目筛选的操作标准。这些都为商业银行等金融机构强化环境风险管理，提供了优质绿色信贷等金融服务，进而为形成具有市场影响力的绿色金融品牌奠定了坚实的基础。

---

① 截至 2021 年 3 月，最新版本为 2020 年 7 月更新的 EP4，参见：赤道原则协会官网，https：//equator - principles. com/documents - resources/。

② 截至 2021 年 3 月，最新版本为 2021 年 2 月更新的 V04，参见：机构银团及贷款转让协会官网，https：//www. lsta. org/content/green - loan - principles/。

可以预见，随着未来主要国家逐步形成绿色生产、绿色流通、绿色消费、绿色金融等完整绿色经济体系，全球金融市场也将更加积极、广泛地应对绿色发展和气候变化，并为推动经济社会高质量发展提供新的动能。

**3. 金融科技助推普惠共享**

近年来，随着人工智能、区块链、云计算以及大数据等底层技术在金融领域的广泛应用，金融科技也正在变得更加普及。在金融企业看来，它使金融服务更加高效，不但可以增加其金融产品的盈利水平，同时还能提高企业的风险管控能力。

然而笔者认为，我们应该更多地站在用户（而非金融企业自身）的视角来看待金融科技。它更是一种现代金融的解决方案，可以增强传统金融服务的可达性、普惠性和共享性。金融科技可以帮助金融机构更加适应用户的金融消费习惯，并使金融服务能广泛惠及更多的人。未来的金融服务应该如水一般，自然而然地渗透生产、生活中的各个场景以及各种行业的生态之中。未来金融的普惠共享，也将是减少贫穷和不平等，促进共同繁荣的关键。

根据世界银行2018年的一项研究报告显示，在全球范围内仍有1/3（约17亿）的成年人没有基本的银行账号，而其中2/3是因为缺乏资金[①]。这也是因为传统的金融服务通常并不将低收入用

---

① “UFA 2020 Overvies：Universal Financial Access by 2020”，世界银行官网2018年10月1日，https：//www. worldbank. org/en/topic/financialinclusion/brief/achieving – universal – financial – access – by – 2020。

户作为主要的服务对象——他们可能因为难以负担金融交易成本、缺乏必要的开户材料，或者只是因为距离遥远而被拒之门外。事实上，不仅是个人客户，很多小微企业同样面临着各种“融资难、融资贵”的金融难题。这些企业的融资特点主要有“期限短、规模小、使用频率高、用款需求急、行业分布散”，传统金融机构的响应能力难以满足其需求。

然而，金融科技的发展为此提供了一丝曙光。例如 2018 年 6 月 25 日，支付宝香港（Alipay HK）联同菲律宾电子钱包 GCash 宣布，推出应用支付宝区块链技术跨境汇款功能。这也是全球首个基于区块链的电子钱包跨境汇款服务①。它可以帮助众多在中国香港工作的菲律宾籍劳工实现低成本、高效率的实时跨境汇款，将原本须要数个甚至数十个工作日的汇款缩短至几秒钟，且无须传统跨境汇款的手续费。另一个例子是央行数字货币。未来，基于类似以中国 DCEP② 为代表的央行数字货币等应用，政府也有望将财政补贴和其他的转移支付款直达真正有需要的农户或贫困人口手中，从而实现精准扶贫，通过二次分配直面“财富不平等”问题。

此外，金融科技还可能深刻改变金融业态本身。例如近年来兴

---

① “区块链电子钱包跨境汇款服务在香港上线”，人民网 2018 年 6 月 26 日，http：//hm. people. com. cn/n1/2018/0626/c42272 – 30085575. html。

② 笔者注：中国央行数字人民币的全称是“数字货币电子支付”，对应的英文名是“Digital Currency Electronic Payment”。其与普通第三方企业发现的数字货币或者无具体实体发行的比特币等不同，实质上是国家法定货币，具有法偿性，任何人不得拒收，即真正意义上的数字版人民币。

起的去中心化金融（Decentralized Finance，DeFi）和非同质化通证（Non-Fungible Token，NFT）等。其中，DeFi 通常是基于智能合约平台（例如以太坊[①]）构建的加密资产和金融类智能合约，通过区块链及其加密和共识机制等，在一定程度上重新定义了一个“去中心化”的金融体系。理论上任何人都可以享受这些金融服务。它不需要依赖传统意义上金融机构，甚至不需要实体上的金融人员，就可以完成交融交易。用户只需要基于既定的“智能合约”规则进行业务办理，而底层的区块链技术可以保障交易的成功清算。事实上，这些机制本身也可以依赖一种分布式的“治理机器人”DAO（Decentralized Autonomous Organization）[②] 来实现。而后者 NFT 则提供了一种标记原生数字资产所有权的方法。不同于比特币、以太币等数字货币或者是在以太坊平台上众多“同质化”的代币（Token），NFT 具有独特且唯一的标识。这种性质使其非常适合用于艺术品收藏以及各种资产的确权工作，并有望重新定义“合格金融抵押品”及其范围。相信在不久的将来，随着基于 DeFi 和 NFT 等新业态的应用更加普及，将会帮助更多传统金融体系以外的人获取更便利的金融服务。

图 6. 3. 3 是笔者使用的一款名为 Compound 的 DeFi 应用进行以太币借贷。

① 笔者注：一个开源的有智能合约功能的公共区块链平台。为区分比特币作为区块链 1. 0 的代表，它也被称为区块链 2. 0 的典型应用。以太坊主要被设计为通用可编程区块链，其虚拟机能够执行更为复杂的自定义代码（“智能合约”）。

② 参见：DAO 官网，https：//defiprime. com/dao。

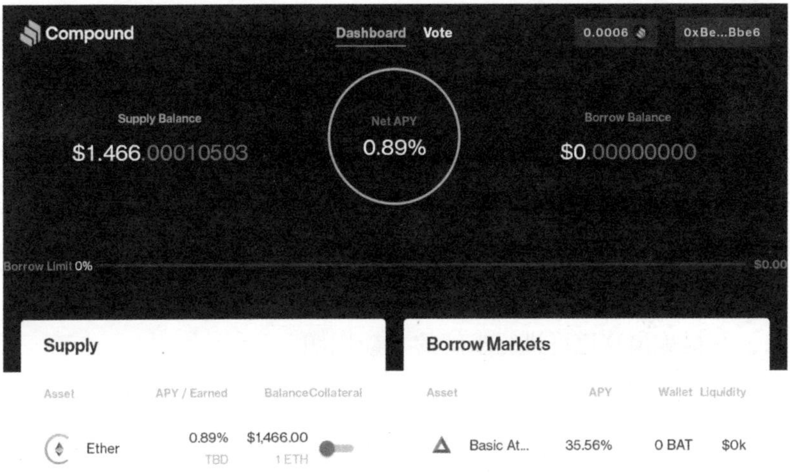


**图 6.3.3　笔者使用 Compound 进行以太币借贷**

注：Compound 是一个允许用户借贷代币的智能合约，与银行的借贷功能类似，用户可以通过 Compund 把你的钱借给借款人，并随着时间的推移赚取利息。但与银行不同的是，利息是从你存入代币到 Compound 智能合约立即开始计息，且按秒（目前 13 秒）计算复利。同时，用户可随时取回代币。

### 4. 培育复合型人才

归根到底，人才是一切工作的基础。商业银行等金融机构要适应“后疫情时代”新的经济业态，必须培育和夯实自身的“人才”基础。

金融是血液，涉及社会各行各业，而目前学校里的金融教学仍基于传统学科分类。这种基于学科分类的教育方式较为强调每一学科内部的逻辑组织，虽然有利于工业时代的标准化和质量控制，但容易缺乏学科间的联系，尤其是人为地将所谓的文科和理科分开①。

① 不过，如前文所述，韩国等发达国家已开始逐步在中等教育中取消文理科的边界。

然而，现代经济的发展，不论是依赖科技提高生产力本身，还是基于新的商业模式建立生产关系，都更加需要“创新”。

“想象力，是所有创新的源泉”，而想象力的基础则建立在广泛的知识联系上。人们虽然可以把知识按学科进行分类，但现实世界并不存在这种学科边界。回想传统的学校教育，我们或许已习惯了解决一个给定条件的应用题，但难以对“现实世界的问题”进行抽象，并提炼出这道可进行求解的“应用题”。

科技和社会的日新月异，加之传统教育与实际应用之间的鸿沟，都需要我们在离开校园后仍保持“持续有效的学习”。尤其是商业银行等金融机构人员，更需要通过广泛的知识摄取，提升对相关实体经济的理解以及自身的跨学科创新能力。而金融机构也应当为此提供必要的条件和支持，鼓励更多人员能跨部门、跨条线以及跨机构进行交流。

在现代金融中，业务需要依赖技术进行实现和改善效率，技术能够改变现有业务模式甚至创造新的业务形态。“业务与技术”，本身就不应该存在知识边界上的壁垒和偏见。

## 四、关于生命的思考

截至本节之前，本书所有的分享都或多或少夹杂着世俗的功利主义。而在最后一部分，笔者试图用短暂的篇幅探讨一些更加“形而上学”的问题——人为何要活着？这在无数生命被疫情剥夺和威胁的当下，似乎更有一种特别的意义。实际上，这也是笔者曾经思考多年的问题。

每个人的生命只有一次，最初的起点和最后的终点并没有太大的区别。我们赤手空拳而来，两手空空而走。人的一生，在历史的长河中也不过转瞬即逝。

那么，在这短暂的一生中，生命的意义又是什么？

不同宗教的信仰者有着对生命的不同理解：基督教徒们根据上帝指示追求彼此相爱，享受世间万物的美好，通过信仰得到救赎，摆脱原罪；伊斯兰教信奉者则是遵循真主的旨意，以《古兰经》为行动指南和道德规范的准则；信仰大乘佛法的佛教徒们则用自己的一生追求“普度众生”的觉行圆满，意图摆脱六道轮回。他们的生命都已有了明确的目标，这个问题对他们而言或许并不难回答。

然而，假若我们只是个世俗的无神论者，或者并非那么坚定的宗教信仰者，那我们又该怎样正视生命的意义？

或许，有人希望追求金钱和名利。毕竟它们的诱惑实在太大，在当今现实社会中很难完全抛弃，尤其是对于生活窘迫的人们。我们可以利用金钱和名利完成很多想做的事情。但是，当你真正得到那些的时候，似乎总还会有更多的欲望难以被满足，总是能看到有人比你赚得更多，或者更有权势。

或许，有人觉得一切都为了孩子和家人。毕竟孩子与你在这世界上是在生物学上最接近的，在一定程度上代表了你生命（DNA）的延续。但是，随着孩子的长大，你会发现他们渐渐开始独立并拥有了自己的生活，你可能还会感叹“为何我倾其所有都是为了他们，但他们最终不是我所希望的样子”。

或许，有人认为需要完全活出自我的样子。毕竟来这世上一趟并不容易，何必委曲求全。但是，什么才是“自我的样子”？我们在社会中很难做到完全独立或者随心所欲。笔者并不反对个人主义者，只是隐约觉得，到头来这可能会导致另一种“空虚和寂寞”。

或许，有人追求科学真理，寻找人间大道，甚至期待名留千古。毕竟“能力越大，责任越大”，站得高，也就看得远了。诚然，笔者非常欣赏这样的雄心抱负，我们的社会也都在因为有了这些少数精英而进行跳跃式的发展，尤其是文艺复兴、科学革命、工业革命等时期。然而，能实现此目标的人总是寥寥无几，这不仅需要自身能力卓越，也需要有合适的环境和机遇。

因此，笔者当下的回答是：生命的意义或许更多在于经历和体验，不论是“酸甜苦辣”，还是“喜怒哀乐”，生命本身只是个“过程”。沿途的风景似乎比追求某一结果更加精彩。如果你的期望是金钱、权利、爱人，或者是改变世界，只要不损害他人，那么放手去做就好。但笔者认为其核心意义不在于最终是否达到了这一期望或目标，而在于过程中是否曾经努力过，已没有了遗憾。

“既来之，则安之”。这场突如其来的疫情值得每个人深刻思考生命的意义，珍惜当下所拥有的生活和爱你的人，而不仅仅是只盯着遥远的终点，却忽略了周边精彩绝伦的人生美景。

积极并努力地生活，让自己拥有一个“有趣的灵魂”是笔者思考人生意义所得出的答案。

# 后　记

本文从2020年5月立意之初到最后的完稿，耗时将近整整一年时间。遗憾的是，肆虐全球的新冠肺炎疫情至今仍在持续，这也是笔者在起草这篇文稿的时候未曾想到的。然而，正是因为此次疫情对人类社会的严重破坏和深远影响，才促使笔者在本文的最后，将“后疫情时代”思考的重点由最初计划的“韩国产业和经济发展机遇”，调整至关于“生态环境保护”和“社会不平等”等更大的议题，希望能借此呼吁更多的读者关注这些环境和社会问题，而不仅仅是关心更多的盈利或更大的发展机会。

考虑到现代生活节奏紧凑，读者时间宝贵，笔者在撰写本文的过程中力求简洁、明了，虽然多次调整各章节内容的侧重点，但主体结构基本保持稳定。这也是笔者在立意之初所确定的——在保障全文主体构架完整和逻辑层次分明的同时，做到各章节内容安排上的整体均衡。不过也正因为如此，一些章节可能会因为篇幅的限制而造成内容相对的“拥挤”，难以对一些基础概念进行展开说明，需要笔者在脚注等处进行适当补充，但这也是基于整体性而进行的权衡。

此外，在本文的数据统计方面，笔者虽然在撰写文稿时获取了当时最新的数据，但无意要在本文完稿后对它们进行更新。因为这些信息是时刻变化的，读者在任何时候阅读都会有所滞后。文中所有的“截至”都是记录笔者编写相关内容的最新时点。实际上，笔者在本文，尤其是在上篇部分，更主要是提供信息和思考的框架，以及这些数据的来源，方便读者自行查阅。“渔”比“鱼”或许更加实用。

最后，再次感谢我所工作的中国建设银行和所有曾经帮助过我的领导、同事们。你们的无形支持是本文得以完稿的重要动力来源。除了在前言中感谢的领导和同事们，2020 年本文的第一章完稿时，曾被时任中国建设银行行长的刘桂平先生（现任中国人民银行副行长）内部批示，笔者当时也备受鼓舞。正是因为你们，才使我有幸来到韩国工作，让我能有机会近距离体验和观察韩国，并让我最终完成本文。

希望本文对大家有所帮助，并祝大家身体安康。